Microéconomie : Introduction pour étudiants en gestion

Théorie et exercices

2e édition

Justin Leroux
Nicolas Sahuguet

Avec la collaboration de Nathalie Boisvert

JFD Éditions

Microéconomie : Introduction pour étudiants en gestion – Théorie et exercices
2e édition
Justin Leroux
Nicolas Sahuguet

Catalogage avant publication de Bibliothèque et Archives nationales du Québec et Bibliothèque et Archives Canada

Titre : Microéconomie : Introduction pour étudiants en gestion

Noms : Leroux, Justin. | Sahuguet, Nicolas.

Identifiants : Canadiana 20190014350 | ISBN 9782897990626

Vedettes-matière : RVM : Microéconomie – Manuels d'enseignement supérieur. | RVM : Microéconomie – Problèmes et exercices. | RVMGF : Manuels d'enseignement supérieur.

Classification : LCC HB172 L47 2019 | CDD 338.5–dc23

Les Éditions JFD
CP 15 Succ. Rosemont
Montréal (Québec)
H1X 3B6
Téléphone : 514-999-4483
Courriel : info@editionsjfd.com
www.editionsjfd.com

ISBN : 978-2-89799-062-6
Dépôt légal : 3e trimestre 2020
Bibliothèque et Archives nationales du Québec
Bibliothèque et Archives Canada

Imprimé au Canada

AVANT-PROPOS

Qu'est-ce que l'analyse économique?

Nombreux sont ceux qui pensent que l'analyse économique correspond à ce qu'on entend dans les médias : l'évolution des taux d'intérêts, du chômage, du produit intérieur brut (PIB), des déficits budgétaires, de la balance commerciale, du Dow Jones, du prix de l'essence, etc. Cela n'est pas tout à fait exact : ces différents phénomènes font partie de « l'Économie », mais ne constituent pas « l'Analyse économique », du moins pas du point de vue que nous adoptons dans ce manuel.

Dans ce livre, nous adopterons le principe que **l'analyse économique, ou raisonnement économique, provient de la notion de rareté**, c'est-à-dire du fait que nous ne pouvons tous posséder simultanément tout ce que nous désirons. Nous sommes tous confrontés à la rareté : notre temps, nos revenus ainsi que nos ressources naturelles sont des exemples de ressources que nous ne possédons qu'en quantité limitée.

La conséquence de cette rareté est que nous devons faire des choix. Un salaire limité implique qu'il n'est pas possible de se procurer tout ce que nous voulons : **choisir quelque chose implique de renoncer à autre chose**. Les consommateurs doivent donc choisir quels produits acheter en fonction de leur budget; les dirigeants d'entreprise doivent, eux, choisir quels produits vendre et à quel prix. Tous ces individus sont des parties prenantes de l'activité économique et prennent les décisions qui leur semblent les meilleures. (Toutefois, cela ne veut pas dire que chaque décision d'affaires est toujours la meilleure ou que les consommateurs achètent toujours ce qui est le mieux pour eux.)

Nous verrons donc en détail, tout au long de ce livre, comment ces **décisions individuelles finissent par façonner l'Économie** en déterminant le prix des biens, ou les salaires, ainsi que les caractéristiques « macroéconomiques » comme les taux d'intérêt et les taux de change ou encore les données financières comme les indices boursiers, quoique ces derniers points sont laissés à d'autres livres qui traient plus en détail de la macroéconomie et de la finance.

EN RÉSUMÉ

- « L'économie » et « l'analyse économique » sont deux choses différentes.
- La rareté est le fondement de tout raisonnement économique.
- La rareté implique que nous devons faire des choix : choisir une option implique de renoncer à d'autres options.
- Les décisions individuelles, considérées dans leur ensemble, façonnent l'Économie.

À qui ce livre est-il destiné?

Ce manuel est écrit pour des étudiants en gestion. Après une recherche exhaustive, nous avons considéré que les manuels utilisés à l'université étaient trop abstraits pour des étudiants en école de gestion qui n'avaient pas l'intention de poursuivre des études en économie et que les manuels de « business » étaient mal adaptés à des étudiants de première année. Ce manuel est donc destiné en priorité aux étudiants sous-gradués dans des programmes d'études de gestion, mais il présente des concepts approfondis d'analyse économique qui pourront être utiles à des étudiants gradués qui suivraient leur premier cours d'économie.

Structure du livre

Ce manuel se fixe trois objectifs. Le principal est de familiariser le lecteur avec le fait de penser « comme un économiste ». Dans sa plus simple expression, cela revient à comprendre comment les agents économiques choisissent entre deux options. Bien que ce choix soit simple en général, l'application de ce raisonnement dans diverses situations permet de mieux comprendre les fondements de l'économie dans laquelle nous évoluons. Plus simplement, le raisonnement économique revient à appliquer son jugement et son bon sens à des situations économiques.

Les deux autres objectifs sont de nature plus pragmatique. Les chapitres de ce manuel reflètent cette réalité et sont donc divisés en deux parties. La première partie, qui va du chapitre 1 au chapitre 6, s'intéresse au fonctionnement des marchés et analyse en profondeur comment les décisions individuelles les façonnent. Ces chapitres couvrent des sujets comme les gains à l'échange, les marchés du point de vue du consommateur et du point de vue des firmes, que ce soit dans un contexte de concurrence ou de monopole. Autrement dit, cette partie contient ce que tout citoyen devrait minimalement connaître des mécanismes économiques.

À partir de ces connaissances, la deuxième partie est destinée aux futurs gestionnaires. Que vous deveniez vous-même gestionnaire ou non, votre carrière vous conduira probablement à interagir avec des gestionnaires ou à adopter leur perspective dans certaines situations. En d'autres termes alors que la première partie vise à enseigner ce qu'un citoyen éduqué doit savoir, le deuxième vise spécifiquement les gens d'affaires. Dans les chapitres 7 à 12, nous couvrirons des sujets tels que : comment élaborer une stratégie de prix, comment faire face à la concurrence dans des situations stratégiques, ou encore comment gérer l'incertitude et exploiter l'information, celle-ci pouvant parfois être asymétrique.

Quelques conseils

Nous terminons cette introduction avec quelques mots de réconfort. Certains étudiants ont l'idée préconçue que l'économie est une matière difficile. Si c'est votre cas, la remarque suivante est pour vous : le raisonnement économique en général, et ce manuel en particulier, reposent uniquement sur **l'utilisation d'arguments de bon sens**. Puisque vous savez déjà faire preuve de jugement (suffisamment pour avoir atteint ce stade dans vos études), ce cours ne devrait pas être « difficile ».

Tant que vous apprendrez les définitions et que vous ne vous laisserez pas intimider par la terminologie capricieuse – et parfois imprécise – que les conventions historiques nous ont léguée, vous serez en mesure de bien réussir ce cours simplement en vous en tenant à ce qui fait sens. Si jamais vous sentez que vous prenez du retard dans votre apprentissage, relisez cette section.

Bonne lecture!

Justin Leroux et Nicolas Sahuguet

REMERCIEMENTS

Ce livre est né de la prise de conscience que les manuels existants ne correspondaient pas au cours de microéconomie offert à HEC Montréal. Nous remercions en premier lieu les nombreux étudiants de HEC Montréal qui ont fait collectivement entendre leur opinion. Plus concrètement, nous sommes également redevables des nombreux commentaires formulés par les étudiants qui ont suivi le cours lors des semestres d'automne 2013 et d'hiver 2014 et qui ont été confrontés à une version préliminaire du contenu de ce manuel.

Nous remercions les chargés de cours durant cette période pour leurs commentaires pertinents et constructifs; tout particulièrement Pascal Bédard, Philippe Ghayad, Patrick Lambert, Mario Samano, Chantal Tremblay, et Geoffrey Willems. De même, les assistants d'enseignement Olivia Labonté, Jean-Christophe Martel, Alma Maghare, et Jonathan Monat ont contribué par leurs remarques à améliorer la qualité de cette première édition. Nous remercions Benjamin Lanoue pour son aide sur les graphiques.

Enfin, nous remercions tout particulièrement Jean-Christophe Martel pour avoir traduit une première version en français de ce manuel. Ce projet n'aurait pu être mené à bien aussi efficacement sans son précieux apport.

Nous remercions également le personnel des Éditions JFD pour la mise en page, les graphiques et pour leurs nombreuses suggestions.

La deuxième édition a bénéficié de nombreux commentaires de la part d'étudiants et d'enseignants, notamment Justin Caron, Mario Samano et Bruno Versaevel. Nous les remercions tous chaleureusement.

Table des matières

1 Les gains à l'échange

APERÇU DU CHAPITRE

- Introduction
- L'utilité et la valorisation
- Un acheteur, un vendeur : la vente d'un objet
- Un acheteur, un vendeur : la vente de plusieurs objets identiques
- Les gains à l'échange
- L'efficacité économique
- Remarques supplémentaires
- Conclusion
- Annexe : de l'utilité à la valorisation
- Exercices

INTRODUCTION

DÉFINITION

Un **échange** est un acte volontaire entre deux agents économiques, chacun recevant un bien ou un service en échange d'un autre bien ou service.

Avant de parler de gains à l'échange, il convient de définir le concept même d'échange.

Le mot clé ici est « volontaire ». Prendre quelque chose à quelqu'un et lui donner en retour moins qu'attendu ne correspond pas à un échange mais à du vol. Par conséquent, parler de gains à l'échange est un peu tautologique. Malgré tout, nous consacrons un chapitre entier à ce sujet parce que nous considérons que la notion d'échange entre deux personnes est un bon point de départ pour se familiariser avec la pensée économique et avec le fonctionnement des marchés.

L'UTILITÉ ET LA VALORISATION

Le concept d'utilité

DÉFINITION

L'**utilité** est une notion abstraite mesurant la satisfaction qu'un individu retire d'une activité. Par exemple, un consommateur choisira l'option A, au lieu de l'option B, si « A lui apporte plus d'utilité que B »..

Puisque les deux agents impliqués dans un échange l'acceptent, nous pouvons conclure qu'ils en préfèrent le résultat à leur situation initiale respective. Bien que ce constat soit toujours valide, tous les échanges ne sont pas équivalents. En particulier, certaines transactions peuvent être meilleures que d'autres. Certaines peuvent améliorer de manière substantielle la situation des deux parties alors que d'autres n'apporteront qu'une amélioration limitée.

Pour mieux comprendre quelles sont les « meilleures » transactions, il est nécessaire d'avoir une mesure de l'amélioration du bien-être des agents suite à un échange. Les économistes ont développé le concept d'*utilité*, précisément pour répondre à cette question.

Plusieurs raisons justifient l'attrait de l'utilité comme critère de décision; notamment, la flexibilité. En effet, la notion d'utilité permet d'inclure d'autres aspects que les gains ou les pertes monétaires. Par exemple, elle permet de comprendre que le fait de recevoir 100 $ en cadeau rend un individu plus heureux s'il est un pauvre étudiant que s'il est un riche PDG. Même si le montant d'argent est identique dans les deux cas, le cadeau aura probablement plus d'impact sur la vie d'une personne pauvre que sur celle d'un individu riche, qui ne verra qu'un chiffre changer dans son compte en banque. (Cet aspect est discuté en profondeur dans le chapitre 8 consacré au risque et à l'incertitude.) Dans le même ordre d'idées, l'utilité permet d'inclure des considérations autres que monétaires. Par exemple, avoir un emploi qui paie relativement peu mais qui est plus agréable et satisfaisant peut vous apporter plus d'utilité qu'un emploi monotone avec un salaire plus élevé.

Malgré ces atouts importants, la notion d'utilité comporte une faiblesse majeure : elle n'est pas simple à utiliser en pratique. En effet, la notion d'utilité est tellement subjective qu'elle ne peut être utilisée pour comparer les situations de deux individus. Est-ce que cela a un sens de dire que Mme X est deux fois plus heureuse que M. Y? Pas vraiment. On ne peut donc pas comparer le bien-être de deux individus en se fondant sur l'utilité.

ENCADRÉ 1.1

L'IMPOSSIBILITÉ DES COMPARAISONS INTERPERSONNELLES D'UTILITÉ : LE PROBLÈME D'ÉCHELLE

Considérons un autre exemple : comment répondriez-vous à un sondage où l'on vous demanderait de noter votre satisfaction par rapport à un produit sur une échelle allant de 0 à 100? Vous pourriez répondre 95, vous considérant comme « presque totalement satisfait » et un de vos amis pourrait répondre 85, tout en ayant une appréciation similaire à la vôtre. Cela veut-il dire que votre ami n'a pas aimé le produit autant que vous, ou cela signifie-t-il simplement qu'il est plus conservateur dans la note attribuée? Il est possible qu'il considère 85 comme un excellent résultat. Il est même possible qu'il aime le produit plus que vous, en supposant qu'une telle comparaison soit possible. Même dans cette situation, où tout le monde utilise la même échelle allant de 0 à 100, la comparaison n'est pas évidente.

La valorisation

Pour les raisons mentionnées, nous choisissons de ne pas employer l'utilité pour évaluer les gains à l'échange. Nous utiliserons plutôt la notion de *valorisation*.

DÉFINITION

La **valorisation** correspond à la valeur monétaire qu'un individu attribue à une activité.

Par définition, la valorisation possède l'avantage remarquable d'être exprimée en unités monétaires, le dollar en ce qui nous concerne. La valorisation permet de conserver en partie la flexibilité de la notion d'utilité. Ainsi, la situation du travailleur qui préfère un emploi satisfaisant mais à faible salaire relativement à un emploi monotone mais bien rémunéré peut encore être discutée en utilisant la notion de valorisation.

EXEMPLE **1.1**

On vous offre le choix entre l'emploi A, un emploi stimulant qui paie 30 000 $ par année, et l'emploi B, un emploi routinier et ennuyeux qui paie 70 000 $. Si seul l'argent vous importait, vous choisiriez l'emploi B. Toutefois, si vous accordez une valeur au fait d'avoir un travail stimulant, vous pourriez être tenté de choisir l'emploi A. Plus précisément, si *votre valorisation du fait d'occuper un emploi stimulant plutôt qu'un emploi ennuyeux dépasse* 40 000 $ par année, vous choisirez l'emploi A.

Il est important de se rappeler que, bien que la valorisation soit exprimée en dollars, elle demeure une *mesure subjective*. Par exemple, tout le monde n'accorde pas la même valeur au fait d'avoir un emploi stimulant. Vous pourriez accorder une valeur de 45 000 $ à cette possibilité, et vous auriez donc accepté l'emploi A de l'exemple 1.1, mais une autre personne pourrait n'y accorder qu'une valeur de 10 000 $ et donc choisir l'emploi B. Cette subjectivité est une bonne chose : c'est précisément l'information nécessaire pour pouvoir évaluer l'amélioration du bien-être des agents suite à un échange.

Toutefois, la notion de valorisation n'est pas parfaite. Par exemple, il est impossible de l'utiliser pour comprendre l'effet d'un changement du niveau de richesse sur le bien-être d'un individu. Considérons de nouveau l'exemple où 100 $ sont donnés à un individu pauvre et à un individu riche. Nous avons considéré que le cadeau a plus d'impact sur la vie de l'individu pauvre que sur celle du riche. Cependant, si vous demandiez à chacun quel était pour eux l'équivalent monétaire du cadeau – c'est-à-dire leur valorisation du cadeau –, ils répondraient tous deux « 100 $ ». Puisque la valorisation est exprimée en unités monétaires, elle ne tient pas compte de ce que les économistes appellent « l'effet revenu », contrairement à l'utilité. Pour plus d'information sur la relation entre l'utilité et la valorisation, veuillez consulter l'annexe du chapitre.

UN ACHETEUR, UN VENDEUR : LA VENTE D'UN OBJET

Le point de vue de l'acheteur

Considérons une personne qui envisage d'acheter un objet. En tenant compte de son information sur cet objet, de son budget et de son désir de l'obtenir, elle lui attribuera une valorisation. Supposons que cette valorisation s'élève à V = 30 $. Rappelons que cela implique que cet individu considère le fait d'acquérir l'objet (gratuitement) comme équivalent au fait d'obtenir 30 $.

Il s'ensuit que cette valorisation de V = 30 $ nous informe directement sur le montant que l'individu est prêt à débourser pour l'objet. Il n'acceptera pas de payer plus de 30 $, puisqu'il s'agirait d'une transaction perdante pour lui (payer plus que ce que l'objet ne vaut pour lui). En revanche, si le prix est inférieur à 30 $, il acceptera d'acheter l'objet. En fait, 30 $ est le prix maximal que l'agent acceptera de débourser dans ce cas-ci. (Si le prix de l'objet était exactement 30 $, l'individu serait indifférent entre le fait de l'acheter ou non.) En résumé, **la valorisation de l'acheteur est le montant maximal qu'il est prêt à payer**, si bien que nous utiliserons, sans distinction, les expressions « valorisation » et « consentement à payer » en parlant d'un acheteur potentiel.

Le point de vue du vendeur

Considérons maintenant une personne qui envisage de vendre un objet. Elle attribue une valorisation au fait de ne pas céder cet objet; disons, 20 $. Nous dénoterons cette valorisation par C = 20 $. Si ce vendeur potentiel utilise actuellement l'objet – un vieux vélo, par exemple – le montant C peut représenter la valeur d'un bien ou service alternatif – comme le coût de prendre l'autobus. Si au contraire son activité principale consiste à produire et à vendre de tels objets, alors le montant C peut représenter la somme des différents coûts de production – intrants, salaires, etc.

Quelle que soit la situation dans laquelle se trouve le vendeur, C sera interprété comme le coût que le vendeur encourt en cédant l'objet à l'acheteur. Il n'acceptera donc pas de le céder pour moins de C = 20 $. En revanche, si quelqu'un venait à lui offrir plus, il accepterait volontiers. En d'autres termes, **la valorisation du vendeur est le montant minimal qu'il est prêt à accepter afin de renoncer à l'objet**. Nous utiliserons également « consentement à recevoir » ou « prix de réserve » pour parler de la valorisation du vendeur.

La vente d'un objet

Maintenant que nous connaissons les conditions nécessaires pour qu'un acheteur et un vendeur acceptent d'effectuer un échange, analysons leur interaction. Considérons, comme précédemment, que la valorisation de l'acheteur est V et que celle du vendeur est C. Nous avons établi que l'acheteur ne paiera jamais plus que V et que le vendeur n'acceptera jamais moins que C en échange de l'objet. Par conséquent, **l'échange n'aura lieu que si le consentement à payer de l'acheteur excède le consentement à recevoir du vendeur, c'est-à-dire si $V \geq C$.**

Supposons que ce soit le cas. Afin que la transaction ait lieu, les deux parties doivent s'entendre sur un prix, que nous noterons P. Elles accepteront donc la transaction seulement si :

$$C \leq P \leq V.$$

Évidemment, si $P > V$, l'acheteur repartira avec son argent et, inversement, le vendeur gardera son objet si $P < C$. L'expression ci-dessus, $C \leq P \leq V$, est ce que nous appelons la *condition de libre échange*; elle reflète le fait qu'aucun des deux individus n'a été forcé de participer à la transaction. Cette condition garantit que les deux parties profitent de *gains à l'échange*.

Pour l'acheteur, les gains à l'échange correspondent à une « aubaine » : la différence entre ce qu'il était prêt à payer et ce qu'il a réellement payé. Formellement, le gain à l'échange de l'acheteur est V – P. Si, par exemple, V = 30 $ et P = 26 $, alors l'acheteur gagne 4 $ lors de la transaction. En d'autres termes, cet échange apporte une sorte de profit à l'acheteur, équivalent à 4 $. Ce profit est représenté par la distance (1) sur la figure 1.1 ci-dessous.

L'analyse est similaire pour le vendeur. Il était prêt à vendre son objet pour C et a obtenu un prix P > C. Ses gains prennent donc la forme d'un profit à la vente de l'objet, égal à P – C. Si C = 20 $ et P = 26 $, les gains à l'échange du vendeur sont équivalents à 6 $. Ce profit est représenté par la distance (2) sur la figure 1.1 ci-dessous.

FIGURE 1.1 **Gains à l'échange issus de la vente d'un objet, répartis entre l'acheteur et le vendeur**

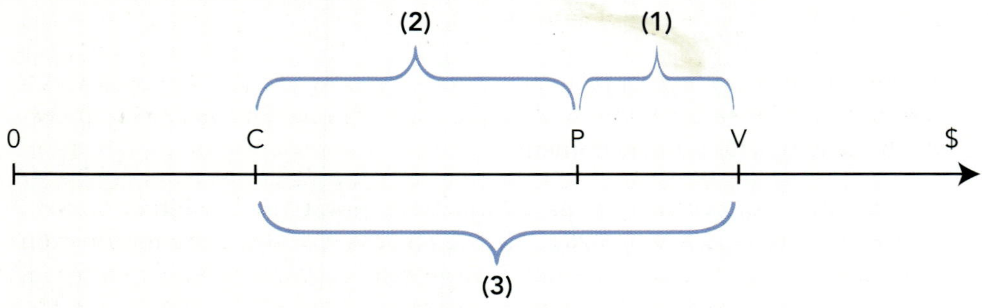

Lorsqu'on considère les deux parties ensemble, la somme de leurs gains est (V – P) + (P – C) = V – C, ce qui correspond exactement à la différence entre la valorisation de l'acheteur et celle du vendeur. Si la négociation avait conduit à un autre prix que P = 26 $, la division des gains entre les deux agents aurait été différente mais le total des gains serait resté le même. Le total des gains à l'échange est représenté par la distance (3) sur la figure 1.1. Pour résumer, **tant qu'un échange a lieu, le prix n'a aucun effet sur les gains totaux réalisés**.

UN ACHETEUR, UN VENDEUR : LA VENTE DE PLUSIEURS OBJETS IDENTIQUES

Il n'est pas rare qu'une transaction implique l'achat de plusieurs articles, identiques ou non. En faisant les courses, vous avez sans doute déjà acheté plusieurs pommes, plusieurs bouteilles de jus de fruits ou encore plus qu'un pain en une seule visite. D'ailleurs, certains biens comme l'électricité, l'essence ou le blé ne sont pas vendus à l'unité. On utilise plutôt des unités de mesure continues comme le kilowattheure, les litres ou les kilos. Par conséquent, il faut étendre notre analyse à la vente de plusieurs objets identiques afin de comprendre la plupart des situations d'échange. Pour simplifier l'analyse, nous ferons l'hypothèse que les biens considérés sont vendus à l'unité (comme les pommes), mais l'analyse s'applique tout aussi bien à ceux vendus selon une mesure continue (comme l'essence).

Le point de vue de l'acheteur

Pour tenir compte du fait que l'acheteur cherche à acheter plus d'un objet, il nous faut considérer sa valorisation de plusieurs unités de cet objet. Dans la section précédente, nous avions noté la valorisation d'un seul objet par V. Puisque notre acheteur achètera potentiellement une quantité $q > 0$ du bien considéré, nous devons trouver une façon d'étendre la notion de valorisation V à plusieurs valeurs possibles de q.

Nous utiliserons la notation V(q) pour désigner la *valorisation totale* de l'acheteur pour q unités d'un bien. Par définition, et en se référant à la section précédente, *V(q) est le montant maximal d'argent que l'acheteur est prêt à payer en échange de q unités du bien considéré.* On note deux cas particuliers : V(1) = V, cela revient à dire que la valorisation d'une seule unité est V comme dans la section précédente. Ensuite, V(0) = 0, évidemment.

Par exemple, supposons que les valorisations totales de l'acheteur soient : V(1) = 11 $, V(2) = 19 $, V(3) = 26 $, V(4) = 32 $ et V(5) = 36 $. Cette information nous apprend qu'il ne sera pas prêt à payer plus de 19 $ pour deux unités, ni plus de 36 $ pour 5 unités. Ce raisonnement fonctionne bien si l'objet est vendu par paquets de, disons, 2 ou 5 unités. Bien que ce soit parfois le cas, la plupart des biens sont vendus à un prix unitaire, comme 9 $/unité. Avec de tels prix, la réflexion précédente peut être trompeuse, comme l'illustre l'exercice suivant.

EXERCICE **1.1**

Considérons l'acheteur mentionné plus haut – dont les valorisations sont V(1) = 11 $, V(2) = 19 $, V(3) = 26 $, V(4) = 32 $ et V(5) = 36 $ – et faisons l'hypothèse que le prix unitaire de l'objet est 9 $. Achètera-t-il deux unités?

// ***Réponse courante, mais erronée :*** **Oui, car deux unités coûtent 18 $, ce qui est inférieur à sa valorisation pour deux unités : V(2) = 19 $.**

// *Bonne réponse :* **Non. Il achètera une seule unité, certainement pas deux.** Il valorise l'acquisition de la première unité à 11 $, ce qui est plus que le prix de 9 $. Il réalisera alors un gain équivalent à 2 $ (= 11 $ – 9 $) dans cette transaction. Toutefois, l'achat d'une deuxième unité ne vaut pas la peine pour lui puisqu'il en valorise l'acquisition à seulement 8 $ (= 19 $ – 11 $, *sachant qu'il a déjà acheté la première unité*), ce qui est inférieur au prix de 9 $.

La valorisation marginale

L'exercice 1.1 met en évidence le fait que, bien qu'utile, la *fonction de valorisation totale* V(.) n'est pas l'information la plus pertinente pour la décision de l'acheteur. Il est incorrect de simplement comparer V(q) et (P × q) et de supposer que l'acheteur fera l'acquisition de q unités si V(q) > (P × q), ou de 0 unité si V(q) < (P × q). Ce qui importe dans la décision d'achat (comme dans toutes les décisions économiques, en fait) c'est : « étant données mes décisions passées, que puis-je faire pour améliorer ma situation actuelle ou future? »

Il s'ensuit que les décisions de l'acheteur sont déterminées de façon séquentielle : si j'ai déjà décidé d'acheter q unités, est-ce que j'améliorerais ma situation en achetant une unité supplémentaire? La réponse est « oui » si et seulement si la valorisation d'obtenir cette unité supplémentaire est plus grande que le prix, c'est-à-dire si V(q + 1) – V(q) > P. Nous appelons cela un *raisonnement à la marge* et nous écrivons :

$$Vm(q) = V(q) - V(q - 1).$$

DÉFINITION

La **valorisation marginale** d'un acheteur pour un bien est l'accroissement de satisfaction, exprimé en unités monétaires, apporté par l'acquisition d'une unité supplémentaire de ce bien.

Cette fonction représente la *valorisation marginale* de l'acheteur.

L'encadré 1.2 illustre l'importance de raisonner à la marge et présente aussi la façon d'appliquer cette notion au cas d'une variable continue.

Avec cette information en tête, nous pouvons déterminer la *fonction de valorisation marginale Vm(.)* de notre acheteur :

$$Vm(1) = V(1) - V(0) = 11\ \$;$$
$$Vm(2) = V(2) - V(1) = 8\ \$;$$
$$Vm(3) = V(3) - V(2) = 7\ \$;$$
$$Vm(4) = V(4) - V(3) = 6\ \$;$$
$$Vm(5) = V(5) - V(4) = 4\ \$.$$

On voit immédiatement que l'acheteur ne fera l'acquisition que d'une seule unité si le prix unitaire est de 9 $ puisque la seule valorisation marginale qui excède ce prix correspond à l'achat de la première unité (Vm(1) = 11 $ > 9 $).

ENCADRÉ 1.2

MARGINAL PAR CI, MARGINAL PAR LÀ

Le raisonnement à la marge est la pierre angulaire de l'analyse économique moderne. Presque toutes les variables économiques d'intérêt ont un *alter ego* marginal : valorisation marginale, coût marginal, produit marginal, recette marginale, utilité marginale... Peu importe le contexte, l'adjectif « marginal » réfère toujours à l'accroissement de la valorisation (du coût, de la production, de la recette, etc.) suite à la consommation (à la production, à la vente, etc.) d'une unité supplémentaire.

Formellement, en considérant une variable X(q), raisonner à la marge implique de penser en termes d'incréments (si q prend des valeurs discrètes) ou en termes de la dérivée de X (si q est continue) :

$$\text{« X marginal »} = X(q) - X(q-1), \text{ si q est une variable discrète}$$

ou

$$\text{« X marginal »} = X' = dX/dq, \text{ si q est une variable continue.}$$

Conseil : Si le mot « marginal » ne vous dit rien (personne ne l'utilise, excepté les économistes), voyez-le comme « incrémental » : « de combien croît la variable en question lorsqu'on augmente la quantité d'un petit incrément? » Comprendre ce concept devrait être votre priorité puisqu'il constitue une base importante du raisonnement économique.

Il peut être utile de représenter graphiquement la valorisation marginale d'un acheteur. Puisque q ne prend que des valeurs discrètes dans notre exemple, le graphique de la fonction de valorisation marginale est en escalier (voir la figure 1.2). Cette représentation graphique nous permet de voir immédiatement que l'acheteur ne sera pas intéressé à acquérir plus d'une unité : la ligne de prix, qui est horizontale à 9 $/unité, se trouve au-dessus de la courbe de valorisation marginale lorsque $q > 1$. En d'autres termes, toute unité au-delà de la première coûte plus cher que ce qu'elle vaut pour l'acheteur.

ENCADRÉ 1.3

QUE SIGNIFIE UNE VALORISATION MARGINALE DÉCROISSANTE?

Les figures 1.2 et 1.3 affichent des valorisations marginales décroissantes. Est-ce réaliste? Est-ce courant? Et qu'est-ce que cela signifie?

Lorsque nous tentons d'interpréter des résultats numériques ou graphiques, il est toujours pratique de s'en remettre aux définitions des concepts utilisés. La définition de la valorisation marginale nous indique qu'il s'agit de la satisfaction additionnelle obtenue par l'acquisition d'une unité supplémentaire d'un bien. Donc, une valorisation marginale décroissante implique simplement que plus vous possédez une quantité importante d'un bien, moins vous êtes intéressé à en obtenir davantage. C'est vrai pour la plupart des biens de consommation; pensez à votre propre comportement.

Cependant, la valorisation marginale décroissante n'est pas une loi universelle. La dépendance (*addiction*) est une exception évidente, tout comme le comportement d'un collectionneur qui rechercherait de plus en plus impatiemment sa prochaine acquisition au fur et à mesure que sa collection croîtrait.

Le fait que nous ayons décidé de représenter la valorisation marginale (Vm) de l'acheteur, plutôt que sa valorisation totale (V), ne veut pas dire que nous avons perdu l'information sur V. Elle peut être facilement retrouvée à partir du graphique : puisque Vm est la dérivée de V (voir l'encadré 1.2), il s'ensuit que V est l'intégrale de Vm. Donc, V peut être représentée graphiquement par l'aire sous la courbe Vm (voir la figure 1.3).

FIGURE 1.2 Valorisation marginale d'un acheteur

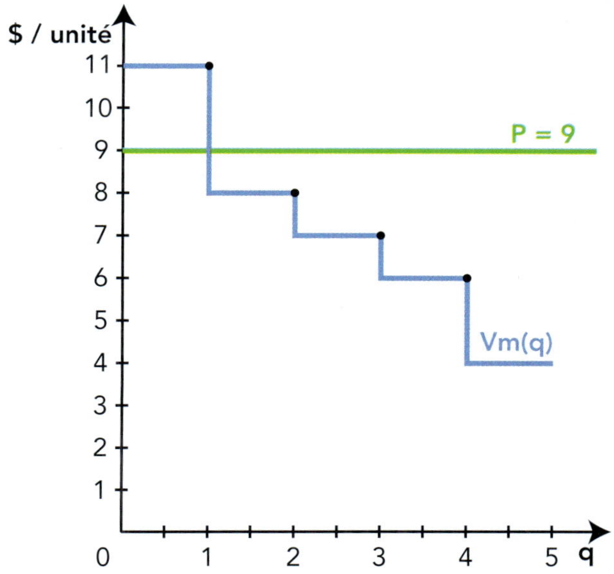

FIGURE 1.3 L'aire sous la courbe Vm correspond à la valorisation totale de l'acheteur

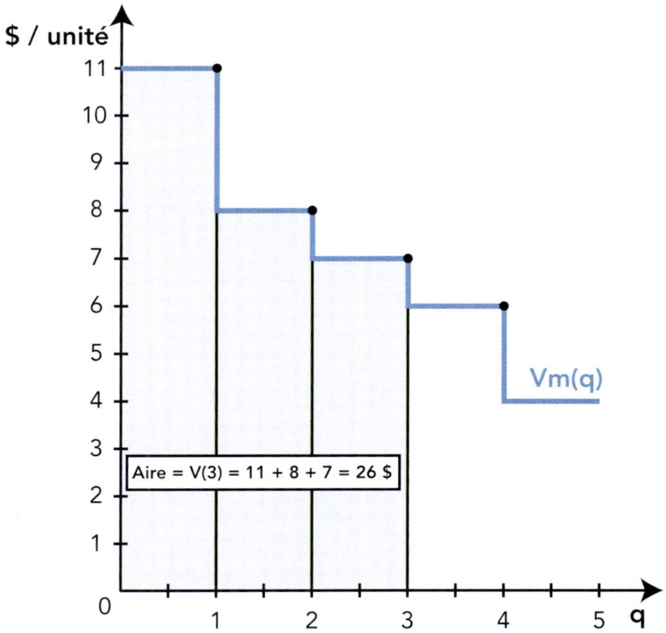

Le point de vue du vendeur

Comme dans le cas de l'acheteur, nous devons étendre notre définition de valorisation du vendeur pour tenir compte du fait qu'il pourrait vendre plus d'une unité d'un même bien. Nous avions appelé C la valorisation du vendeur pour un objet ou, plus simplement, le coût de céder l'objet à l'acheteur. Lorsque plus d'une unité d'un bien sont impliquées, nous utiliserons C(q) pour désigner le *coût total du vendeur* lorsqu'il cède q unités. Par définition, en se rappelant la section précédente, *C(q) est le montant minimal que le vendeur est prêt à accepter en échange de q unités d'un bien.* Ici encore, nous avons les cas particuliers C(1) = C, la valorisation d'une seule unité, et C(0) = 0.

Considérons l'exemple suivant, où le coût total d'un vendeur est donné par : C(1) = 1 $, C(2) = 3 $, C(3) = 7 $, C(4) = 12 $, et C(5) = 17 $. Cette information nous apprend qu'il ne voudra pas vendre deux unités pour moins de 3 $ et n'acceptera pas moins de 17 $ en retour de 5 unités du bien. Tout comme dans le cas de l'acheteur, ce raisonnement fonctionne bien si les objets sont vendus par paquets mais il faut être prudent s'ils se vendent à l'unité, ce qui est souvent le cas.

Pour cette raison, nous utiliserons le raisonnement à la marge. Un vendeur acceptera de vendre une unité supplémentaire s'il peut obtenir un prix au moins aussi élevé que son coût de céder à cette unité. En jargon économique, il vendra l'unité supplémentaire si le prix excède son coût marginal.

DÉFINITION

Le **coût marginal** d'un vendeur est la perte de bien-être, exprimée en unités monétaires, encourue en renonçant à une unité supplémentaire d'un bien.

Formellement, la *fonction de coût marginal Cm(.)* est définie comme suit lorsque q prend des valeurs discrètes :

$$Cm(q) = C(q) - C(q - 1).$$

L'exercice suivant permet de vérifier si vous avez bien saisi la nuance entre coût total et coût marginal.

EXERCICE 1.2

Considérons le vendeur mentionné plus haut – avec des coûts totaux C(1) = 1 $, C(2) = 3 $, C(3) = 7 $, C(4) = 12 $, et C(5) = 17 $ – et supposons que le prix unitaire du bien soit de 3 $. Combien d'unités vendra-t-il?

// ***Réponse courante, mais erronée :*** **Il vendra trois unités parce que c'est la quantité maximale qu'il peut vendre en faisant un profit**, 3 × 3 $ – C(3) = 9 $ – 7 $ = 2 $ > 0. Cette réponse est fausse pour deux raisons. D'abord, elle suppose que le but du vendeur est de vendre le plus d'unités possible, ce qui n'est pas le cas. Ensuite, si on poursuivait ce raisonnement jusqu'au bout, la réponse (toujours fausse) serait 4 unités puisqu'il s'agit de la quantité maximale qu'il peut vendre sans perdre d'argent.

// *Bonne réponse :* **Il vendra exactement deux unités.** Vendre une troisième unité ne vaut pas la peine puisque le prix est inférieur au coût marginal (C(3) – C(2) = 7 \$ – 3 \$ = 4 \$ > 3 \$). Remarquez que *raisonner à la marge conduit le vendeur à réaliser le gain le plus élevé possible*. En vendant 2 unités, il réalise un gain de 3 \$ (= 2 × 3 \$ – C(2)). Il est facile de vérifier que le gain serait de 2 \$ en vendant 1 ou 3 unités, de 0 \$ en vendant 0 ou 4 unités, et négatif en vendant 5 unités.

FIGURE **1.4** Courbe de coût marginal d'un vendeur

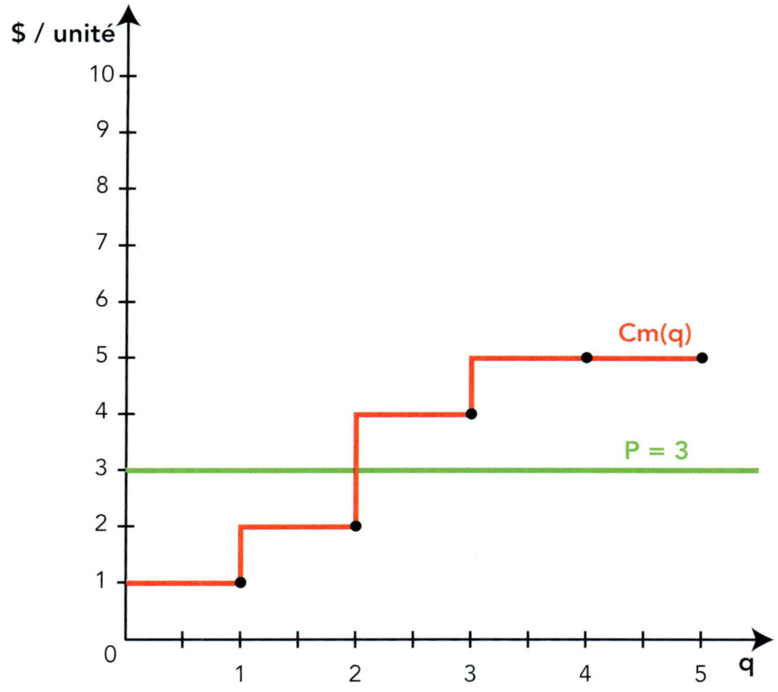

La figure 1.4 illustre la courbe de coût marginal du vendeur. Elle est croissante, ce qui reflète le fait que le vendeur devient de moins en moins intéressé à céder une unité supplémentaire. C'est une conséquence directe de la valorisation marginale décroissante (encadré 1.3), mais énoncée différemment : moins vous en avez, moins vous voulez en céder. On peut voir clairement sur la figure 1.4 que le vendeur cèdera 2 unités, toute unité supplémentaire lui coûtant plus que le prix de 3 \$.

Comme pour l'acheteur, le choix de représenter la courbe de coût marginal n'implique pas que nous perdions de l'information sur le coût total. Ce dernier peut être représenté graphiquement comme l'aire sous la courbe Cm (voir la figure 1.5).

FIGURE 1.5 L'aire sous la courbe Cm correspond au coût total du vendeur

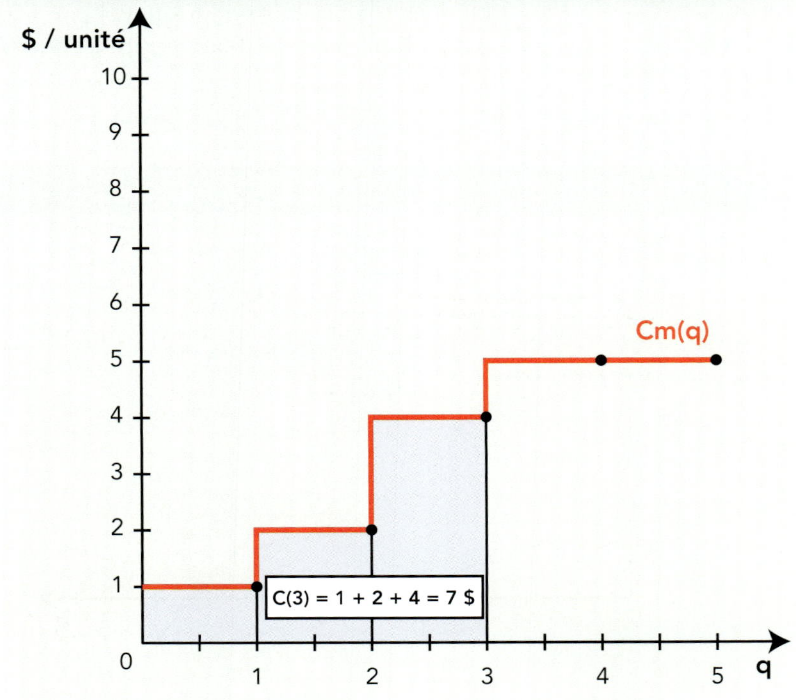

LES GAINS À L'ÉCHANGE

Maintenant que nous sommes en mesure de représenter les valorisations de l'acheteur et les coûts du vendeur, nous avons les outils nécessaires pour analyser l'échange entre les deux. À la fin de cette section, vous serez en mesure de répondre aux trois questions suivantes :

- À quel volume d'échange pouvons-nous nous attendre?
- Dans quelle mesure pouvons-nous parler d'échange efficace?
- Quel est le rôle des prix dans l'atteinte de l'efficacité économique?

Rappelons qu'une transaction est fondée sur l'entente entre les deux parties. Donc, en situation d'échange, les préférences des deux parties sont respectées; du moins dans la mesure où les deux s'en tirent mieux qu'au départ. Il s'ensuit que l'analyse conjointe des préférences de l'acheteur (sa valorisation) et celles du vendeur (ses coûts) nous apportera l'information nécessaire. Graphiquement, cela implique de représenter les courbes de valorisation marginale et de coût marginal sur un même graphique.

FIGURE 1.6 **Gains totaux à l'échange lorsque q = 3**

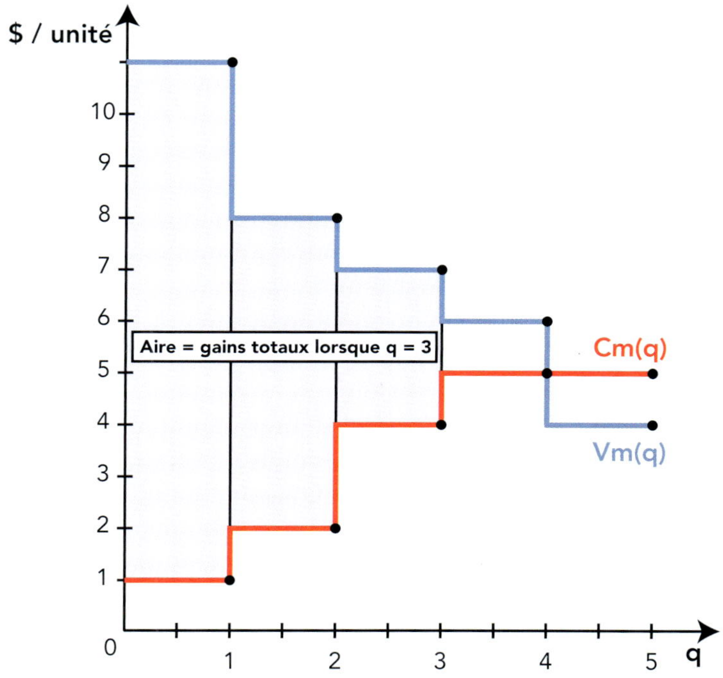

La figure 1.6 illustre les gains totaux à l'échange entre l'acheteur et le vendeur lorsque q = 3 unités sont échangées. Tout comme dans le cas impliquant un seul objet, les gains à l'échange correspondent à la différence entre la valorisation de l'acheteur et les coûts du vendeur : V(q) – C(q). Pour q = 3, les gains sont donc : V(3) – C(3) = 26 $ – 7 $ = 19 $.

Graphiquement, ces gains correspondent à l'aire située sous la courbe Vm et au-dessus de la courbe Cm *jusqu'à la quantité échangée.* Il y a au moins deux façons de voir pourquoi c'est le cas. La première façon consiste à se rappeler que V(q) est l'aire sous la courbe de valorisation marginale *jusqu'à* q et que C(q) est l'aire sous la courbe de coût marginal *jusqu'à* q. En prenant la différence, il reste l'aire située entre les deux courbes.

Une autre façon, plus « économique », de voir les gains à l'échange sur la figure 1.6 est de raisonner à la marge, unité par unité. L'échange de la première unité génère une satisfaction Vm(1) = 11 $ à l'acheteur et coûte Cm(1) = 1 $ au vendeur. Par conséquent, l'échange de la première unité *génère un surplus*, ou gain, équivalent à 10 $. De la même façon, la deuxième unité échangée génère un gain de 6 $ (= 8 $ – 2 $) et la troisième apporte un gain de 3 $ (= 7 $ – 4 $). En prenant la somme, nous obtenons bien les gains totaux de 19 $ (= 10 $ + 6 $ + 3 $).

L'EFFICACITÉ ÉCONOMIQUE

La figure 1.6 nous montre que des gains à l'échange sont générés lorsque notre acheteur et notre vendeur s'entendent pour transiger trois unités. Mais cela correspond-il au meilleur résultat possible? En d'autres termes, existe-t-il une quantité optimale que l'acheteur et le vendeur peuvent s'échanger? En termes économiques, on parle alors d'efficacité économique.

DÉFINITION

Une situation est **(Pareto) efficace** s'il est impossible d'augmenter le bien-être de quelqu'un sans diminuer celui de quelqu'un d'autre.

La définition d'efficacité que nous considérerons est attribuée à Vilfredo Pareto (1848-1923).

Cette définition peut sembler complexe mais elle est en réalité assez simple : elle se fonde sur le fait que l'efficacité implique l'absence de gaspillage. En effet, s'il existait une façon d'augmenter le bien-être de quelqu'un sans nuire à un autre, toutes les ressources disponibles ne seraient pas utilisées à meilleur escient; il y aurait donc du gaspillage.

EXEMPLE **1.2**

Considérons une nouvelle fois la figure 1.6. L'échange de trois unités entre l'acheteur et le vendeur est-il (Pareto) efficace? En d'autres termes, existe-t-il une façon d'améliorer simultanément le bien-être des deux agents à partir de la transaction actuelle (3 unités)? La réponse à cette question est « oui » et, par conséquent, la réponse à la première question est « non ». Afin de mieux comprendre, considérons l'échange d'une quatrième unité et voyons comment les deux parties pourraient se retrouver simultanément plus heureuses. La fonction de valorisation marginale nous indique que l'acheteur est prêt à payer Vm(4) = 6 $ pour la quatrième unité. De la même façon, nous savons que le vendeur acceptera de renoncer à cette unité pour Cm(4) = 5 $. Donc, si l'acheteur faisait l'acquisition d'une quatrième unité au prix de 5,50 $, par exemple, les deux parties s'en trouveraient avantagées. Il s'ensuit que la situation initiale, l'échange de 3 unités, n'était pas (Pareto) efficace.

L'exemple précédent illustre un fait important : **si un échange mutuellement bénéfique n'a pas été réalisé, la situation n'est pas efficace**.

ENCADRÉ 1.4

L'EFFICACITÉ EST DÉTERMINÉE PAR LES QUANTITÉS ET NON PAR LES PRIX*

Remarquez que la définition d'efficacité ne se réfère pas aux prix. Le « marché » n'y est pas non plus mentionné. C'est un élément important à garder en mémoire : le raisonnement économique ne concerne pas en premier lieu les prix ou les marchés mais plutôt la meilleure façon d'utiliser des ressources limitées.

Bien sûr, cet objectif d'allocation optimale des ressources, dans un contexte de marché, se manifeste souvent par un prix de marché, et par la concurrence qui peut exister sur le marché (voir le chapitre 5). Cependant, *il est toujours possible de déterminer si une situation est efficace en considérant uniquement les quantités échangées*, peu importe comment on est arrivé à cette quantité; c'est-à-dire peu importe les prix en vigueur. (Cet argument sera repris plus en détail lorsque nous discuterons de la discrimination par les prix, au chapitre 7.)

* L'argument de cet encadré est un peu plus avancé que le reste du chapitre. Par conséquent, s'il vous semble trop complexe pour l'instant, ignorez-le et revenez-y quand vous vous sentirez prêts. Par contre, assurez-vous d'y revenir car il y est question d'une erreur de raisonnement couramment rencontrée.

Considérons maintenant la situation où q = 4 unités ont été échangées. Cette situation est illustrée à la figure 1.7. On peut facilement vérifier que cette situation est efficace, aucun gain supplémentaire ne pouvant être réalisé. En effet, nous savons déjà que moins d'échange (q = 3) générerait des gains plus faibles. Il s'avère qu'un *échange supplémentaire n'améliorerait pas la situation*. L'acheteur accepte de débourser Vm(5) = 4 $ pour une unité supplémentaire, ce qui est inférieur à ce que le vendeur demande, Cm(5) = 5 $. Par conséquent, il n'existe aucune possibilité mutuellement avantageuse pour l'échange d'une cinquième unité. Si, pour une raison inexpliquée, cette unité venait à être échangée (suite à une erreur, par exemple), il y aurait une perte de surplus équivalente à 1 $. Donc, l'échange de 4 unités est efficace et nous notons ce résultat d'une étoile : $q^* = 4$.

Remarquez que les courbes Cm et Vm se croisent à $q^* = 4$. Ce n'est pas une coïncidence. C'est même précisément la raison pour laquelle q^* est efficace :

- Avant q^* (pour $q < q^*$) certains gains sont inexploités puisque $Vm(q) > Cm(q)$;
- Au-delà de q^* (pour $q > q^*$) l'acheteur n'acceptera pas de payer suffisamment pour convaincre le vendeur de céder son unité puisque $Vm(q) < Cm(q)$. En fait, trop d'échanges ont eu lieu. Pour rétablir l'efficacité, le vendeur devrait *racheter* des unités à l'acheteur.

En résumé, **l'efficacité est atteinte lorsque les courbes Vm et Cm se croisent**. Dans un modèle continu (c'est-à-dire où les quantités ne sont pas restreintes à des nombres entiers) **l'efficacité est atteinte lorsque** $\mathbf{Vm(q^*) = Cm(q^*)}$.

FIGURE 1.7 L'efficacité est atteinte lorsque les courbes Vm et Cm se croisent

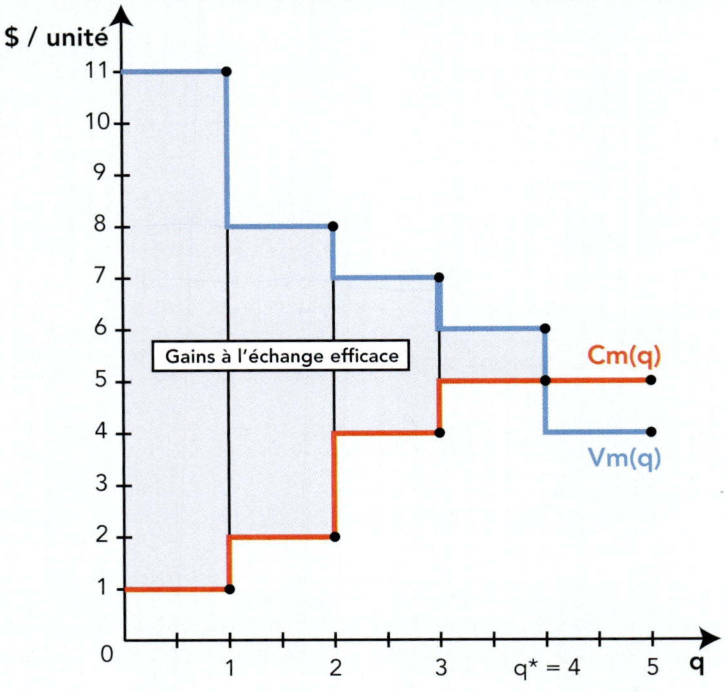

REMARQUES SUPPLÉMENTAIRES

Maintenant que nous avons approfondi la théorie sur la valorisation et les gains à l'échange, prenons un peu de recul afin de considérer les implications pratiques. En particulier, quelle est la cause des opportunités d'échange et comment se présentent-elles à nous?

Échange vs troc

Au fil de ce chapitre, nous avons considéré des échanges entre un acheteur et un vendeur uniquement. L'hypothèse sous-jacente était que l'acheteur allait donner de l'argent au vendeur en retour d'une unité, ou plus, d'un bien. Toutefois, certains échanges se font sans avoir recours à l'argent. Ce type de commerce existait bien avant l'apparition de la monnaie et on appelait alors cela du *troc*. Le troc consiste à échanger un objet contre un autre. Bien que moins courant que les transactions monétaires, il est encore utilisé à l'occa-sion. En fait, assez récemment, un Montréalais a réussi à obtenir une maison en troquant un trombone (encadré 1.5).

ENCADRÉ 1.5

D'UN TROMBONE À UNE MAISON EN 14 TRANSACTIONS (CBC NEWS, JULY 7TH 2006)

A 26-year-old Montreal man [...] succeeded in his quest to barter a single, red paper-clip all the way up to a house. It took almost a year and 14 trades, but Kyle MacDonald has been offered a two-storey farmhouse in Kipling, Sask., for a paid role in a movie.

MacDonald began his quest [...] when he decided he wanted to live in a house. He didn't have a job, so instead of posting a resumé, he looked at a red paper-clip on his desk and decided to trade it on an Internet website.

He got a response almost immediately – from a pair of young women in Vancouver who offered to trade him a pen that looks like a fish. MacDonald then bartered the fish pen for a handmade doorknob from a potter in Seattle. In Massachusetts, MacDonald traded the doorknob for a camp stove. He traded the stove to a U.S. marine sergeant in California for a 100-watt generator. In Queens, N.Y., he exchanged the generator for the "instant party kit" – an empty keg and an illuminated Budweiser beer sign. MacDonald then traded the keg and sign for a Bombardier snowmobile, courtesy of a Montreal radio host.

He bartered all the way up to an afternoon with rock star Alice Cooper, a KISS snow globe and finally a paid role in a Corbin Bernsen movie called *Donna on Demand*. "Now, I'm sure the first question on your mind is, 'Why would Corbin Bernsen trade a role in a film for a snow globe? A KISS snow globe', MacDonald said on his website "one red paper-clip". "Well, Corbin happens to be arguably one of the biggest snow globe collectors on the planet."

[T]he town of Kipling, Sask., located about two hours east of Regina with a population of 1,100, [...] offered MacDonald a farmhouse in exchange for the role in the movie. [...] "We are going to show them the house, give them the keys to the house and give them the key to the town and just have some fun," said Pat Jackson, mayor of Kipling. The town is going to hold a competition for the movie role.

MacDonald said: "There's people all over the world that are saying that they have paper-clips clipped to the top of their computer, or on their desk or on their shirt, and it proves that anything is possible and I think to a certain degree it's true." MacDonald, who has attracted international media in his quest, said the journey has turned out to be more exciting than the goal. "This is not the end. This may be the end of this segment of the story, but this story will go on."

Source : CBC News, http://www.cbc.ca/news/canada/story/2006/07/07/paperclip-house.html, consulté le 29 juillet 2014.

Après avoir pris connaissance de l'aventure de Kyle MacDonald (encadré 1.5), tentez de répondre aux questions suivantes :

- Combien de personnes ont bénéficié de cette aventure?
- Est-ce que tout cela aurait été possible si tout le monde avait la même valorisation des objets échangés?
- L'aventure a-t-elle été rentable pour Kyle MacDonald?

Valorisation vs valeur

Il existe une différence fondamentale entre « valorisation » et « valeur ». Bien que les deux mots réfèrent à la même idée, la valorisation est beaucoup plus subjective que la valeur. Pour faire simple, on pourrait dire que la « valorisation » fait référence à ce que vaut un objet *pour vous*, alors que la « valeur » fait référence à ce qu'il vaut *pour le marché*. Dans les chapitres suivants, nous verrons plus en détail comment fonctionnent les marchés, mais nous pouvons déjà dire qu'un de leurs aspects est d'agréger les valorisations de tous les agents économiques et d'en dégager une *valeur* commune.

CONCLUSION

Dans ce chapitre, nous avons analysé une des composantes élémentaires du raisonnement économique : l'échange. Étant donné que l'échange est une interaction volontaire entre individus, nous avons aussi vu comment modéliser les préférences individuelles (c'est-à-dire les valorisations) afin de comprendre comment les agents vont s'entendre pour transiger. Dans le but de déterminer si certaines transactions sont meilleures que d'autres, nous avons quantifié les gains générés lors d'un échange. Cela nous a conduits à déterminer qu'il existait un volume d'échange optimal : plus d'échange n'est pas toujours mieux. En résumé, les gains à l'échange sont la raison pour laquelle les marchés existent et sont un moteur à la création de richesse. L'efficacité est un concept économique majeur que nous réutiliserons tout au long de ce livre.

RÉSUMÉ DU CHAPITRE 1

- La valorisation d'un acheteur est le montant maximal qu'il est prêt à payer pour obtenir un objet.
- La valorisation d'un vendeur est le montant minimal en échange duquel il acceptera de céder un objet.
- L'échange ne sera possible que si la valorisation de l'acheteur excède celle du vendeur, c'est-à-dire, si $V \geq C$.
- Tant qu'une transaction a lieu, les prix n'ont aucun impact sur les gains totaux à l'échange, qui sont égaux à $V - C$.
- Si un échange mutuellement avantageux n'a pas été réalisé, la situation n'est pas efficace.
- Plus d'échange n'est pas toujours mieux.
- L'efficacité est atteinte lorsque $Vm = Cm$.
- Les échanges ont lieu parce que les gens ont des valorisations différentes pour un même objet.

ANNEXE : DE L'UTILITÉ À LA VALORISATION

Au début de ce chapitre, nous avons abordé deux façons de décrire la satisfaction d'un consommateur : l'utilité et la valorisation. Nous avons mentionné que l'utilité était un concept plus complet mais qu'en raison de son caractère plus concret, nous utiliserons principalement la notion de valorisation. Cependant, si vous veniez à vous spécialiser en économie, vous seriez conduits à travailler avec la notion d'utilité plutôt que de valorisation. Cette annexe permet de faire le lien entre les deux concepts.

Les courbes de niveaux d'utilité : les courbes d'indifférence

Dans cette annexe, nous allons considérer un consommateur qui doit choisir parmi différents *paniers* de biens. Un panier est une combinaison de différents biens, comme vous en trouveriez dans un panier d'épicerie : « 5 pommes + 2 pains + 3 savons » par exemple. Pour simplifier la présentation, nous considérerons deux biens génériques, le bien X et le bien Y (sinon les graphiques deviennent rapidement illisibles).

Pour chaque panier de biens, notre consommateur attache une valeur numérique représentant son niveau de satisfaction obtenu avec ledit panier. Cette valeur numérique est l'utilité que le consommateur tire de la possession de ce panier. Sans surprise, à différents paniers correspondront des niveaux d'utilité différents et, dans la mesure où le consommateur préfère avoir plus que moins, un panier contenant à la fois plus de X et de Y sera préféré à un autre ayant moins des deux biens. Dans la figure A.1, cela est représenté par la flèche pointant vers le haut et la droite.

FIGURE **A.1** Courbes d'indifférence d'un consommateur

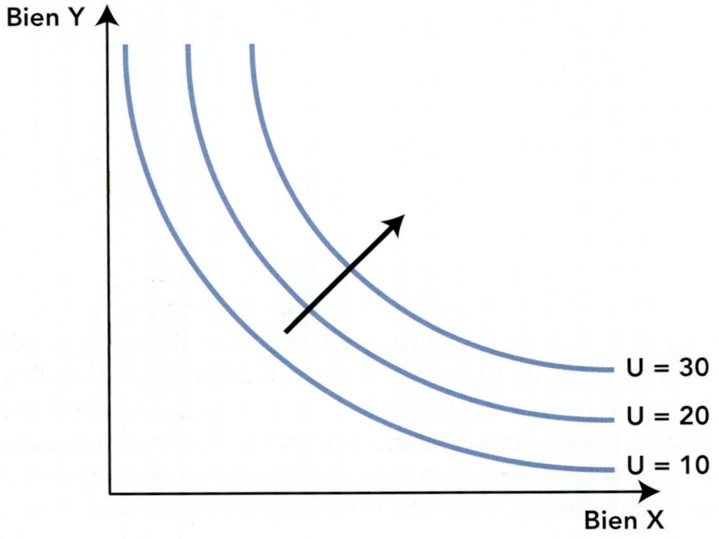

La figure A.1 représente aussi les courbes de niveaux d'utilité du consommateur. Par définition, le consommateur est indifférent entre deux paniers situés sur une même courbe. Pour cette raison, on utilise le terme de *courbes d'indifférence*. La figure A.1 n'en représente que trois, mais il en existe potentiellement autant que de niveaux d'utilité (c'est-à-dire un nombre infini).

Exprimer l'arbitrage : le taux marginal de substitution

Le fait qu'un consommateur soit indifférent entre différents paniers de biens nous indique un aspect fondamental de l'échange et du raisonnement économique : l'arbitrage. En d'autres termes, un consommateur acceptera de renoncer à quelque chose s'il peut obtenir autre chose en retour. Graphiquement, les courbes d'indifférence démontrent clairement cette notion d'arbitrage.

FIGURE **A.2** **Taux marginal de substitution du consommateur**

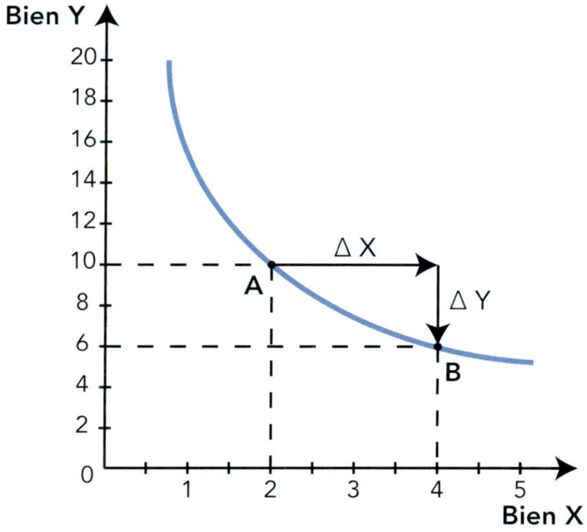

La figure A.2 représente une courbe d'indifférence et deux paniers de biens sur cette courbe : le panier A et le panier B. Le panier B contient plus de X et moins de Y que le panier A. Toutefois, puisque les deux sont situés sur la même courbe, le consommateur est indifférent entre l'acquisition de l'un ou l'autre de ces paniers. Cette information est très utile : elle nous indique jusqu'à quel point un consommateur consentira à échanger le bien Y contre le bien X. Dans le cas qui nous intéresse, le consommateur accepte d'échanger 4 unités de Y (= 10 – 6) contre deux unités de X (= 4 – 2). En divisant l'un par l'autre, nous trouvons qu'il accepte d'échanger au taux de 4 / 2 = 2 unités de Y pour une unité de X.

Ce taux d'échange est appelé *taux de substitution*, et est relié à la pente de la courbe d'indifférence (il est égal à $|\Delta Y / \Delta X|$). Cependant, remarquez que la pente de la courbe d'indifférence n'est pas constante (la courbe n'est pas une droite[1]). Cela implique que le taux de substitution de Y pour X change le long de la courbe. Graphiquement, en nous déplaçant vers la droite sur la courbe – plus de X et moins de Y – la courbe d'indifférence devient plus plate, indiquant que le consommateur acceptera de renoncer à de moins en moins de Y pour du X. Inversement, en se déplaçant vers la gauche sur la courbe – le consommateur a beaucoup de Y et peu de X – il sera prêt à renoncer à plus de Y en échange de X.

Autrement dit, le taux de substitution n'est pas unique, mais dépend de l'endroit où on se trouve sur la courbe d'indifférence. Pour cette raison, on parle du *taux marginal de substitution* (*TMS*) et on l'interprète comme étant la quantité de Y à laquelle un consommateur accepte de renoncer pour obtenir une unité supplémentaire de X.

1 Il est possible d'avoir des courbes d'indifférences linéaires (les biens sont alors des *substituts parfaits*) mais nous considérons ici le cas générique où la pente de la courbe d'indifférence varie.

La valorisation marginale comme TMS pour l'argent

Jusqu'à maintenant dans cette annexe, nous avons envisagé l'échange d'un bien contre un autre, sous l'hypothèse implicite que les deux biens étaient des biens de consommation (vêtements, nourriture, divertissement, etc.). Supposons maintenant qu'un de ces biens soit de l'argent. La même analyse nous permet de savoir combien d'argent le consommateur serait prêt à payer pour obtenir un bien, ce qui correspond précisément à la valorisation du consommateur pour ce bien.

Spécifiquement, la figure A.3 représente une courbe d'indifférence entre le bien X (un bien de consommation) et l'argent (le bien Y). Au point **a**, le consommateur possède une unité de X et 15 $. En se déplaçant vers le point **b**, le consommateur ferait l'acquisition d'une unité supplémentaire de X et perdrait 5 $ (= 15 $ – 10 $) en restant indifférent. En d'autres termes, 5 $ est le montant maximal qu'il serait prêt à payer pour acquérir une deuxième unité de X, ce que nous avons appelé valorisation marginale, en l'occurrence Vm(2), dans ce chapitre. Donc Vm(2) = 5 $. En passant de **b** à **c**, et de **c** à **d**, nous sommes en mesure de déterminer que Vm(3) = 10 $ – 7 $ = 3 $ et Vm(4) = 7 $ – 6 $ = 1 $.

FIGURE **A.3** Valorisation marginale comme TMS par rapport à l'argent

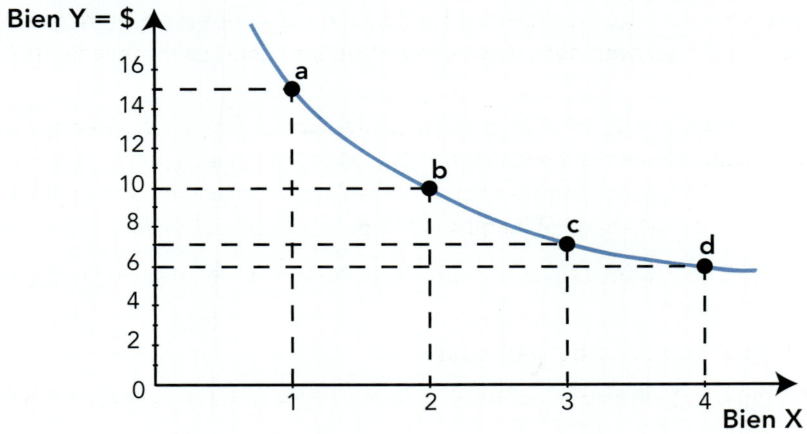

En conclusion, la valorisation est directement liée au concept d'utilité. En fait, la valorisation est un cas spécifique où un des deux biens est la monnaie (le bien Y, dans notre cas). Cette perte de généralité nous a permis de faire des comparaisons concrètes puisque le bien-être du consommateur est exprimé en termes monétaires. Cependant, certains détails sont perdus dans ce processus et une compréhension plus approfondie de la théorie de l'utilité sera nécessaire si vous choisissez de suivre des cours d'économie plus avancés.

EXERCICES

1- Vrai ou Faux? Les échanges s'accompagnent de gains à l'échange.

2- Qu'est-ce que l'utilité?

a) Une mesure universelle de bonheur.

b) Une mesure subjective de la satisfaction d'un consommateur.

c) Une représentation monétaire du bien-être d'un consommateur.

d) Une mesure objective utilisée pour comparer le bien-être de plusieurs individus.

3- Qu'est-ce que la valorisation?

a) Une mesure universelle de bonheur.

b) Une mesure subjective de la satisfaction d'un consommateur.

c) Une représentation monétaire du bien-être d'un consommateur.

d) Une mesure subjective utilisée pour comparer le bien-être de plusieurs individus.

4- En pratique, les économistes utilisent souvent la valorisation plutôt que l'utilité. Quels sont les avantages de ce choix? Quels en sont les inconvénients?

5- Vous envisagez l'achat d'un manuel usagé auprès d'un ancien étudiant. Le prix d'un manuel neuf est de 130 $. L'ancien étudiant vous offre son manuel usagé pour « 100 $ ou meilleure offre ». Vous êtes prêt à débourser jusqu'à 120 $ pour le manuel usagé et jusqu'à 140 $ pour un manuel neuf.

Répondez aux questions suivantes et donnez des explications détaillées à vos réponses.

a) Quel manuel achèterez-vous?

b) Quel est le prix maximum qui vous fera préférer acheter le manuel usagé?

c) Quel prix paierez-vous pour l'objet? Qu'est-ce qui détermine le prix?

d) Quels seront les gains à l'échange? (Donnez une borne inférieure)

e) Est-ce qu'on peut répondre à la question **d)** avant de répondre à la question **c)**?

6- Considérons un consommateur qui envisage l'achat d'un objet (éventuellement plusieurs unités). Le prix de l'objet est de 500 $ par unité et le consommateur a un budget de 1 500 $, qu'il peut dépenser sur l'objet en question et sur d'autres biens. La valorisation totale du consommateur est donnée par V(1) = 2 500 $, V(2) = 2 800 $ et V(3) = 3 000 $.

a) Combien d'unité(s) le consommateur achètera-t-il, et pourquoi?

b) Quel sera le surplus obtenu par le consommateur, mesuré en $?

c) Donnez un exemple d'un bien qui pourrait faire l'objet d'un tel scénario.

7- Considérons un individu dont les valorisations marginales pour les unités d'un même bien sont les suivantes :

q	Vm(q)
1	70 $
2	65 $
3	60 $
4	55 $
5	50 $
6	45 $
7	40 $
8	35 $
9	30 $
10	25 $

Supposons que cet individu possède actuellement 9 unités du bien et envisage d'en vendre quelques-unes. Écrivez, dans le tableau suivant, où **t** est le nombre d'unités vendues, les fonctions de coût et de coût marginal de l'individu :

t = nombre d'unités vendues	C(t)	Cm(t)
1		
2		
3		
4		
5		
6		
7		
8		
9		
10		

8- Considérons un individu dont les valorisations pour des unités successives d'un bien sont indiquées dans le tableau suivant :

q	V(q)	Vm(q)
1	30 $	
2	50 $	
3	65 $	
4	77 $	
5	87 $	
6	95 $	
7	101 $	
8	106 $	
9	110 $	
10	112 $	
11	113 $	

a) Remplissez la colonne des valorisations marginales.

b) Notre individu possède actuellement 7 unités. Le prix du marché pour le bien en question est de 18 $ par unité. Combien d'unités achètera-t-il? Combien d'unités vendra-t-il?

c) Tracez la courbe d'offre de l'individu lorsqu'il agit en tant que vendeur, sachant qu'il possède initialement 7 unités. Vérifiez qu'au prix de 18 $ par unité, il vend bien la même quantité que celle trouvée à la question **b)**.

d) Quel sera le profit du vendeur? Montrez-le sur le graphique.

9- Considérons un acheteur et un vendeur de plusieurs unités d'un bien. Les valorisations marginales de l'acheteur pour les 7 premières unités sont les suivantes : 10 $, 8 $, 7 $, 6 $, 4 $, 2 $, 1 $. De même, le coût marginal du vendeur pour vendre des unités successives du bien est le suivant : 1 $, 2 $, 4 $, 5 $, 6 $, 8 $, 11 $.

Supposons que l'acheteur et le vendeur envisagent de s'échanger q = 6 unités; est-ce un échange efficace? Si oui, expliquez pourquoi. Sinon, est-ce que q = 6 unités représente une trop grande quantité, ou une trop petite quantité comparativement à l'échange efficace? Calculez la perte sèche (c'est-à-dire, la perte associée à l'échange d'une quantité non optimale) en $.

10- Ci-dessous se trouvent les valorisations marginales des agents A et B pour des unités successives d'un même bien, exprimées en dollars :

q	$Vm_A(q)$	$Vm_B(q)$
1	50	100
2	48	90
3	46	85
4	44	75
5	38	60
6	35	50
7	31	42
8	25	35
9	22	29
10	21	19
11	20	11
12	6	5

a) Sachant que B possède initialement 6 unités et que A n'en possède qu'une seule, quel est, dans ce cas, la quantité optimale échangée (afin d'atteindre une allocation efficace)? Expliquez.

b) Imaginez maintenant que chaque unité de ce bien représente 500 pieds carrés de terres agricoles et que A et B sont des agriculteurs. L'individu A fait la culture du blé alors que B cultive de l'orge. Soudainement, en raison d'une sécheresse mondiale, le prix du blé augmente. Pour cette raison, A accorde maintenant plus de valeur à sa terre agricole, si bien que chaque VmA(q) augmente de 20 $ uniformément.

Étant donné ce choc sur le prix du blé, répondez aux questions suivantes concernant une éventuelle transaction entre A et B :

i) Qui serait le vendeur et qui serait l'acheteur? Expliquez.

ii) Quelle serait la transaction optimale? Expliquez.

c) Sur un graphique, tracez la nouvelle valorisation de A pour les unités successives de terre agricole (après la hausse du prix du blé) lorsqu'il agit en tant qu'acheteur. Sur le même graphique, tracez la valorisation de B pour l'échange d'unités de terre agricole lorsqu'il agit en tant que vendeur.

d) Avec les nouvelles Vm de A, quel est le prix minimum compatible avec la quantité optimale échangée? Quel est le prix maximum compatible avec cette quantité? Expliquez. Tracez ces prix sur le graphique de la question **c)**.

e) Toujours en considérant les nouvelles valorisations de A, quels sont les gains à l'échange? Représentez ces gains sur le même graphique que précédemment.

f) Considérons maintenant le scénario suivant : Avant qu'un échange entre A et B n'ait lieu, A apprend qu'il hérite de 1 000 pieds carrés de terre agricole (2 unités). Quelle est, dans ce cas, la quantité optimale échangée (toujours selon les nouvelles valorisations de A)?

g) Étant donné que les gains à l'échange sont inférieurs à la question **f)** qu'à la question **e)**, pouvez-vous conclure que la situation s'est détériorée suite à l'héritage de A? Expliquez.

2 La demande

APERÇU DU CHAPITRE

- Introduction
- La demande individuelle
- La demande de marché
- Les élasticités
- Conclusion
- Exercices

INTRODUCTION

Dans le chapitre précédent, nous avons discuté en profondeur du comportement des individus impliqués dans un échange, aussi bien du point de vue de l'acheteur que de celui du vendeur. Au cours des prochains chapitres, nous allons étendre notre analyse de l'échange à des populations entières, ce qu'on appelle les *marchés*. Puisqu'une population est constituée de nombreux individus, nous utiliserons notre compréhension des comportements individuels pour en déduire le comportement des marchés.

Ce chapitre est consacré à la demande, qui correspond à la population d'acheteurs sur le marché. Par conséquent, nous allons voir comment la valorisation marginale d'un acheteur se traduit en une demande individuelle pour un bien ou un service. Nous verrons ensuite comment plusieurs demandes individuelles peuvent être regroupées, ou « agrégées », pour constituer la demande de marché, et nous en examinerons les facteurs déterminants. Enfin, nous introduirons un outil permettant de résumer l'information sur la demande : l'*élasticité*.

LA DEMANDE INDIVIDUELLE

DÉFINITION

La **demande individuelle** d'un consommateur est la relation entre le prix d'un bien et la quantité qu'il veut, et peut, acheter à ce prix.

L'objectif de cette section est de clarifier le lien entre la valorisation marginale d'un consommateur et sa *demande individuelle* pour un bien ou un service. Vous avez sûrement déjà entendu parler d'offre et de demande. Toutefois, cette terminologie est souvent utilisée à la légère dans les médias ou dans les conversations quotidiennes (voir l'exercice 2.1 en fin de chapitre). Une définition formelle s'impose donc.

Considérant cette définition, ce que nous cherchons effectivement est la relation entre la valorisation marginale d'un consommateur et sa décision d'achat à un prix donné.

Note sur les représentations : tableaux, équations et graphiques

Le tableau 2.1 montre les valorisations marginales d'un consommateur pour plusieurs quantités de biens consommées. Ce tableau est l'une des différentes façons de représenter Vm. Remarquez bien que les quantités considérées ne sont pas tout entières. Ce n'est pas une erreur et, bien que cela puisse paraître étrange de prime abord, cela représente parfaitement des décisions réelles de consommation. Par exemple, nous pourrions considérer la quantité de kilogrammes de noisettes qu'un consommateur veut acheter en vrac. Dans ce genre de situation, il est tout à fait raisonnable de considérer des quantités comme 2,5 kg ou 7,5 kg. Cependant, même pour un bien qui ne se divise pas, comme aller voir un film au cinéma, il est toujours possible de considérer des fractions d'unités. En effet, le comportement d'un consommateur est souvent considéré sur une période de temps donnée. Combien de films allez-vous voir au cinéma par année, en moyenne? « 2,5 films en moyenne » ou « 7,5 » sont alors des réponses valides. À partir de maintenant, nous considérerons que les quantités peuvent prendre n'importe quelle valeur, pas simplement des valeurs entières.

TABLEAU **2.1** Valorisation marginale d'un consommateur

Quantité, q	Valorisation marginale, Vm(q) en $/unité
0	4
2,5	3
5	2
7,5	1
10	0

Une autre façon de représenter la valorisation marginale d'un consommateur est sous la forme d'une équation mathématique. Par exemple, l'information comprise dans le tableau 2.1 peut être résumée par l'expression suivante :

$$Vm(q) = 4 - 0{,}4q.$$

Enfin, il peut être plus visuellement pratique d'utiliser un graphique. La figure 2.1, ci-dessous, représente graphiquement l'information contenue dans le tableau 2.1 et dans l'équation ci-dessus. Vous remarquerez que, contrairement au dernier chapitre, la courbe de valorisation marginale ne prend plus la forme d'un escalier. C'est une conséquence directe du fait que nous permettons à q de prendre des valeurs non entières (comme 2,5 et 7,5).

Roche, papier, ciseaux

Chacune de ces représentations comporte ses avantages et ses inconvénients. Les expressions mathématiques sont beaucoup plus compactes que les tableaux, mais une forme fonctionnelle peut ne pas exister si les données sont trop irrégulières. À l'inverse, un tableau permet de représenter n'importe quel type de données, mais n'est pas très attrayant visuellement : l'information ne saute pas aux yeux comme sur un graphique. Enfin, un graphique est un bon outil visuel, mais est souvent peu précis, et difficile à décrire oralement dès que les données deviennent un tant soit peu complexes. Par conséquent, selon le type de données à analyser ou l'utilisation que vous voudrez en faire, vous recourrez à différentes représentations : un graphique pour une présentation, l'équation mathématique (si disponible) pour un article scientifique ou une résolution manuelle, et un tableau pour l'utilisation d'un logiciel.

FIGURE 2.1 Représentation graphique de la valorisation marginale du consommateur

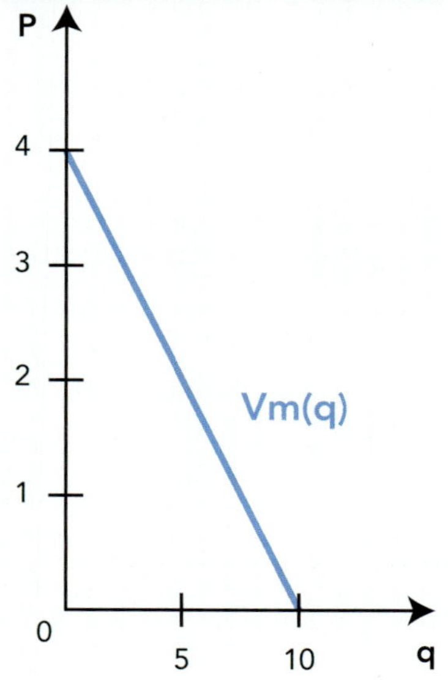

Le comportement du consommateur

DÉFINITION

La **quantité demandée** d'un bien par un consommateur est la quantité qu'il peut, et veut, acheter à un prix donné.

La valorisation marginale d'un consommateur est un élément essentiel à la compréhension de ses décisions d'achat. La question à laquelle nous voulons répondre est la suivante : « Face à un prix donné, P, combien d'unités le consommateur choisira-t-il d'acheter? » La réponse à cette question est la *quantité demandée* par le consommateur.

La valorisation marginale du consommateur nous fournit immédiatement la réponse : il achètera des unités du bien tant que sa valorisation marginale sera supérieure au prix. Il achètera jusqu'à ce que sa valorisation marginale soit égale au prix en vigueur. En d'autres termes, la quantité achetée, q, sera telle que $Vm(q) = P$.

La figure 2.2 illustre la valorisation marginale du consommateur et sa décision d'achat lorsque $P = 2$. Nous pouvons lire sur le graphique que $Vm(q) = P = 2$ pour $q = 5$. Par conséquent, il achètera 5 unités du bien. Remarquez que ce résultat peut s'obtenir algébriquement, en utilisant la fonction $Vm(q) = 4 - 0{,}4q$. En posant $Vm(q) = 2$, on obtient bien $q = 5$.

Le consommateur n'achètera pas plus de 5 unités puisque $Vm(q) < 2$ pour $q > 5$: toute unité supplémentaire au-delà de 5 génère moins de bien-être que ce qu'elle coûte. De même, il ne s'arrêtera pas avant d'avoir acheté 5 unités puisque $Vm(q) > 2$ pour $q < 5$: chaque unité supplémentaire vaut plus à ses yeux qu'elle ne lui coûte.

FIGURE 2.2 Décision d'achat du consommateur quand P = 2

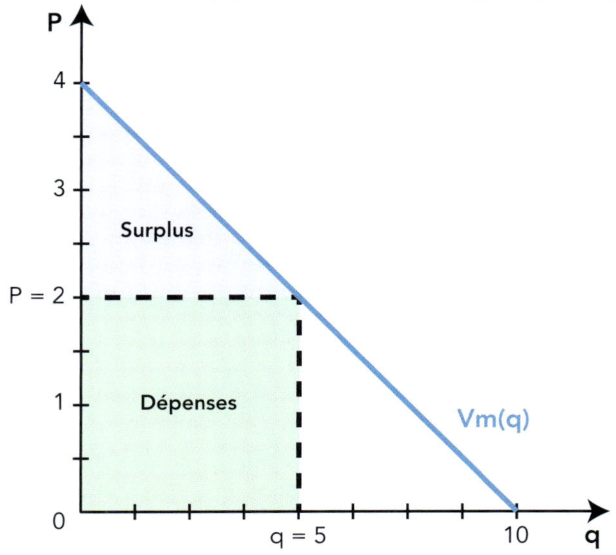

Le surplus du consommateur

La valorisation marginale d'un consommateur ne sert pas uniquement à prédire ses décisions d'achat. On peut aussi déduire la valeur qu'il accorde à son achat.

Sur la figure 2.2, on remarque qu'il y a deux zones ombragées. La première, celle étiquetée « dépenses », représente la quantité d'argent qu'il a choisi de dépenser sur ce bien. Dans le cas présent, la dépense du consommateur est de 10 $ (= 2 $ × 5). Les dépenses sont toujours représentées par un rectangle d'aire P × q (de longueur q et de hauteur P).

L'autre zone ombragée, étiquetée « surplus », représente les gains à l'échange du consommateur associés à l'achat de 5 unités. Ces gains sont appelés *surplus du consommateur*.

Graphiquement, puisque la valorisation marginale d'un consommateur est la dérivée de sa valorisation totale, il s'ensuit que la *valorisation totale est l'aire sous la courbe Vm*. Donc, le surplus du consommateur est obtenu en considérant l'aire sous la courbe Vm jusqu'à la quantité achetée et en retranchant l'aire correspondant aux dépenses. Sur la figure 2.2, la valorisation totale associée à l'achat de 5 unités correspond au trapèze regroupant les deux zones ombragées. Après avoir retranché le rectangle des dépenses, il ne reste alors que le triangle supérieur comme surplus du consommateur.

DÉFINITION

Le **surplus du consommateur (SC)** est la différence entre le montant maximal qu'un consommateur est prêt à payer – sa valorisation totale – pour la quantité de bien achetée et le montant réellement dépensé pour cet achat.

Numériquement, la taille du surplus du consommateur correspond à l'aire du triangle étiquetée « surplus ». En utilisant la formule pour calculer l'aire d'un triangle – (base × hauteur) / 2 – on obtient :

$$SC = 5 \times (4\,\$ - 2\,\$) / 2 = 5\,\$.$$

Il convient de souligner le fait que « q = 5 unités » est la décision de consommation qui *maximise le surplus du consommateur*. Dans le chapitre précédent, nous avons fait allusion au fait que le surplus du consommateur – sans avoir utilisé ce nom – pouvait être interprété comme une sorte de « profit du consommateur ». Tout comme les entreprises, qui cherchent à maximiser leurs profits, les consommateurs vont chercher à maximiser le surplus du consommateur.

La figure 2.3 illustre ce fait, en représentant le surplus du consommateur pour des quantités achetées autres que 5 unités. À gauche, le consommateur achète moins d'unités (q < 5) et dépense moins d'argent, mais son surplus est inférieur. À droite, le surplus est encore une fois plus petit puisque tout achat au-delà de 5 unités (q > 5) coûte plus que ce qu'il vaut pour notre consommateur. Par conséquent, sur ces unités, le consommateur retire un « surplus négatif » correspondant à l'aire du triangle entre P et Vm(q) pour les quantités supérieures à 5 jusqu'à la quantité achetée.

FIGURE **2.3** **L'achat de q < 5 unités et q > 5 unités génère un surplus inférieur à l'achat de q = 5 unités**

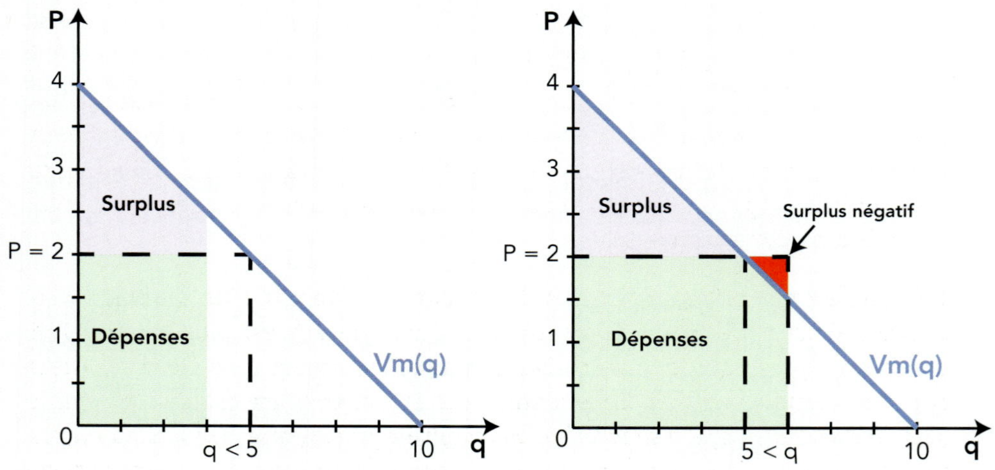

En résumé, le raisonnement à la marge du consommateur lui permet de maximiser son surplus. Cela suggère l'existence d'une relation entre la maximisation du surplus et le raisonnement à la marge (voir l'encadré 2.1).

ENCADRÉ 2.1

RAISONNEMENT À LA MARGE ET OPTIMISATION

À ce stade, il semble important de souligner la relation entre le raisonnement à la marge et l'optimisation. En fait, les deux notions sont équivalentes. Par exemple, considérons à nouveau le consommateur dont la valorisation marginale est $Vm(q) = 4 - 0{,}4q$. Puisque la fonction Vm est la dérivée de sa valorisation totale, cette dernière n'est autre que l'intégrale de Vm :

$$V(q) = 4q - 0{,}2q^2.$$

(**Rappel** : L'intégrale d'une constante est la constante × q, et l'intégrale de q est $q^2 / 2$.)

Par conséquent, un consommateur qui maximise son surplus maximise la fonction :

$$SC(q) = V(q) - (P \times q) = 4q - 0{,}2q^2 - 2q.$$

En prenant la dérivée, afin d'obtenir les *conditions du premier ordre* du programme de maximisation, on obtient :

$$SC'(q) = Vm(q) - P = 4 - 0{,}4q - 2 = 0.$$

Par conséquent, SC est maximisé pour q tel que $Vm(q) = P$ ou, numériquement, tel que $q = 5$.

De la valorisation marginale à la demande individuelle

La valorisation marginale était un concept clé dans la compréhension de la décision d'achat d'un individu. En se rappelant que la demande individuelle est la relation entre le prix et la quantité achetée, la valorisation marginale jouera aussi un rôle important dans la détermination de la courbe de demande individuelle d'un consommateur.

La figure 2.4 nous montre l'impact du changement de prix d'un produit sur la décision d'achat de notre consommateur. Quand le prix est plus bas, $P' < P$, il consomme plus : $q' > q$. Inversement, lorsque le prix est plus élevé, $P'' > P$, il consomme moins : $q'' < q$. Cependant, *il choisira toujours une quantité telle que le prix est exactement égal à sa valorisation marginale, peu importe le prix.* En d'autres termes, la valorisation marginale d'un consommateur est précisément la relation entre prix et quantité que nous cherchons : **la courbe de demande individuelle d'un consommateur est précisément sa courbe de valorisation marginale**.

FIGURE 2.4 Courbe de demande du consommateur

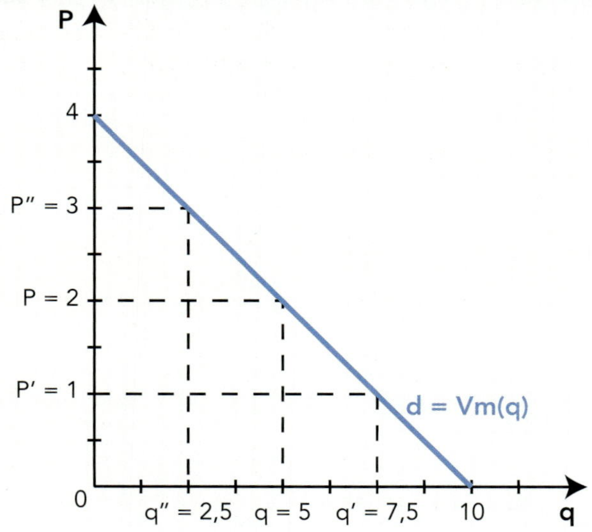

Algébriquement, la courbe de demande du consommateur est donnée par :

$$P = 4 + 0{,}4q.$$

Ou encore :

$$q(P) = (4 - P) / 0{,}4 = 10 - 2{,}5P.$$

Finalement, il faut garder à l'esprit que la valorisation marginale d'un consommateur – et donc sa demande individuelle – peut être affectée par plusieurs facteurs, comme son revenu et le prix d'autres biens. Une section complète est réservée à cet aspect plus tard dans le chapitre. En attendant, il est important de réaliser que la relation que nous avons établie entre P et q considérait **tous les autres facteurs comme constants** (les économistes utilisent l'expression latine *ceteris paribus* pour faire plus court).

LA DEMANDE DE MARCHÉ

En se fondant sur notre compréhension de la demande individuelle, nous pouvons maintenant nous tourner vers la demande d'une population entière, c'est-à-dire la *demande de marché*. Alors que la demande individuelle était la relation entre le prix et la quantité demandée d'un bien par un consommateur, **la demande de marché est la relation entre le prix et la quantité demandée par la population entière.**

Par exemple, dans une population de 1 000 personnes, si 500 femmes demandent 5 unités et que 500 hommes demandent 8 unités *à un prix donné*, alors la quantité demandée *à ce prix* est de 6 500 unités (= 500 × 5 + 500 × 8). Si nous appelons $q_f(P)$ et $q_h(P)$ la quantité demandée par une femme et par un homme, respectivement, au prix P, la quantité demandée par la population entière à ce même prix est de :

$$Q(P) = 500q_f(P) + 500q_h(P).$$

Plus généralement, si chaque individu d'une population de *n* individus a sa propre demande, indicée par *i*, la quantité demandée par le marché pour un prix P est de :

$$Q(P) = \sum_{i=1}^{n} q_i(P).$$

Dorénavant, nous utiliserons les lettres majuscules pour désigner les variables agrégées (comme Q) et les lettres minuscules pour désigner les variables individuelles (comme q).

ENCADRÉ 2.2

ADDITIONNER DES PRIX N'A AUCUN SENS

Il est important de remarquer qu'on additionne des *quantités* lorsqu'on agrège les demandes individuelles pour obtenir la demande de marché. Si, au prix de 2 $/unité, je demande 5 unités et que vous en demandez 10, nous demandons collectivement 15 unités : l'addition des quantités est logique.

Algébriquement, si ma demande individuelle est de $q_{moi}(P) = 10 - 2{,}5P$ et que votre demande individuelle est de $q_{vous}(P) = 20 - 5P$, alors notre demande conjointe est de :

$$Q_{nous}(P) = q_{moi}(P) + q_{vous}(P) = 30 - 7{,}5P.$$

Cependant, il n'est pas logique d'additionner des prix. Si je suis disposé à payer 3,60 $ pour un sandwich, et que vous êtes prêts à payer 3,80 $ pour le même bien, cela *n'implique pas* que nous sommes collectivement prêts à payer 7,40 $ pour partager ce sandwich. Cela peut sembler évident, mais c'est pourtant une erreur souvent rencontrée :

« Ma demande est P = 4 – 0,4q. Votre demande est P = 4 – 0,2q. Alors notre demande totale est P = 8 – 0,6q. »

Cette erreur est très courante, et vous la ferez probablement au moins une fois. Essayez simplement de ne pas la faire durant vos examens. Souvenez-vous que c'est une erreur grave, parce qu'additionner des prix est aussi ridicule que mélanger de l'eau chaude à de l'eau froide en pensant que les températures vont s'additionner.

Graphiquement, la *courbe de demande de marché* est obtenue à partir des courbes de demande individuelles en additionnant, pour tout prix P, les quantités demandées par les consommateurs à ce prix. Cela revient à additionner les courbes de demande horizontalement (puisqu'on additionne les quantités, qui se trouvent sur l'axe des abscisses).

Par exemple, considérons quatre consommateurs identiques avec une demande individuelle donnée par $q(P) = 10 - 2{,}5P$. La figure 2.5 montre comment la courbe agrégée, D, se compare à la courbe individuelle, d. On remarque que D semble être le résultat d'une rotation de d. Cela est dû au fait que la quantité (individuelle) demandée est zéro à P = 4 $/unité ou plus. Alors, peu importe le nombre d'individus présents, la quantité (de marché) demandée sera zéro à ce prix. Par contre, lorsque le prix est nul, chacun demande 10 unités si bien que la quantité demandée totale est de 40 unités (= 4 × 10).

La majorité des courbes de demande rencontrées seront des droites. Il ne faut alors que deux points pour les construire. Les points « faciles » à trouver sont ceux correspondant à q = 0 et où P = 0.

FIGURE **2.5** **D est l'agrégation de 4 courbes de demande individuelles identiques, d**

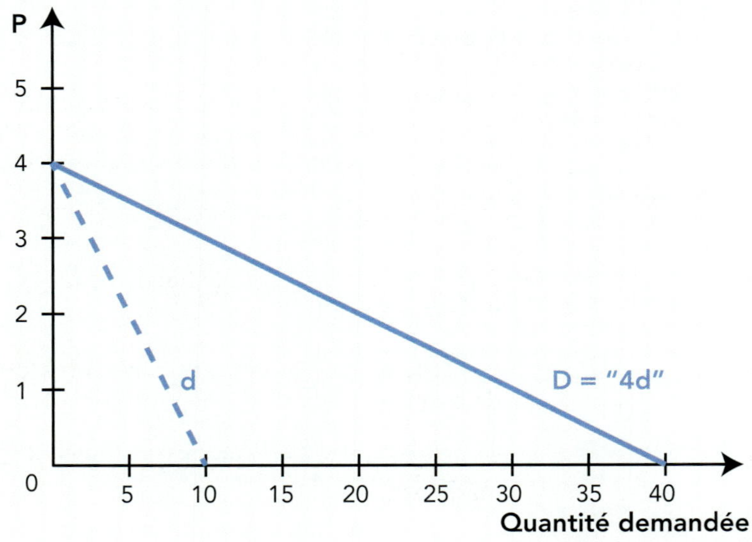

La fonction de demande

Jusqu'à maintenant, nous avons vu comment la quantité demandée d'un bien évoluait suite à des changements de son prix. *L'hypothèse implicite était que tous les autres facteurs susceptibles d'affecter la demande étaient constants.* Ces facteurs incluent le revenu des consommateurs, leurs goûts, le prix d'autres biens, etc.

En rendant cette relation explicite, nous n'aurions pas une expression de la forme « Q = A – bP » comme fonction de demande, mais plutôt une équation ayant la forme suivante :

$$Q = a - bP + cI + eP_s - fP_c + \ldots$$

où I représente le revenu de la population, P_s désigne le prix de biens pouvant être utilisés comme substituts et P_c désigne le prix de biens habituellement utilisés en combinaison avec le bien considéré.

Remarque : Lorsqu'on écrit Q = A – bP, on suppose que A inclut tous les autres termes d'intérêt : « $A = a + cI + eP_s - fP_c +$ » et que les variables autres que le prix du bien en question – comme I, P_s, P_c, etc. – ne varient pas sur la période considérée.

EXEMPLE 2.1

La demande pour du sirop concentré de cola de « Marque C » – pour utilisation dans les fontaines de restaurant – par les restaurateurs d'une région donnée est la suivante :

$$Q = 26{,}17 - 3{,}98P + 2{,}25P_p + 2{,}60A_c - 0{,}62A_p + 9{,}58S + 0{,}99I$$

où : Q et P représentent la quantité demandée et le prix du sirop de la marque C;

P_p est le prix de la marque rivale « marque P » de sirop de cola;

A_c et A_p sont les dépenses de publicité respectives des marques C et P;

S est un indicateur saisonnier (= 1 pour le printemps ou l'été, = 0 sinon);

I est le revenu des ménages.

Les facteurs qui affectent la demande

Jusqu'ici, nous n'avons pas considéré une liste exhaustive de facteurs pouvant affecter la quantité demandée d'un bien. Nous ne tenterons pas l'exercice, les possibilités étant trop nombreuses. Toutefois, certains facteurs sont suffisamment communs pour que nous leur accordions une section.

Le prix du bien

Bien évidemment, le prix d'un bien est souvent le principal facteur affectant sa quantité demandée. La quantité demandée d'un bien diminue généralement lorsque son prix augmente. (Il existe quelques exceptions notables, comme les « biens de prestige » que les gens achètent pour exposer leur richesse. Les voitures de luxe en sont un exemple. La quantité demandée peut diminuer quand le prix devient « trop bas ».)

Le prix d'autres biens

Les biens dont le prix affecte la quantité demandée d'un *autre* bien sont de deux types. Ils sont soit *substituts*, lorsqu'ils peuvent être utilisés à la place du bien considéré, soit *compléments*, et sont alors utilisés en combinaison avec le bien en question.

La quantité demandée d'un bien augmente lorsque le prix d'un substitut augmente, et inversement. Par exemple, la quantité demandée de consoles PS4 sera plus grande plus le prix de la console Xbox One sera élevé.

De la même façon, la quantité demandée d'un bien diminue lorsque le prix d'un complément augmente, et inversement. Par exemple, la quantité demandée de voitures à forte consommation d'essence diminue lorsque le prix de l'essence augmente.

Le revenu des ménages

Puisque la quantité demandée d'un bien est la quantité qu'un consommateur veut et peut acheter, le revenu du ménage est un déterminant majeur. Tel qu'attendu, la quantité demandée de la plupart des biens augmente avec le revenu du ménage. Un tel comportement semble naturel, et c'est pourquoi ces biens sont appelés des biens *normaux*. Cependant, tous les biens ne sont pas normaux : la quantité demandée de ces biens-là diminue lorsque le revenu augmente. Ces biens sont appelés des biens *inférieurs* puisque ce phénomène se produit généralement lorsqu'un consommateur modifie ses habitudes en faveur de biens de meilleure qualité.

La quantité demandée d'un bien normal augmente avec le revenu du ménage. C'est le cas pour la majorité des biens de consommation.

La quantité demandée d'un bien inférieur diminue lorsque le revenu augmente. Un exemple courant est celui de la malbouffe. Les personnes pauvres ont tendance à manger chez McDonald's plus souvent que les riches.

Autres facteurs

La demande peut être affectée par des réglementations gouvernementales comme la loi qui oblige à l'utilisation de pneus d'hiver. Il pourrait aussi être question de changements dans les goûts ou les préoccupations des gens, comme vouloir manger santé ou encourager le commerce équitable. La période de l'année peut aussi avoir un impact – qui achète un sapin de Noël en juillet?

Les changements dans la courbe de demande

Les facteurs pouvant affecter la quantité demandée considérés dans la section précédente peuvent être divisés en deux catégories :

Le prix du bien	Tous les autres facteurs

En effet, le prix du bien joue un rôle à part, ce qui est d'autant plus apparent graphiquement. Considérons la demande de cola de « marque C », comme dans l'exemple 2.1 plus haut, et supposons que le prix de ce bien, P, augmente. Graphiquement, ***puisqu'on suppose que tous les autres facteurs sont constants*****, un changement dans le prix du bien considéré résulte en un déplacement le long de la courbe de demande**.

Par contre, si un facteur autre que le prix du bien, comme le prix d'un substitut, venait à changer, toute la courbe de demande se déplacerait. Cela est dû au fait que *la relation entre la quantité demandée et le prix du bien a été modifiée*. Alors, après le changement, nous ferions face à une nouvelle courbe de demande, qui tiendrait compte de ce changement. Par conséquent, *puisque cela modifie la relation entre quantité demandée et prix du bien*, un changement dans un facteur autre que le prix du bien déplace toute la courbe de demande.

La figure 2.6 illustre graphiquement cette différence en se basant sur l'exemple 2.1. À gauche, le prix du cola de « marque C » a augmenté, ce qui résulte en un mouvement le long de la courbe de demande, D. Sur la droite, le prix du cola substitut de « marque P » a augmenté, ce qui résulte en un déplacement de D vers D'. Cette augmentation du prix d'un substitut augmente la quantité demandée pour le cola de « marque C »; elle déplace donc la courbe de demande vers la droite – vers des quantités plus grandes.

FIGURE **2.6** **Demande pour le cola de « marque C ».**
À gauche : le résultat d'une augmentation du prix du cola de « marque C »; À droite : le résultat d'une augmentation du prix d'un substitut, le cola de « marque P ».

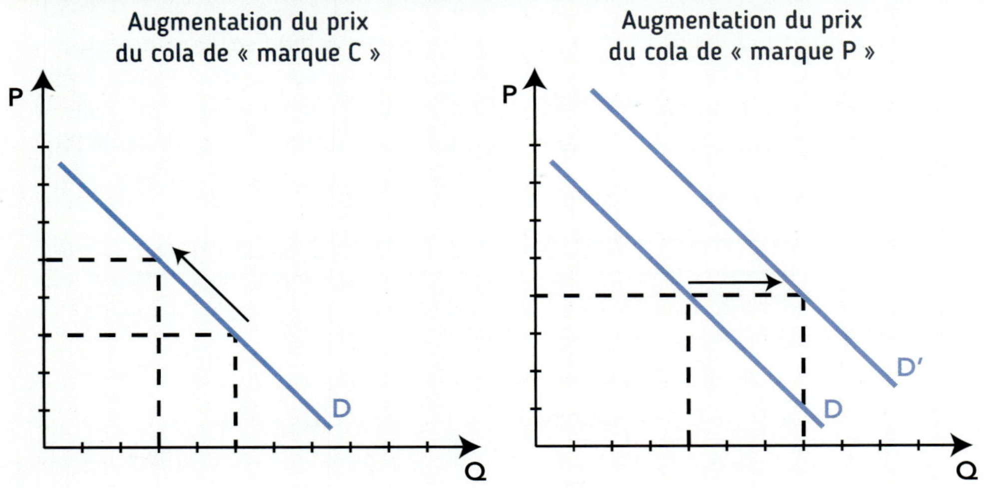

LES ÉLASTICITÉS

Nous avons déjà discuté des différentes formes que l'information sur la demande pouvait prendre : un tableau, une équation ou un graphique (voir la section « Note sur les représentations : tableaux, équations et graphiques » en début de chapitre). Nous avons discuté des avantages et des inconvénients de chacune d'elles. Un aspect à considérer était la portabilité de l'information, c'est-à-dire la facilité avec laquelle on pouvait la transmettre aux autres. En pratique, il s'avère qu'aucune des trois n'est la représentation la plus couramment utilisée, les économistes et les gens d'affaires préférant travailler avec un format encore plus pratique : un simple nombre.

DÉFINITION

Une **élasticité** est un nombre représentant la sensibilité d'une variable – par exemple, Q – au changement dans une autre variable – par exemple, P. Elle exprime le changement en pourcentage de la première variable suite à une augmentation de 1 % de la deuxième.

L'élasticité-prix de la demande

Il existe une façon de résumer l'information sur la demande en un seul nombre, alors appelé *élasticité*. Une des principales questions à laquelle les gens d'affaires cherchent à répondre est : « Si j'augmente le prix de mon produit, combien de ventes vais-je perdre? » De même, les économistes peuvent vouloir répondre à une question du type : « Si le salaire minimum – le salaire étant le prix du travail – venait à augmenter, combien d'emplois seraient perdus? » Plus précisément, l'élasticité concerne des changements en pourcentage : « Si j'augmente le prix de mon produit de 1 %, de combien de points de pourcentage mes ventes vont-elles diminuer? »

Formellement, l'*élasticité-prix de la demande*, qui représente la sensibilité de la quantité demandée, Q, à un changement du prix, P, est exprimée comme suit :

$$E_P = \frac{\%\text{ variante de Q}}{\%\text{ variante de P}} = \frac{\Delta Q / Q}{\Delta P / P}$$

La façon d'interpréter la valeur d'une élasticité est assez simple. Si EP = –2, alors une augmentation de 1 % du prix implique une *diminution* de 2 % – en raison du signe négatif – de la quantité demandée. **Remarque :** Les élasticités-prix de la demande sont presque toujours négatives, puisque la quantité demandée diminue lorsque le prix augmente pour presque tous les biens.

L'élasticité dépend de l'endroit où on se trouve sur la courbe de demande

La définition de E_P vue plus haut peut être récrite comme suit :

$$E_P = \frac{\Delta Q}{\Delta P} \times \frac{P}{Q}$$

Cette expression est beaucoup plus facile à utiliser à partir d'une équation, comme l'illustre l'exercice suivant.

EXERCICE 2.1

Considérons que la demande d'un bien est donnée par l'équation suivante : Q = 280 – 20P. Calculez l'élasticité-prix de la demande lorsque le prix est P = 3 $.

// ***Réponse :*** Pour calculer E_P, nous avons besoin de trois informations : ΔQ / ΔP, Q et P. Nous connaissons déjà la valeur de P. Il nous faut donc trouver la valeur de Q et de ΔQ / ΔP, ce qui est assez simple puisque nous avons la fonction de demande :

- Lorsque P = 3, la fonction de demande nous informe que Q = 280 – 20 × 3 = 220;
- Le ratio ΔQ / ΔP correspond au coefficient de variation (ou, alternativement, à la dérivée de Q par rapport à P). La fonction de demande indique que lorsque P augmente de 1, Q *diminue* de 20, en raison du coefficient « –20 » devant P. Donc, **ΔQ / ΔP = –20**. (Ou encore, la dérivée de 280 – 20P par rapport à P donne –20.)

Par conséquent, lorsque P = 3 $/unité, E_P = –20 × 3 / 220 = **–0,27**. Cela implique qu'une augmentation du prix de 1 % fera baisser la quantité demandée de 0,27 % lorsque le prix est de 3 $/unité.

Remarquez que nous insistons sur le fait que nous avons calculé l'élasticité à *P = 3 $/unité*. La raison en est que l'élasticité dépend du prix. L'exercice suivant, qui est la suite de l'exercice 2.1, illustre ce point.

EXERCICE 2.2

Considérons une fois de plus la fonction de demande Q = 280 – 20P. Calculez E_P pour P = 4 $/unité.

// **Réponse :** Lorsque P = 4, l'équation nous informe que Q = 280 – 20 × 4 = 200. Le ratio ΔQ / ΔP est toujours égal à –20. Donc, E_P = –20 × 4 / 200 = **–0,4**, lorsque P = 4 $/unité.

Selon l'exercice 2.2, la quantité demandée est plus sensible à une augmentation du prix lorsque P = 4 que lorsque P = 3, car une augmentation du prix de 1 % entraîne une diminution de la quantité demandée de 0,4 %, à P = 4, contrairement à 0,27 %, à P = 3.

Cette observation est vraie en général lorsque la demande est linéaire : plus le prix est élevé, plus l'élasticité le sera aussi (en valeur absolue). Cela provient du fait que Q diminue lorsque P augmente; le ratio P / Q augmente alors avec P. Si la demande est linéaire, ΔQ / ΔP est une constante et il s'ensuit que la valeur absolue de E_P est proportionnelle au ratio P / Q.

En résumé, lorsque la demande est linéaire (c.-à-d., ΔQ / ΔP est constant) :

$$E_P = \frac{\Delta Q}{\Delta P} \times \frac{P}{Q} = \text{constante négative} \times \frac{P}{Q}.$$

L'expression ci-dessus implique que E_P prendra l'ensemble des valeurs négatives possibles, tel qu'illustré dans la figure 2.7 :

- Lorsque P = 0, E_P = 0. Nous disons que la demande est *parfaitement inélastique* en ce point : il faut une variation infinie, en pourcentage, de P pour affecter la quantité demandée. (Remarquez que lorsque P = 0, n'importe quelle augmentation de P est une variation infinie en pourcentage.)

- Lorsque P est tellement grand qu'aucun consommateur ne désire acheter le bien – c'est-à-dire lorsque la quantité demandée est zéro – l'élasticité-prix est infinie. Nous disons alors que la demande est *parfaitement élastique* en ce point : n'importe quelle petite variation dans le prix résultera en une variation infinie, en pourcentage, de la quantité demandée. (Remarquez que lorsque P est tel que Q est tout juste égal à 0, n'importe quelle diminution de P résultera en une quantité demandée positive, et donc en une augmentation infinie, en pourcentage, de Q.)

L'élasticité-prix prend toutes les valeurs négatives entre ces deux extrêmes au fur et à mesure que le prix passe de P = 0 au prix maximum qu'un individu est prêt à débourser pour le bien.

- Lorsque $-1 < E_P < 0$, on dit que **la demande est *relativement inélastique* : une variation de 1 % du prix entraînera une variation de moins de 1 % de la quantité demandée**. Pensez à « inélastique » comme voulant dire « rigide ». Une interprétation serait que les consommateurs sont captifs et qu'ils continueront majoritairement à acheter le produit malgré la hausse de prix.

- Lorsque $E_P < -1$, on dit que **la demande est *relativement élastique* : une variation de 1 % du prix aura un impact supérieur à 1 % sur la quantité demandée**. Une interprétation serait que les consommateurs sont très sensibles au prix et qu'ils arrêteront d'acheter le produit – ou se tourneront vers un substitut – si le prix venait à augmenter.

- Finalement, lorsque $E_P = -1$, on dit que **la demande a une *élasticité unitaire* : une variation de 1 % du prix entraînera une variation d'exactement 1 % dans la quantité demandée**. Cela se produit exactement au milieu d'une courbe de demande linéaire (à démontrer à titre d'exercice).

FIGURE 2.7 L'élasticité-prix de la demande prend toutes les valeurs négatives le long de la courbe

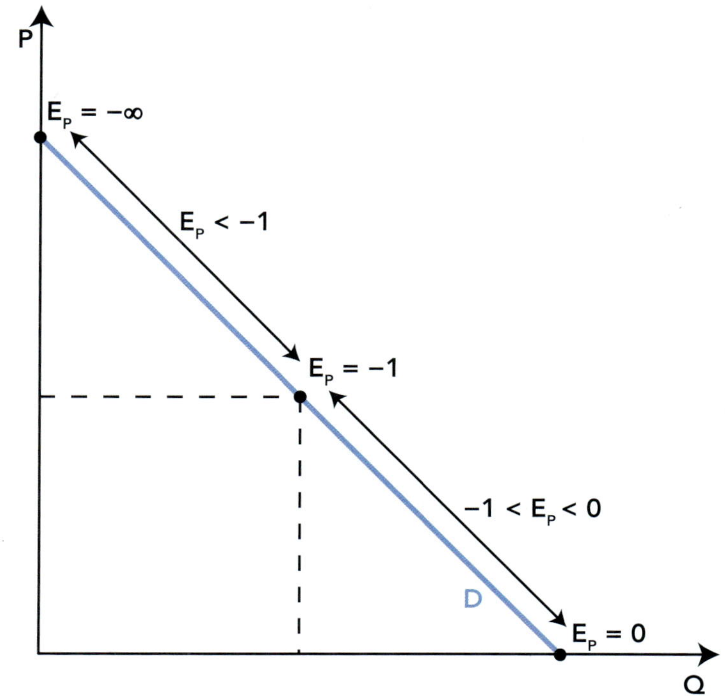

Cas particuliers

L'analyse présentée plus haut, avec l'élasticité-prix pouvant prendre toutes les valeurs négatives, s'applique à presque toutes les courbes de demande linéaires. Mais pas toutes. Il existe deux cas particuliers pour lesquels la valeur d'EP est constante le long de la courbe de demande. Ces deux cas particuliers concernent les demandes *parfaitement élastique* et *parfaitement inélastique*.

FIGURE **2.8** **Demande parfaitement inélastique et parfaitement élastique**

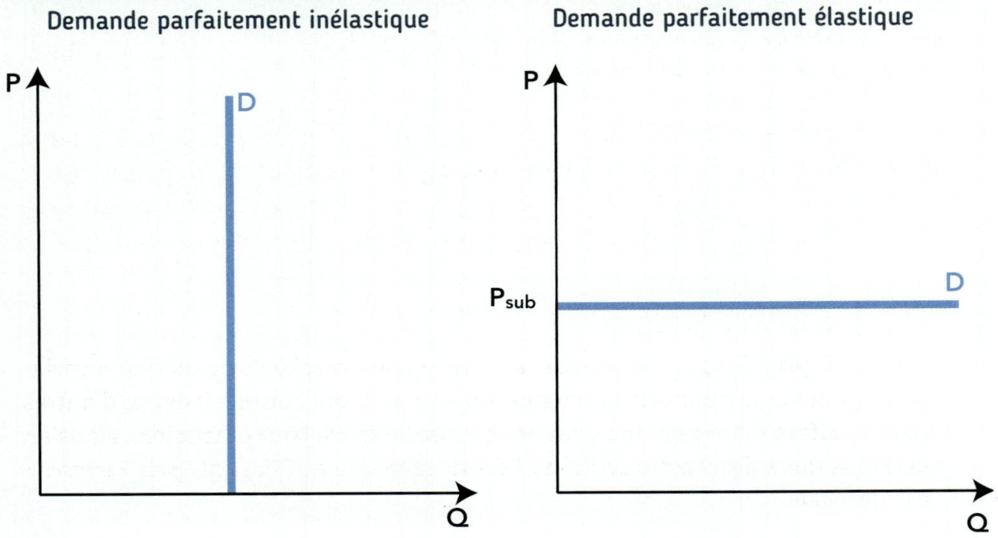

DÉFINITION

La **demande est parfaitement inélastique** si $E_P = 0$ partout le long de la courbe de demande.

Demande parfaitement inélastique

Un exemple d'une telle situation serait celui d'un bien absolument nécessaire, comme un médicament vital : les gens qui en ont besoin pour vivre seront probablement prêts à payer beaucoup d'argent pour se procurer leur dose.

Graphiquement, une demande parfaitement inélastique correspond à une courbe de demande verticale. (**Remarque :** En pratique, aucune demande n'est parfaitement inélastique jusqu'à l'infini. En effet, personne n'est en mesure de payer un « prix infini » pour une dose supplémentaire d'un médicament. En d'autres termes, au fur et à mesure que P deviendra extrêmement élevé, la quantité demandée finira par diminuer, mais cet ordre de prix n'est pas illustré sur le graphique.)

Demande parfaitement élastique

Cela peut arriver lorsque les consommateurs ne font pas la différence entre deux biens. Certaines personnes sont indifférentes entre des sodas de marques différentes. De même, la plupart des gens ne font pas la différence entre des bananes cultivées en Inde et des bananes cultivées au Mexique.

Lorsque deux biens sont des substituts parfaits, les consommateurs vont acheter le moins cher des deux, puisqu'ils sont indifférents entre les deux. Par conséquent, ils n'achèteront pas un produit si son prix dépasse celui du substitut, P_{sub}. En d'autres termes, dès que le prix du bien, P, dépassera P_{sub}, les consommateurs se tourneront vers le substitut. Toutefois, tant que $P < P_{sub}$, la quantité demandée sera très grande.

Le graphique de droite de la figure 2.8 illustre une telle courbe de demande : **une courbe de demande parfaitement élastique est horizontale**. (**Remarque :** La courbe de demande finira par décroître si on se déplace suffisamment loin vers la droite, mais cet ordre de quantités n'est pas illustré sur le graphique.)

DÉFINITION

La **demande est parfaitement élastique** si $E_P = -\infty$ partout le long de la courbe de demande.

Autres élasticités

L'élasticité-prix de la demande est très utile si on cherche l'impact d'une variation du prix sur la quantité demandée. Cependant, tout comme il existe d'autres facteurs affectant la demande, on peut considérer d'autres élasticités. Nous en décrivons deux dans cette section : l'*élasticité-revenu* et l'*élasticité-prix « croisée » de la demande*.

L'élasticité-revenu de la demande

$$E_I = \frac{\%\text{ variante de Q}}{\%\text{ variante de I}} = \frac{\Delta Q / Q}{\Delta I / I}$$

L'interprétation est la même que pour l'élasticité-prix : $E_I = 0{,}5$ implique que suite à une augmentation de 1 % du revenu du consommateur, la quantité demandée du bien considéré augmentera de 0,5 %. Contrairement à E_P, l'élasticité-revenu sera probablement positive; pour les biens normaux, du moins.

- Si $E_I > 0$, la quantité demandée augmente avec le revenu. Cela correspond aux **biens normaux**. Graphiquement, une augmentation de revenu entraînera un déplacement vers la droite de la courbe de demande.

- Si $E_I < 0$, la quantité demandée diminue lorsque le revenu augmente. Cela correspond aux **biens inférieurs**. Graphiquement, une augmentation du revenu entraînera un déplacement vers la gauche de la courbe de demande.

DÉFINITION

L'élasticité-revenu de la demande, EI, est la variation en pourcentage de la quantité demandée suite à une augmentation de 1 % du revenu du ménage.

L'élasticité-prix croisée de la demande

$$E_{cXY} = \frac{\%\ \text{variation de } Q_X}{\%\ \text{variation de } P_Y} = \frac{\Delta Q_X / Q_X}{\Delta P_Y / P_Y}$$

DÉFINITION

L'élasticité-prix croisée de la demande, E_{cXY}, est la variation en pourcentage de la quantité demandée du bien X suite à une augmentation de 1 % du prix d'un autre bien, Y.

Une fois de plus, l'interprétation est la même que pour les autres élasticités : $E_{cXY} = 3$ implique qu'une augmentation de 1 % du prix du bien Y entraînera une augmentation de 3 % de la quantité demandée du bien X.

- Si $E_{cXY} > 0$, la quantité demandée du bien X augmente avec le prix du bien Y. C'est le cas si les biens X et Y sont **substituts**. Graphiquement, une augmentation de P_Y entraînera un déplacement vers la droite de la courbe de demande du bien X.

- Si $E_{cXY} < 0$, la quantité demandée du bien X diminue lorsque le prix du bien Y augmente. C'est le cas si les biens X et Y sont des biens **complémentaires**. Graphiquement, une augmentation de P_Y entraînera alors un déplacement vers la gauche de la courbe de demande du bien X.

CONCLUSION

Ce chapitre fut consacré au comportement des acheteurs sur un marché. Nous avons examiné comment les décisions d'achat d'un consommateur étaient prises, et avons vu qu'elles étaient étroitement liées à sa valorisation marginale, Vm. En fait, nous avons découvert que la courbe de demande individuelle était précisément la courbe de valorisation marginale. Nous avons ensuite considéré l'agrégation des courbes de demande individuelles pour obtenir la courbe de demande de marché. Nous avons vu que la courbe de demande de marché était la somme horizontale des courbes de demande individuelles.

Il est important de se rappeler qu'une courbe de demande suppose que tous les autres facteurs sont constants. Par conséquent, deux catégories de facteurs affectent la quantité demandée : une variation dans le prix du bien entraînera un déplacement le long de la courbe, tandis qu'un changement de tout autre facteur entraînera un déplacement de la courbe de demande.

Enfin, nous avons abordé les élasticités de la demande, qui sont des résumés numériques de la sensibilité de la quantité demandée d'un bien par rapport à son prix (élasticité-prix), au revenu du consommateur (élasticité-revenu) et au prix d'un autre bien (élasticité-prix croisée).

RÉSUMÉ DU CHAPITRE 2

- Un consommateur maximise son surplus lorsque Vm(q) = P.
- La courbe de demande individuelle correspond à la courbe de valorisation marginale.
- Illustrer la demande (tant individuelle que de marché) implique qu'on considère tous les autres facteurs comme constants. Autrement, ce n'est pas valide.
- La courbe de demande de marché est la somme horizontale des courbes de demande individuelles.
- *Puisque tous les autres facteurs sont constants*, un changement dans le prix d'un bien entraîne un <u>mouvement le long de la courbe</u> de demande.
- *Puisque cela modifie la relation entre prix et quantité demandée*, un changement dans un facteur autre que le prix du bien entraîne un <u>déplacement de la courbe</u> de demande.
- L'élasticité-prix de la demande, E_P, est un nombre représentant le changement en pourcentage dans la quantité demandée suite à une augmentation de 1 % du prix.

CHAPITRE 2

EXERCICES

1- Harry Stote, le célèbre logicien, soutient que l'analyse économique est une « science » invalide, puisqu'elle est basée sur un paradoxe. Son argument repose sur le syllogisme suivant :

> « Lorsque le prix d'un bien augmente, la demande pour ce bien diminue. Cependant, lorsque la demande pour un bien diminue, son prix baisse. Par conséquent, lorsque le prix d'un bien augmente, ce prix devrait baisser. C'est absurde! »

Quelle est l'erreur d'Harry?

2- Si l'élasticité-prix de la demande vaut −0,3 pour un bien, cela implique que :

a) Si le prix baisse de 0,5 %, la quantité demandée augmentera de 0,15 %.

b) Si le prix augmente de 1 %, la quantité demandée augmentera de 3 %.

c) Si le prix baisse de 1 %, la quantité demandée diminuera de 0,3 %.

d) Aucune de ces réponses.

3- Le tableau ci-dessous représente la valorisation marginale d'un consommateur pour un bien donné :

q	Vm(q)
1	100 $
2	90 $
3	80 $
4	70 $
5	60 $
6	50 $
7	40 $
8	30 $
9	20 $
10	10 $
11	0 $

Le prix du bien est P = 35 $/unité.

a) Combien d'unités le consommateur achètera-t-il? Calculez le coût de ces unités et le surplus du consommateur.

b) Si le consommateur achète q = 5 unités, combien dépensera-t-il, et quel sera son surplus?

c) Si le consommateur achète q = 9 unités, combien dépensera-t-il, et quel sera son surplus?

d) Étant données vos réponses aux trois questions précédentes, discutez de la relation entre la maximisation du surplus du consommateur et la décision à la marge d'acheter une unité supplémentaire.

4- **Quelle est la relation entre la courbe de valorisation marginale d'un consommateur et sa courbe de demande? Expliquez.**

5- **Des études empiriques montrent que la demande domestique et la demande extérieure pour le blé canadien sont exprimées comme suit, respectivement :**

$$Q_{dom} = 1\,700 - 100P,$$

$$Q_{ext} = 1\,408 - 176P.$$

Les quantités sont exprimées en milliers de boisseaux par année, et les prix en dollars par boisseau.

a) Si les producteurs canadiens vendaient au prix de 10 $/boisseau, quelle quantité vendraient-ils sur le marché domestique? Quelle quantité vendraient-ils à l'étranger?

b) **i)** Si les producteurs canadiens vendaient au prix de 6 $/boisseau, quelle quantité vendraient-ils sur le marché domestique? Quelle quantité vendraient-ils à l'étranger?

ii) À ce prix, quelles sont les élasticités-prix de la demande domestique et de la demande extérieure?

c) Trouvez la fonction de demande globale (domestique + extérieure) pour le blé canadien et tracez le graphique correspondant.

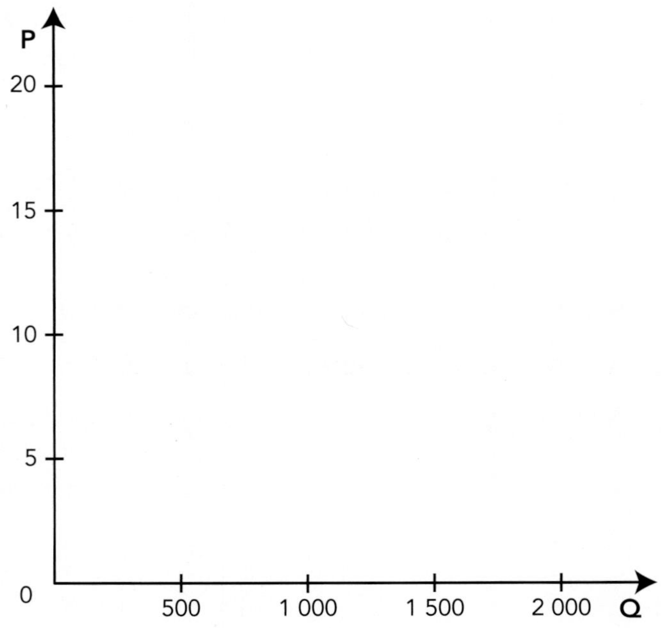

d) Au prix de 6 $/boisseau, quelle est l'élasticité-prix de la demande globale? Comparez votre réponse à celle obtenue en **b-ii)**.

6- **Pour les trois questions suivantes, considérez la fonction de demande suivante pour le bien X :**

$$Q_X = 30 - P_X + 7P_Y - 3P_Z - 4I$$

où P_X, P_Y et P_Z sont les prix des biens X, Y et Z, respectivement. « I » dénote le revenu annuel moyen de la population, exprimé en milliers de dollars par année.

Parmi les quatre affirmations suivantes, laquelle est vraie?

a) Les biens Y et Z sont des biens complémentaires du bien X.

b) Les biens Y et Z sont des substituts du bien X.

c) Le bien Y est un bien complémentaire du bien X et le bien Z est un substitut du bien X.

d) Le bien Y est un substitut du bien X et le bien Z est un bien complémentaire du bien X.

7- Toujours avec la fonction de demande de la question 6. Parmi les quatre affirmations suivantes, laquelle est vraie?

a) Le bien X est un bien inférieur.

b) Le bien X est un bien de Giffen.

c) Le bien X est un bien normal.

d) Le bien X est un bien minimal.

8- Toujours avec la fonction de demande de la question 6. Supposons que $P_X = 18$, $P_Y = 20$, $P_Z = 4$ et que le revenu annuel moyen de la population est de 30 000 $.

a) Calculez l'élasticité-prix de la demande pour le bien X.

b) Calculez l'élasticité-prix croisée entre les biens X et Y.

c) Calculez l'élasticité-prix croisée entre les biens X et Z.

d) Calculez l'élasticité-revenu pour le bien X.

3 La firme, ses coûts et ses profits

APERÇU DU CHAPITRE

- Introduction
- La firme
- Les coûts
- La maximisation des profits
- Conclusion
- Exercices

INTRODUCTION

Le chapitre précédent était consacré à la demande d'un marché et à ses participants, les consommateurs. Le présent chapitre et le suivant analysent l'offre du marché et les firmes qui le constituent. Nous accordons deux chapitres à l'offre et aux firmes – et un seul à la demande – parce que le comportement des firmes est moins intuitif que celui des consommateurs. En effet, nous sommes tous des consommateurs, mais vous n'avez probablement pas (encore) eu à prendre des décisions liées à la gestion d'une entreprise.

Nous commencerons par donner une description générale de la firme. Nous aborderons ensuite les sources de coûts de production de la firme. Enfin, nous verrons comment ces coûts sont pris en compte par la firme dans la maximisation de ses profits. Le prochain chapitre sera consacré à la prise de décision des firmes dans un environnement de concurrence pure et parfaite.

LA FIRME

DÉFINITION

Une **firme** est une organisation qui transforme des intrants en extrants.

En langage courant, une « firme » fait habituellement référence aux entreprises du secteur tertiaire, comme les cabinets d'avocats ou de consultation. En économie, le mot « firme » n'a pas cette connotation. Une raffinerie, un restaurant, et même un chauffeur de taxi seront considérés comme des firmes. En pratique, les économistes utilisent le mot « firme » pour désigner toute « société » ou « entreprise » vendant des biens ou des services sur un marché.

En réalité, plusieurs types de firmes existent : sociétés anonymes, sociétés en nom collectif, coopératives, sociétés par actions, etc. Cette liste n'est pas exhaustive et le type de firme considéré dépend de son environnement et de son statut légal. Les aspects légaux dépassant le cadre de ce livre, nous emploierons la définition ci-contre.

Les notions d'intrants (ou *inputs*) et d'extrants (ou *outputs*) sont définies plus bas dans notre description du processus de production.

Le processus de production

Les intrants

Les intrants peuvent prendre plusieurs formes, allant des ressources naturelles aux ressources humaines. Les économistes divisent généralement les intrants en trois catégories : les matériaux, le capital et le travail.

Les **matériaux** (ou **matières premières**) désignent toutes les ressources matérielles qui sont destinées à être transformées ou consommées durant le processus de production. Par exemple, une usine de balles de tennis transforme du caoutchouc et du feutre dans la fabrication de balles. Elle a aussi besoin de consommer de l'électricité pour faire fonctionner ses machines. Par conséquent, le caoutchouc, le feutre et l'électricité sont des matériaux employés pour la production de balles de tennis. Les matières premières comme les métaux (fer, cuivre, etc.) et l'eau, et les biens intermédiaires comme les microprocesseurs, font aussi partie de cette catégorie.

Le **capital** désigne toute ressource matérielle durable utilisée durant le processus de production, qui ne soit ni transformée, ni consommée au cours de la production. Par exemple, les machines et les camions utilisés dans la manufacture et le transport des balles de tennis sont du capital pour une entreprise productrice de balles de tennis. De même, un bâtiment – bureau ou usine – et le matériel informatique avec lequel une entreprise réalise ses activités font partie du capital. **Remarque** : Dans les conversations courantes, le mot « capital » réfère souvent à de l'argent ou à un investissement. Notre utilisation du terme est plus spécifique.

Le **travail** désigne la main-d'œuvre utilisée dans le processus de production. Le travail inclut tout type d'activité humaine, des ouvriers non qualifiés à la direction, en passant par les employés de soutien.

Les extrants

Un **extrant** (ou **output**) est un produit ou un service résultant du processus de production, habituellement destiné à la vente. Dans notre exemple de la manufacture de balles de tennis, les extrants sont évidemment les balles de tennis. Dans le cas d'un chauffeur de taxi, l'extrant est le service de conduire les passagers à destination.

L'objectif de la firme

Étant donné notre vision plutôt globale de la firme, nous allons travailler selon l'hypothèse qu'elle poursuit un objectif unique : la maximisation de ses profits.

Les profits sont parfois désignés par la lettre grecque π.

Remarque : Bien que notre définition permette d'englober la majorité des types de firmes rencontrés en pratique, il convient de souligner que la maximisation des profits, que nous supposons être le seul objectif de la firme, ne s'applique pas à toutes les organisations. En particulier, les organisations à but non lucratif ne sont pas couvertes par cette analyse.

DÉFINITION

Les **profits** sont une entrée d'argent résultant d'une activité, nette des coûts :

Profits = Recettes – Coûts,

où les *recettes*, *R*, ou *chiffre d'affaires*, désignent l'afflux (brut) d'argent résultant de l'activité et les *coûts*, *C*, désignent tout ce à quoi la firme a dû renoncer pour générer ces recettes.

ENCADRÉ 3.1

LA FIRME, LE GESTIONNAIRE ET LE PROPRIÉTAIRE

Dans la plupart des firmes, particulièrement les plus grandes, les parties prenantes - c'est-à-dire les actionnaires et les propriétaires - ne prennent pas toutes les décisions. La prise de décision est déléguée à divers niveaux hiérarchiques et tombe au bout du compte entre les mains du gestionnaire. Au chapitre 12, nous approfondirons les conséquences de cette séparation entre les parties prenantes et les décideurs. Toutefois, d'ici là, nous ferons simplement l'hypothèse que le décideur agit dans l'intérêt du propriétaire ou qu'ils sont une seule et même personne.

Les recettes

Par définition, les *recettes* désignent les entrées d'argent générées par les ventes. Il s'ensuit immédiatement que la vente de Q unités au prix P générera les recettes suivantes :

$$R = P \times Q$$

Comment augmenter ses recettes?

Du fait que $R = P \times Q$, il apparaît que la meilleure façon pour une firme d'augmenter ses recettes est de vendre plus d'unités à un prix plus élevé; c'est-à-dire d'augmenter le prix et la quantité *en même temps*. Cette situation serait idéale pour la firme.

Malheureusement pour les entrepreneurs de ce monde, nous savons depuis le dernier chapitre que les consommateurs achètent moins quand le prix augmente. Autrement dit, la quantité demandée d'un bien, Q, est une fonction (décroissante) du prix : Q(P). Par conséquent, une augmentation du prix ne conduit pas nécessairement à une augmentation des recettes.

Les firmes font donc face à un dilemme entre vendre plus cher et vendre plus : vaut-il mieux vendre peu d'unités à un prix plus élevé, ou vendre plus d'unités à un prix plus bas?

Pour répondre à cette question, les firmes ont besoin de savoir comment leurs recettes évoluent avec le prix. Selon la terminologie du dernier chapitre, elles ont besoin de connaître *l'élasticité-prix* de leurs recettes. Nous pouvons définir cette élasticité par :

$$E_R = \frac{\%\ \text{variation de R}}{\%\ \text{variation de P}} = \frac{\Delta R/R}{\Delta P/P}$$

Il s'avère que[1] :

$$E_R = 1 + E_P.$$

Comme on pouvait s'y attendre, la manière dont le prix affecte les recettes est ultimement liée à l'impact du prix sur la quantité demandée. Spécifiquement, le fait que $E_R = 1 + E_P$ implique que :

- Lorsque la demande est inélastique ($-1 < E_P \leq 0$), une augmentation du prix entraîne une augmentation des recettes. Par exemple, si $E_P = -0{,}8$, alors ER = 0,2, ce qui veut dire qu'une hausse du prix de 1 % entraînera une augmentation des recettes de 0,2 %. Les ventes ont chuté, mais la hausse de prix compense amplement cette baisse. Cela correspond à une situation où les consommateurs seraient relativement captifs et continueraient à acheter le produit même si son prix venait à augmenter. **Lorsque la demande est inélastique, une hausse de prix conduit à une augmentation des recettes de l'industrie.**

- Lorsque la demande est élastique ($E_P < -1$), une hausse du prix entraîne une *diminution* des recettes. Par exemple, si $E_P = -1{,}6$, alors $E_R = -0{,}6$, ce qui implique qu'une hausse de prix de 1 % sera accompagnée d'une diminution des recettes de 0,6 %. La diminution des ventes est telle que la hausse de prix ne suffit pas à la compenser. Cela correspond à des consommateurs très sensibles au prix, qui modifient de beaucoup leur comportement d'achat suite à une légère hausse de prix. **Lorsque la demande est élastique, une hausse du prix conduit à une chute des recettes de l'industrie.**

1 $E_R = \frac{\Delta R}{\Delta P}\frac{P}{R} = \frac{\Delta(PQ)}{\Delta P}\frac{1}{Q} = \left[Q\frac{\Delta P}{\Delta P} + P\frac{\Delta Q}{\Delta P}\right]\frac{1}{Q} = \left[Q + P\frac{\Delta Q}{\Delta P}\right]\frac{1}{Q} = 1 + \frac{P}{Q}\frac{\Delta Q}{\Delta P} = 1 + E_P.$

FIGURE 3.1 Les recettes sont maximisées pour $E_P = -1$

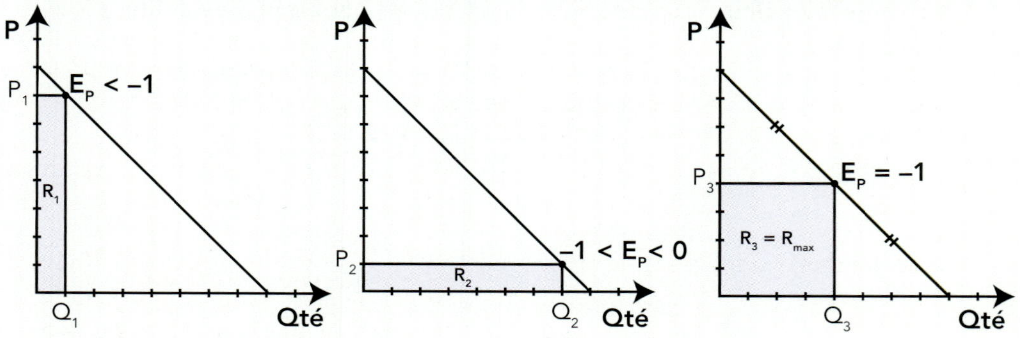

D'après le raisonnement précédent, **les recettes sont donc maximisées lorsque la demande a une élasticité unitaire, $E_P = -1$ (voir la figure 3.1)**. Toutefois, il faut garder en tête que l'objectif des firmes n'est pas de maximiser ses recettes, mais de maximiser ses profits. Pour cela, les firmes doivent aussi prendre en compte leurs coûts de production, sujet de la prochaine section.

LES COÛTS

Contrairement aux recettes, qui sont toujours une entrée d'argent, les coûts peuvent prendre différentes formes, dont la nature n'est pas toujours monétaire. En particulier, certains coûts, comme les *coûts d'opportunité*, ne correspondent pas à une sortie d'argent mais sont tout de même essentiels à la prise de décision. Inversement, certaines sorties d'argent, comme les *coûts irrécupérables*, n'ont aucun impact sur la prise de décision et doivent donc être ignorés.

Les coûts à considérer pour la prise de décision

Avant d'énumérer les différents types de coûts et de déterminer s'ils devraient être pris en compte ou non, il est utile de préciser la manière dont un dirigeant prend ses décisions. **En tant que décideur, ce sur quoi on n'a aucune influence n'importe pas.** En particulier, les décisions passées, bonnes ou mauvaises, ne devraient pas avoir d'impact sur les décisions actuelles. De même, quand la situation a changé et que les circonstances sont différentes de ce qu'on avait prévu, on doit s'adapter à la nouvelle réalité plutôt que se raccrocher à des prévisions obsolètes. En d'autres termes, pour prendre des décisions, on doit **considérer le passé comme donné, et regarder vers l'avant**.

Les coûts financiers ou comptables (futurs)

Les coûts financiers représentent la catégorie de coûts la plus évidente.

Quand on dépense 3 000 $/an en électricité pour faire tourner son entreprise, cela correspond à un coût financier. Puisque nous prenons le point de vue du décideur, et donc que nous considérons l'avenir, seuls les coûts « futurs » sont importants; c'est-à-dire ceux sur lesquels le décideur a encore un certain contrôle.

Les dépenses financières ne sont pas toujours des dépenses récurrentes, comme des dépenses annuelles. Elles peuvent aussi prendre la forme de coûts ponctuels, comme l'achat des services d'une firme de conseil pour améliorer le processus de production.

Puisque les coûts financiers correspondent explicitement à des transactions, ils sont visibles dans les livres comptables d'une firme.

DÉFINITION

Les coûts comptables (ou **coûts financiers**) sont des flux monétaires sortants correspondant à des transactions réalisées pour acquérir des intrants.

Les coûts d'opportunité

Les coûts d'opportunité ne sont le résultat d'aucune transaction monétaire, mais doivent tout de même être pris en compte dans la décision.

Ainsi, si votre firme a son siège dans un immeuble dont vous êtes le propriétaire, vous ne payez pas de loyer pour l'utilisation de ces locaux. Cependant, cela n'implique pas que l'occupation du bâtiment ne vous coûte rien. En effet, en occupant votre propre bâtiment, vous renoncez à l'argent que vous pourriez gagner en louant l'immeuble à d'autres entreprises. Ces sommes n'apparaissent dans aucun livre comptable, mais doivent pourtant être considérées dans la prise de décision, comme l'illustre l'exercice 3.1 :

DÉFINITION

Le **coût d'opportunité** d'utiliser une ressource est la valeur du meilleur usage alternatif de cette ressource.

EXERCICE 3.1

Votre entreprise a ses bureaux dans un immeuble dont vous êtes propriétaire et que vous pourriez louer à une autre entreprise pour 40 000 $ par année. Selon votre comptable, votre firme génère un profit (votre salaire) de 30 000 $ par année. Devriez-vous poursuivre vos opérations?

// *Bonne réponse :* Le loyer de 40 000 $ par année qui pourrait être obtenu en louant l'édifice n'apparaît pas dans vos livres comptables : c'est un coût d'opportunité. Par conséquent, votre comptable ne le considère pas lorsqu'il vous annonce que votre entreprise génère actuellement un profit de 30 000 $ par année. En revanche, de votre point de vue, vous gagneriez plus d'argent (40 000 $) en arrêtant vos activités et en louant le bâtiment. **Si votre objectif est de maximiser votre revenu, vous devriez cesser vos activités.** Le coût d'opportunité de 40 000 $, bien qu'il ne soit pas explicitement encouru, est un coût très réel qui doit être pris en compte dans vos décisions.

DÉFINITION

Un **coût irrécupérable** est le résultat d'une transaction monétaire qui est maintenant hors de votre contrôle.

Les coûts irrécupérables

Les coûts irrécupérables sont l'inverse des coûts d'opportunité : bien qu'ils résultent d'une transaction monétaire, ils ne doivent pas être considérés dans la prise de décision.

Les coûts irrécupérables sont généralement le résultat de décisions passées qui ne peuvent être revues. Si vous avez acheté des machines conçues sur-mesure pour votre activité, il vous sera impossible de vendre ce capital si vous arrêtez vos opérations. Le coût monétaire associé à l'achat de ces machines est donc irrécupérable.

EXERCICE 3.2

Vous dépensez 1 500 $ pour fabriquer 100 t-shirts rigolos dont vous avez conçu le design. Pour une raison inconnue – manque de goût ou de talent de votre part –, ils ne plaisent pas et personne n'est prêt à payer 15 $ pour en acheter un. Devriez-vous accepter de baisser votre prix en deçà de 15 $?

// ***Bonne réponse :*** Bien que cela vous fasse perdre de l'argent, vous devriez accepter de vendre vos t-shirts à un prix inférieur à 15 $. Même si vous ne pouviez obtenir que 1 $ par t-shirt, la recette de 100 $ alors obtenue serait plus élevée que celle de zéro dollar que vous généreriez en exigeant un prix de 15 $. Le fait que vous ayez déjà payé 1 500 $ pour fabriquer les t-shirts n'a plus d'importance et **votre meilleure option est d'accepter de les vendre au prix que les consommateurs seront prêts à payer**.

La logique derrière les coûts irrécupérables est la suivante : ce qui est fait est fait. La seule chose qui compte est ce qui se va se passer à partir de maintenant.

EXERCICE 3.3

Devrait-on réparer le toit du Stade olympique de Montréal sous prétexte qu'on a déjà investi plusieurs millions de dollars pour sa construction?

// ***Bonne réponse :*** **Peut-être.** La décision de réparer ou non le toit du Stade doit se fonder sur la comparaison des coûts et des bénéfices à venir. Quoi qu'on choisisse, *les montants déjà dépensés n'ont aucune importance.*

DÉFINITION

Les **coûts économiques** sont les coûts qui importent dans la prise de décision.

Coûts économiques
=
Coûts financiers
+ Coûts d'opportunité
– Coûts irrécupérables

Les coûts économiques

En résumé, **les coûts pertinents pour la prise de décision sont les coûts d'opportunité et la portion des coûts financiers qui n'est pas irrécupérable**. Nous employons le terme *coût économique* pour nous y référer.

La structure des coûts

Après avoir clarifié les différents types de coûts, nous pouvons maintenant décrire la structure des coûts de production d'une firme. **Attention :** *Tous les coûts considérés à partir de maintenant sont des coûts économiques.*

Coûts fixes et coûts variables

Les coûts peuvent être divisés en deux catégories : fixes et variables.

Ces coûts sont typiquement ceux nécessaires pour servir le premier client de l'entreprise. Les investissements en recherche et les tests cliniques réalisés par une entreprise du secteur pharmaceutique avant la mise en marché d'un médicament sont un exemple de coûts fixes. De même, les coûts de réalisation d'un film sont des coûts fixes qui doivent être encourus avant que le film ne puisse être diffusé dans les cinémas.

DÉFINITION

Les **coûts fixes, CF**, désignent la portion des coûts qui est indépendante du niveau de production.

Les coûts variables sont donc les coûts qui varient avec le niveau de production. Ce sont, par exemple, les coûts des matériaux qui entrent dans la fabrication de brosses à dents, les coûts d'emballage et de distribution des céréales prêtes à manger, ou les coûts du temps et de carburant nécessaires pour conduire un taxi.

DÉFINITION

Les **coûts variables, CV,** désignent la part des coûts qui n'est pas fixe.

De manière formelle, nous écrivons :

$$C = CF + CV$$

et, afin de mettre en évidence le fait que C et CV dépendent de la quantité produite, q, nous écrivons[2] :

$$C(q) = CF + CV(q).$$

EXEMPLE 3.1

Considérons la fonction de coût suivante : $C(q) = 200 + 40q + 5q^2$.
Cette fonction se décompose en $CF = 200$ et $CV(q) = 40q + 5q^2$.

2 **Remarque :** Nous utilisons la lettre q pour désigner la quantité vendue par une seule firme ou achetée par un seul consommateur. La lettre majuscule, Q, est réservée pour les quantités de marché, demandées ou offertes. Parfois les deux coïncident, comme dans le cas d'un monopole où une seule firme produit la totalité de l'offre.

Coût marginal, coût moyen et coût variable moyen

La distinction entre coûts fixes et coûts variables est utile pour comprendre la structure de coûts de la firme. Toutefois, d'autres mesures sont mieux adaptées à la prise de décision.

Le coût marginal

DÉFINITION

Le **coût marginal, Cm,** est l'accroissement de coût correspondant à la production d'une unité supplémentaire.

La donnée sur les coûts la plus importante pour un décideur est le *coût marginal.*

Formellement, le coût marginal est la dérivée de la fonction de coût par rapport à q :

$$Cm(q) \equiv dC / dq \equiv C'(q).$$

Nous verrons que l'information contenue dans le coût marginal est essentielle au choix des prix et des quantités produites.

(**Remarque** : Puisque $C(q) = CF + CV(q)$, il s'ensuit que $Cm(q) = C'(q) = CV'(q)$: le coût marginal est donc aussi la dérivée de la fonction de coût variable par rapport à q. Cette observation est utile quand l'information sur les coûts fixes n'est pas disponible.)

EXEMPLE 3.1 (suite)

Pour la fonction de coût $C(q) = 200 + 40q + 5q^2$, le coût marginal est $Cm(q) = 0 + 40 \times 1 + 5 \times (2q) = 40 + 10q$.

Le coût moyen

DÉFINITION

Le **coût moyen, CM,** est le coût de production associé à une unité, en moyenne.

Formellement, le coût moyen s'obtient en divisant le coût total par la quantité produite :

$$CM(q) \equiv C(q) / q.$$

Cette information est surtout utile après coup, pour déterminer si une activité s'est avérée rentable : en comparant le coût moyen au revenu moyen – c'est-à-dire au prix : $R/q = P$ –, on peut immédiatement voir si les profits sont positifs ou négatifs.

EXEMPLE 3.1 (suite)

Pour la fonction de coût $C(q) = 200 + 40q + 5q^2$, le coût moyen est $CM(q) = 200 / q + 40 + 5q$.

Le coût variable moyen

DÉFINITION

Le **coût variable moyen, CVM,** indique combien coûte la production d'une unité en moyenne, hors coûts fixes.

Un autre élément important pour la prise de décision est la notion de *coût variable moyen.*

Formellement,

$$CVM(q) \equiv CV(q) / q.$$

Comme nous le verrons dans le prochain chapitre, le coût variable moyen sert à déterminer si une firme a intérêt à poursuivre ses activités ou à fermer ses portes.

(**Remarque :** Puisque $C(q) = CF + CV(q)$, il s'ensuit que $CM(q) = CF / q + CVM(q)$. Nous notons parfois $CFM(q) \equiv F / q$, le *coût fixe moyen.* Remarquez que le coût fixe moyen dépend de q même si les coûts fixes en sont indépendants.)

EXEMPLE 3.1 (suite)

Pour la fonction de coût $C(q) = 200 + 40q + 5q^2$, le coût variable moyen est $CVM(q) = 40 + 5q$ et le coût fixe moyen est $CFM(q) = 200 / q$.

DÉFINITION

On parle de **rendements d'échelle croissants** lorsque le coût moyen diminue avec la quantité produite. Inversement, on parle de **rendements d'échelle décroissants** lorsque le coût moyen augmente avec la quantité produite.[3]

Économies d'échelle

Le coût moyen permet d'identifier les *économies d'échelle*; c'est-à-dire le fait qu'une firme produira plus ou moins efficacement selon le niveau de production.

En général, les processus de production sont caractérisés par les deux types d'économies d'échelle. Quand la production est faible, un accroissement de la production permet de répartir les coûts fixes sur plus d'unités, ce qui conduit à une baisse du coût moyen. Quand la production est élevée, des contraintes de capacité commencent à se faire sentir, ce qui rend l'augmentation de la production de plus en plus difficile, et donc plus coûteuse, pour la firme.

La figure 3.2 représente une courbe de coût moyen typique.

FIGURE **3.2** Courbe de coût moyen typique

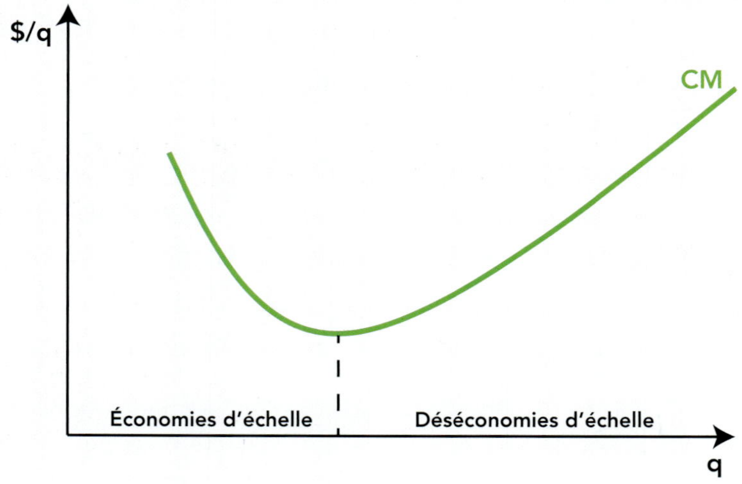

Les sources de rendements d'échelle croissants

Les rendements d'échelle croissants peuvent provenir de plusieurs sources. Des coûts fixes élevés sont généralement source d'économies d'échelle.

La spécialisation des tâches en est une autre. Si vous gérez un tout petit restaurant, vous faites probablement plusieurs des tâches vous-même : la cuisine, le service, le nettoyage, l'achat d'ingrédients, la comptabilité, etc. Au fil de la croissance du restaurant, vous serez en mesure d'engager des employés qui se spécialiseront dans chacune des tâches et seront plus productifs, ce qui conduira à une baisse du coût par repas servi.

---

3 En langage courant, le terme « économies d'échelle » est parfois utilisé pour désigner des rendements d'échelle croissants, et le terme « déséconomies d'échelle » pour désigner des rendements d'échelle décroissants.

Finalement, la fusion de deux ou plusieurs firmes peut éliminer le dédoublement de certains coûts fixes, conduisant à des coûts moyens plus faibles.

Les sources de rendements d'échelle décroissants

Les rendements d'échelle décroissants se manifestent en général lorsque la firme devient trop grosse. Cela est souvent lié à des contraintes techniques, qui forcent l'entreprise à utiliser des procédés moins efficaces pour atteindre ses objectifs de production.

Les rendements d'échelle décroissants peuvent aussi être dus à la difficulté de gérer une entreprise de très grande taille. Au fil de la croissance de l'entreprise et de la multiplication de ses divisions hiérarchiques, la communication interne peut devenir plus difficile et moins fiable, causant des erreurs de gestion.

Les courbes de coûts

Les trois types de coûts que nous venons d'examiner (Cm, CM et CVM) constituent les informations les plus utiles à la prise de décision. La figure 3.3 représente les formes que prennent généralement les courbes correspondantes. Cette section a pour objet la description de ces courbes et de leurs relations.

FIGURE 3.3 Courbes de coûts typiques

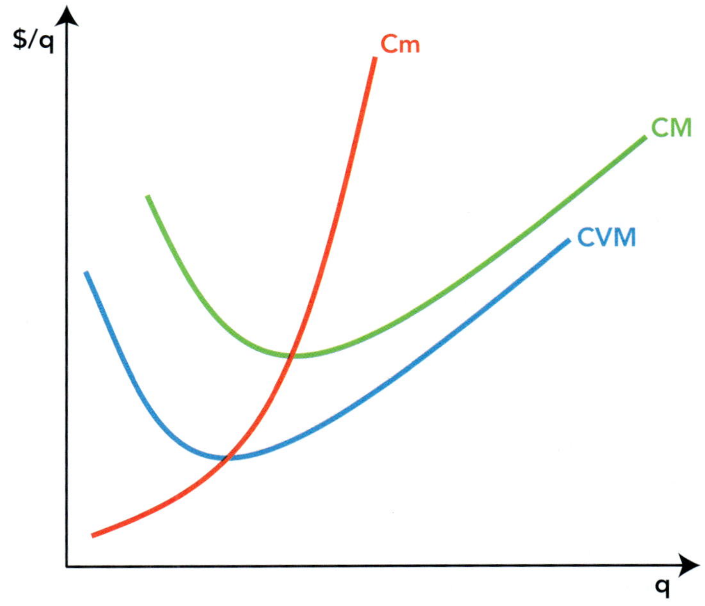

Les trois courbes sont en général en forme de « U »

Tel que mentionné précédemment, un processus de production est en général caractérisé par une zone d'économies d'échelle (au début) suivie par une zone de rendements d'échelle décroissants (pour les hauts niveaux de production). Par conséquent, la plupart des courbes de coûts ont une forme en « U ». Cela était illustré à la figure 3.2 pour le CM dans la section précédente, mais les courbes CVM et Cm affichent aussi cette caractéristique (voir la figure 3.3).

En effet, au début du processus de production, c'est-à-dire pour des niveaux de production faibles, même le coût marginal peut chuter. Cela est dû au fait qu'une masse critique est nécessaire pour « lancer la machine » – c'est-à-dire atteindre un niveau de productivité raisonnable. Par exemple, un petit restaurant qui ne prépare que 10 hamburgers par heure peut préférer éteindre son grill entre chaque hamburger pour faire des économies, malgré les coûts associés au fait d'éteindre et de redémarrer le grill. Le fait de faire deux fois plus de hamburgers – 10 hamburgers toutes les demi-heures – pourrait lui éviter de constamment éteindre et rallumer son grill, autorisant ainsi des économies d'énergie. Par conséquent, faire 20 hamburgers par heure coûterait moins cher que le double des coûts de production de 10 hamburgers par heure. Le Cm serait alors décroissant : les 10 premiers hamburgers par heure coûtent plus cher que les 10 suivants (de 11 à 20).

L'exercice suivant considère un autre exemple dans lequel le coût marginal est décroissant pour de faibles niveaux de production.

EXERCICE 3.4

Considérez un chauffeur de taxi dans une petite ville, où ses services sont très peu sollicités. Expliquez comment une forte hausse du nombre d'appels peut réduire le coût marginal du chauffeur de taxi (exprimé en $ par km parcouru).

En pratique, toutefois, nous nous concentrerons sur la partie croissante de la courbe Cm, puisque c'est sur cette portion que les décisions sont le plus souvent prises. C'est pourquoi la figure 3.3 ne montre pas la partie décroissante de la courbe de coût marginal. D'ailleurs, dans ce qui suit, on ne considérera que des courbes Cm croissantes.

En fait, la plupart des expressions algébriques que nous utiliserons dans ce manuel n'impliqueront pas toujours cette forme en U. Par exemple, si $C(q) = 200 + 40q + 5q^2$, vous pouvez vérifier que le coût moyen CM est en forme de U, mais que la courbe de coût marginal $Cm(q) = 40 + 10q$ et la courbe de coût variable moyen $CVM(q) = 40 + 5q$ sont linéaires et croissantes. Cela correspond au cas particulier où nous ignorons ce qui se passe pour les petits niveaux de production. Cela peut être dû au fait que la partie décroissante est négligeable en ampleur ou que l'échelle de production (par exemple, en milliers d'unités) nous permet d'ignorer ce qui se passe sur les 10 premières unités, par exemple. Pour résumer, il est justifié, pour des raisons pratiques, de se limiter aux niveaux de production pour lesquels la courbe de coût marginal Cm est croissante.

Le cas particulier du coût marginal constant

Un cas particulier couramment rencontré est celui du coût marginal constant. Il s'agit d'une situation où la partie horizontale de la courbe Cm – le bas du U – est assez étendue pour être considérée à part entière. Ce n'est pas que le coût marginal n'augmentera jamais, mais plutôt que nous concentrons notre attention sur les niveaux de production pour lesquels le coût marginal est constant. En pratique, cette situation correspond à celle d'une firme qui opère à l'intérieur de ses contraintes de capacité.

La figure 3.4 illustre les courbes de Cm, CM et CVM pour la fonction de coût C(q) = 200 + 40q. Il est facile de vérifier que Cm(q) = CVM(q) = 40 et qu'ils sont constants et donc indépendants de q. La courbe de coût moyen CM(q) = 200 / q + 40 est, elle, décroissante, impliquant que nous n'observons que la portion gauche du U pour la courbe de coût moyen.

FIGURE 3.4 **Exemple de coût marginal constant : C(q) = 200 + 40q**

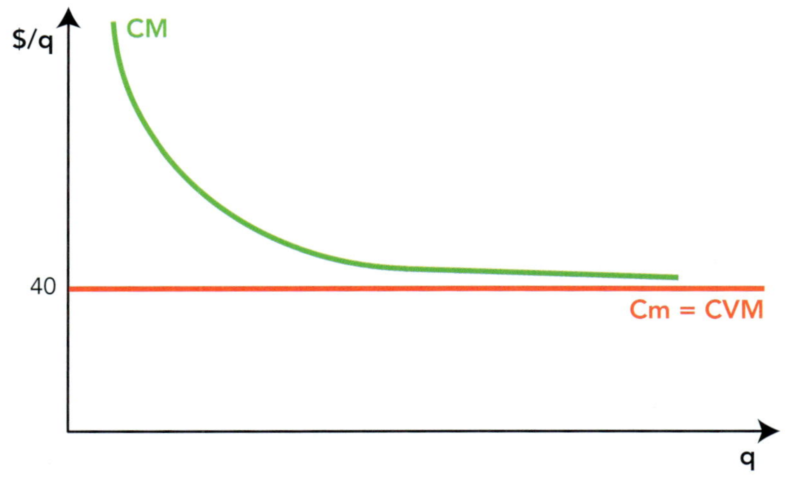

La courbe de CVM est entièrement sous la courbe de CM

Cette remarque est presque évidente, mais elle nous permet d'aborder un autre cas particulier. Puisque C(q) = CF + CV(q) et que F > 0, il s'ensuit que C(q) ≥ CV(q). En divisant les deux côtés de l'inégalité par q, on obtient CM(q) ≥ CVM(q). Cette inégalité étant valide pour toutes les valeurs de q, la courbe de CVM se situe entièrement sous la courbe de CM.

Un cas spécial à mettre en lumière est celui de F = 0, lorsque la production s'effectue sans coût fixe (ou avec des coûts fixes négligeables). Dans ce cas, les courbes CM et CVM sont confondues.

Le Cm croise le CM au point où celui-ci est à son minimum

Cette propriété des courbes de coût est probablement celle que vous utiliserez le plus. En revenant à la figure 3.3, on remarque que la courbe Cm croise les courbes CM et CVM à leurs minimums respectifs. Ce n'est pas une coïncidence, mais bien une propriété essentielle des courbes de coût; cette propriété découle directement des définitions de Cm, CM et CVM.

Concentrons-nous sur CM et Cm. Le raisonnement qui suit est en deux étapes. La première consiste à remarquer que le coût moyen est décroissant lorsque Cm < CM. Cette propriété n'a rien à voir avec les coûts en soi, mais est due à la relation générale entre les notions de « marginal » et de « moyen » (voir l'encadré 3.2 pour un exemple intuitif utilisant les notes universitaires). Pour une preuve algébrique, remarquez que lorsque Cm(q) < CM(q), la prochaine unité produite – l'unité « q + 1 » – sera moins coûteuse à fabriquer que la moyenne des unités précédentes. Par conséquent, en produisant cette unité supplémentaire, le coût total devient :

$$C(q + 1) = q \times CM(q) + Cm(q) < (q + 1) \times CM(q).$$

En divisant l'équation par (q + 1), on obtient :

$$CM(q + 1) = C(q + 1) / (q + 1) < CM(q),$$

Par conséquent, le coût moyen est décroissant lorsque Cm(q) < CM(q).

ENCADRÉ 3.2

LA RELATION ENTRE « MARGINAL » ET « MOYEN »

Sachant que le mot « marginal » est peut-être nouveau pour vous, il peut être utile de le considérer dans un environnement qui vous est familier : vos notes scolaires. Vous savez déjà comment calculer votre moyenne générale. Peut-être sans le savoir, vous avez aussi déjà acquis le réflexe du raisonnement à la marge.

Par exemple, supposons que votre moyenne générale soit présentement de « B+ ». Comme vous le savez, cela n'implique pas que vous avez obtenu uniquement des B+; vous pourriez avoir eu des notes meilleures ainsi que quelques moins bonnes notes. Supposons maintenant que vous obteniez une note supplémentaire – on pourrait dire une note *marginale* –, un A. Tout d'abord, bravo. Ensuite, vous savez immédiatement comment cette nouvelle note affectera votre moyenne : elle l'augmentera. En effet, puisque votre note *marginale* est meilleure que votre note *moyenne*, votre moyenne augmentera.

Le même principe s'applique aux coûts ou à toute autre mesure.

La deuxième étape consiste à remarquer que le CM est croissant lorsque Cm > CM, ce qui peut se prouver en utilisant le même raisonnement.

Enfin, en considérant les conclusions des deux étapes précédentes, nous obtenons que « CM est décroissant lorsque Cm < CM » et que « CM est croissant lorsque Cm > CM ». Il s'ensuit logiquement, puisque Cm est croissant, que le **CM doit être à son minimum lorsque CM = Cm**.

Remarque : Un raisonnement semblable conduit à une affirmation identique concernant le CVM : *« Cm croise CVM au point où CVM atteint son minimum. »* Vous êtes invités à en faire la démonstration par vous-même à titre d'exercice.

Le facteur temps : court terme vs long terme

Jusqu'à maintenant, nous avons considéré que les coûts étaient principalement liés au niveau de production qu'une firme désirait atteindre. Un autre facteur important est l'horizon temporel. En effet, puisque les coûts sont reliés aux décisions et que certaines options ne deviennent disponibles qu'au cours du temps – car il faut du temps pour les mettre en place – l'horizon temporel est un élément déterminant pour l'analyse des coûts de la firme.

EXERCICE 3.5

Vous êtes le propriétaire d'un restaurant. Pour une raison inattendue, vous rencontrez une hausse soudaine de clientèle.

(i) Comment vous ajusteriez-vous à cette hausse de demande dans les prochains jours?

(ii) Comment vous ajusteriez-vous dans les prochains mois/années si cette hausse venait à se maintenir?

// Réponse :

(i) Pendant les premiers jours, peu d'options s'offrent à vous. Vous pouvez essayer d'accueillir quelques clients supplémentaires en ajoutant quelques tables et en embauchant des serveurs et cuisiniers, mais vous ne pouvez pas faire de changement majeur. De même, une période de quelques jours est trop courte pour augmenter vos prix de manière substantielle. En d'autres termes, vos options sont limitées.

(ii) À plus long terme, cependant, vous avez suffisamment de temps pour chercher à agrandir votre espace et vos cuisines afin de pouvoir accueillir des clients supplémentaires. Vous pouvez aussi modifier votre décor et votre stratégie marketing pour justifier des prix plus élevés. Avoir plus de temps devant soi autorise plus d'options.

DÉFINITION

Le **court terme** fait référence à une période de temps trop courte pour ajuster tous les facteurs de production tandis qu'à **long terme** tous les facteurs peuvent être modifiés.

La distinction faite dans l'exercice précédent est celle que les économistes appellent le *court terme* contre le *long terme.*

Dans l'exercice ci-dessus, le court terme se mesurait en jours alors que le long terme faisait plutôt référence à des mois et des années. Toutefois, le court terme n'est pas une notion universelle, mesurée en jours ou semaines, mais dépend plutôt de l'industrie considérée. En effet, le long terme pour un restaurant peut être considéré comme court terme par un fabricant d'automobiles ou une compagnie pharmaceutique. Court terme et long terme sont définis par rapport au temps qu'il faut pour ajuster la totalité du processus de production.

EXEMPLE **3.2**

Certains exemples de contraintes de court terme sont liés à ce que les économistes appellent des *frictions de marché* : le fait que les ajustements ne soient pas instantanés. Les contrats avec les fournisseurs, comme un bail sur un bâtiment, doivent généralement être honorés jusqu'à la fin, et il est coûteux de les rompre. Parfois, les partenaires commerciaux peuvent être longs à trouver quand il s'agit de répondre à un besoin spécifique. De même, il peut s'écouler beaucoup de temps entre la date de commande d'un avion et la date de livraison à la compagnie aérienne qui en a fait la demande. Le processus de développement d'un médicament se déroule sur plu-sieurs années. Les exemples abondent...

Qu'en est-il des coûts fixes à long terme?

Puisqu'il s'écoule suffisamment de temps à long terme pour pouvoir ajuster tous les facteurs de production, incluant les immobilisations, on peut penser qu'une firme n'a pas de coût fixe à long terme. Bien que cela semble exact à première vue, et c'est la position adoptée par de nombreux manuels de microéconomie (et certains manuels de gestion), quelques précisions s'imposent.

L'affirmation « il n'y a pas de coûts fixes à long terme » tient au fait que la firme peut décider, à long terme, de fermer et d'arrêter sa production, évitant ainsi de payer des coûts fixes. Si une firme paie actuellement un loyer pour le bâtiment qu'elle occupe, elle n'aura plus à le faire à long terme (car elle pourra choisir de ne pas renouveler le bail). Un tel bail est un coût fixe à court terme, mais pas à long terme. Par conséquent, **lorsqu'une entreprise considère soit de fermer ses portes soit de continuer ses activités, elle peut se comporter comme s'il n'y avait aucun coût fixe à long terme**. Cet élément sera important dans le prochain chapitre lorsque nous aborderons les options de fermeture d'une entreprise.

Cependant, cela n'implique pas qu'il n'y ait aucun coût fixe à long terme. Rappelons qu'une des interprétations des coûts fixes est le coût de servir le premier client. De tels coûts fixes peuvent être importants, comme les coûts en capital d'une société minière ou les coûts de R&D d'une entreprise du secteur pharmaceutique. Ces coûts devront être encourus si la firme décide d'entrer dans l'industrie et devront être pris en compte au moment de la décision, même si celle-ci est prise plusieurs années à l'avance.

Autrement dit, **le fait de planifier longtemps à l'avance ne fait pas disparaître les coûts fixes**. Par conséquent, ce qui importe n'est pas de savoir si de tels coûts existent ou non, mais quand ceux-ci doivent être considérés et quand ils peuvent être ignorés. En résumé, *une firme qui envisage d'arrêter ses activités peut ignorer les coûts fixes dans sa décision de fermeture si elle planifie suffisamment à l'avance, alors qu'une firme qui envisage d'entrer sur un marché doit tenir compte des coûts fixes même si elle n'a pas l'intention de commencer ses activités à court terme.*

Les courbes de coûts à court et à long terme

La figure 3.3 représentait la forme générale des courbes de coûts de la firme. Dans la section précédente, nous n'avions pas précisé s'il s'agissait de courbes de court ou de long terme. En fait, sans information supplémentaire, on ne pouvait pas le savoir. Cela dit, il existe une relation précise entre les courbes de coûts de court terme et de long terme.

D'abord, puisque le long terme accorde plus de temps pour décider et mettre en œuvre les décisions, davantage d'options sont disponibles. Cette marge de manœuvre supplémentaire implique plus de liberté pour choisir la solution la moins coûteuse pour atteindre un niveau de production donné. (**Remarque :** Vous pouvez toujours choisir la même option qu'à court terme. Mais, avec plus de possibilités, vous pouvez généralement faire mieux.) Il s'ensuit que la **courbe de coûts de long terme se trouve sous les courbes de coûts de court terme**.

FIGURE 3.5 Courbes de coûts de court et de long terme

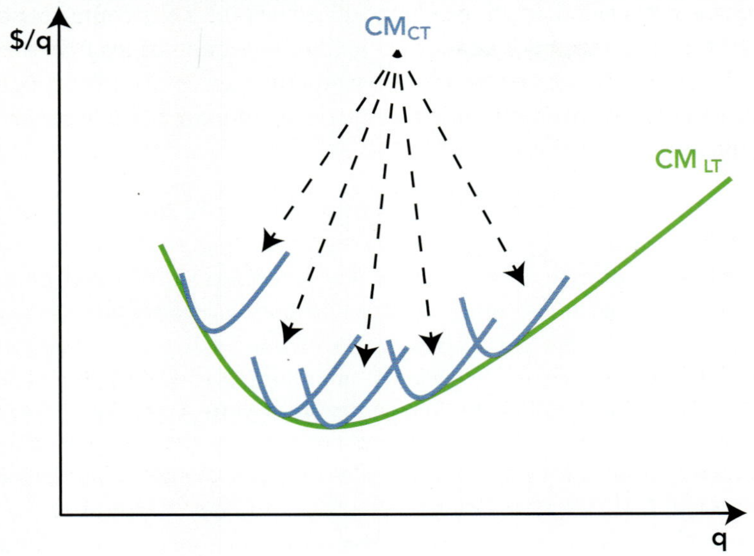

La figure 3.5 représente des courbes de coût moyen à court et à long terme sur un même graphique. Chaque courbe de coût moyen de court terme correspond à différentes échelles de production (c'est-à-dire à différentes tailles d'usine). Puisque le fait de planifier à l'avance permet de choisir l'échelle optimale, **la courbe de coût moyen de long terme coïncide avec la plus faible des courbes de court terme pour tout niveau de production, q**. On dit que la courbe de long terme est l'enveloppe de toutes les courbes de court terme.

LA MAXIMISATION DES PROFITS

Après avoir examiné la structure des coûts d'une firme, il devient plus facile de décrire le comportement de la firme. Rappelons que les profits s'écrivent :

$$\pi(q) = R(q) - C(q).$$

Cette section est consacrée à la décision de production de la firme, c'est-à-dire au niveau de production, q, qui maximise les profits. Avant toute chose, il convient de clarifier ce qu'on entend par profit.

Profit économique vs profit comptable

Tout comme nous avions distingué les coûts comptables des coûts économiques plus tôt dans le chapitre, les économistes distinguent aussi les *profits comptable* des *profits économiques*. Les profits comptables sont ceux qu'un comptable calcule, ce qui est utile pour les investisseurs et les différentes parties prenantes :

Profits comptables
=
Recettes – Coûts comptables.

Cependant, les profits comptables ne tiennent pas compte de tout. En particulier, ils n'incluent pas certaines opportunités qui ont dû être mises de côté. Par conséquent, les profits comptables sont un outil incomplet pour la prise de décision. Les économistes préfèrent utiliser les *profits économiques*, qui correspondent à la différence entre les recettes et les coûts économiques :

Profits économiques
=
Recettes – Coûts économiques.

Ou, encore,

Profits économiques
=
Recettes – (Coûts comptables +
Coûts d'opportunité – Coûts irrécupérables).

EXERCICE 3.6

Vous envisagez de vous lancer dans un projet. Vous vous attendez à réaliser un chiffre d'affaires de 80 000 $ par an au cours des cinq prochaines années. Votre comptable estime les coûts de vos opérations à 25 000 $ par année pour la même période. Vous avez déjà investi 25 000 $ dans l'acquisition des différents permis nécessaires pour la bonne marche de votre entreprise pour les cinq prochaines années. Devriez-vous aller de l'avant avec ce projet?

// *Mauvaise réponse :* En amortissant le coût des permis sur les cinq prochaines années, vous calculez un coût supplémentaire de 5 000 $ par année. Donc, votre coût comptable annuel s'élève maintenant à 30 000 $ et vous vous attendez donc à un profit comptable annuel de :

Profit comptable = 80 000 $ – (25 000 $ + 5 000 $) = 50 000 $.

Puisque le profit est positif, vous devriez vous lancer.

// *Bonne réponse :* **Ça dépend.** Nous n'avons pas assez d'information pour conclure si le démarrage de votre entreprise en vaut la peine. Votre profit comptable serait bien de 50 000 $, tel que calculé plus haut. Cependant, votre profit économique annuel serait de :

Profit économique = 80 000 $ – 25 000 $ – Coût d'opportunité.

Remarquez que le coût associé à l'acquisition des permis a été ignoré, puisqu'il s'agit d'un coût irrécupérable.

Par conséquent, sans connaître le coût d'opportunité associé à cette activité, on ne peut dire si l'entreprise sera rentable au sens économique. On ne peut donc dire si vous devriez vous lancer en affaires ou non. Par exemple, si vous avez renoncé à un emploi que vous évaluez à 60 000 $ (= salaire + bénéfices + valeur attribuée à l'emploi plutôt que de réaliser votre projet), votre profit économique serait négatif :

Profit économique = 80 000 $ – 25 000 $ – 60 000 $ $<$ 0,

impliquant que vous ne devriez pas vous lancer dans ce projet.

En résumé : Contrairement au profit comptable, qui consiste à évaluer le résultat de décisions passées, le profit économique se concentre sur les décisions d'aujourd'hui et sur leurs conséquences futures. C'est donc un meilleur outil de prise de décision.

La maximisation des profits

En raison de la présence d'économies d'échelle, il existe un niveau de production, q*, qui maximise les profits de la firme (voir la figure 3.6).

FIGURE 3.6 Profit en fonction de la quantité produite

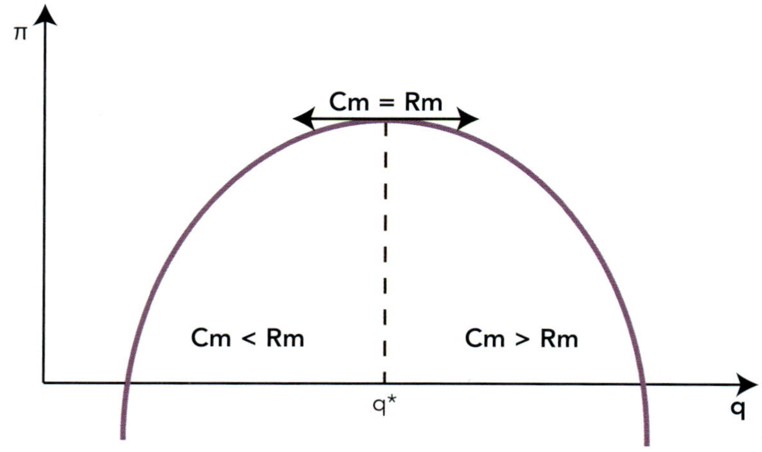

Formellement, puisque $\pi(q) = R(q) - C(q)$, le profit est maximisé lorsque $\pi'(q) = R'(q) - C'(q) = 0$. Toutefois, en gardant en tête que R' = Rm et que C'= Cm, on obtient que la maximisation des profits est atteinte lorsque :

$$Rm(q^*) = Cm(q^*).$$

On peut arriver à cette formule de manière un peu plus intuitive. Si les firmes produisent à un niveau de production, q, tel que Rm(q) > Cm(q), elles peuvent augmenter leur profit en produisant plus : cette unité leur rapportera Rm(q) et leur coûtera seulement Cm(q). Ainsi, les firmes peuvent accroître leurs profits en produisant plus, impliquant que q n'est pas le niveau de production qui maximise les profits. De même, si Rm(q) < Cm(q), les firmes peuvent accroître leurs profits en produisant moins : elles perdront Rm(q) en recettes mais économiseront Cm(q) en coûts. Encore une fois, puisque les firmes peuvent augmenter leurs profits en modifiant leur niveau de production, cela implique que q ne maximise pas les profits.

En considérant les deux cas présentés, il s'ensuit que le profit est maximisé lorsque Rm = Cm. Cette condition de maximisation est un élément fondamental du comportement de la firme, et s'applique aussi bien aux firmes sur des marchés parfaitement concurrentiels qu'aux firmes ayant un quelconque pouvoir de marché.

CONCLUSION

Ce chapitre était le premier de deux chapitres consacrés au comportement de la firme et concernait les rouages du processus de production. En commençant par l'objectif de maximisation des profits, nous avons utilisé les concepts du chapitre précédent pour analyser la relation entre production et recettes. Ensuite, nous avons examiné la structure des coûts d'une firme. Pour finir, nous avons combiné notre compréhension des recettes et des coûts pour obtenir une condition fondamentale de maximisation des profits :

recettes marginales = coût marginal.

Dans le prochain chapitre, nous verrons comment une firme qui maximise ses profits se comporte dans un environnement de concurrence pure et parfaite. L'agrégation de toutes les firmes dans un environnement concurrentiel nous fournira la deuxième moitié du modèle d'offre et de demande : la courbe d'offre.

RÉSUMÉ DU CHAPITRE 3

- Les producteurs font face à un dilemme entre vendre plus cher et vendre plus. Pour accroître ses recettes, un vendeur doit baisser (respectivement augmenter) son prix lorsque la demande est élastique (respectivement inélastique).
- Coût d'opportunité : transaction non monétaire dont il faut tenir compte.
- Coût irrécupérable : transaction monétaire qu'il faut ignorer.
- Coûts économiques = coûts comptables + coûts d'opportunités – coûts irrécupérables.
- La courbe de Cm croise celle de CM au point où celle-ci est à son minimum.
- La courbe de coût de long terme se trouve sous les courbes de coûts à court terme.
- Les profits sont maximisés lorsque Rm = Cm.

EXERCICES

1- L'objectif d'une firme est :

a) de maximiser ses parts de marché.

b) de maximiser le nombre d'unités vendues.

c) de maximiser son chiffre d'affaires.

d) de maximiser ses profits.

e) toutes ces réponses.

2- Vrai or Faux? Expliquez.

« Les profits sont maximisés lorsque la demande est unitairement élastique. »

3- Vrai or Faux? Expliquez.

« Une firme produisant dans la partie inélastique de la courbe de demande ne maximise pas ses profits. »

4- Vous exploitez votre propre entreprise et vous vous versez un salaire de 40 000 $ par an. Vous avez renoncé à un emploi rémunéré à 50 000 $ par an. Quel est le coût d'opportunité annuel du temps que vous consacrez à votre entreprise?

a) Zéro

b) 10 000 $

c) 40 000 $

d) 50 000 $

e) 90 000 $

5- Le taux d'intérêt est de 6 % par an. Si vous investissez 80 000 $ dans une entreprise et que vous réalisez un profit comptable de 15 000 $ la première année, quel est le profit économique de votre investissement?

a) 15 000 $

b) 4 800 $

c) 65 000 $

d) 10 200 $

e) 95 000 $

6- Remplissez le tableau suivant. Tracez le coût marginal, le coût fixe moyen, le coût variable moyen et le coût moyen en fonction de la production sur un même graphique.

Unités produites	Coût fixe	Coût variable	Coût total	Coût marginal	Coût fixe moyen	Coût variable moyen	Coût moyen
0			100				
1			130				
2			156				
3			176				
4			182				
5			199				
6			222				
7			252				
8			292				
9			347				
10			422				

7- Considérez une firme avec un coût fixe de 10 000 $ et un coût marginal constant de 200 $.

a) Écrivez la fonction de coût de la firme ainsi que sa fonction de coût moyen.

b) Pour quel niveau de production est-ce que le coût moyen est minimum?

8- Si une firme est taxée annuellement, quels sont les effets sur ses coûts fixes, marginaux et moyens...

a) ... si la taxe est un montant fixe, T $, indépendant de la production?

b) ... si la taxe est proportionnelle au niveau de production, avec un taux de taxation de t $ par unité vendue?

9- Considérons la fonction de coûts d'une firme : C(q) = 50 + 5q + 0,1q2, où C et q sont exprimés en milliers.

a) Quels sont les coûts fixes de l'entreprise?

b) Si la firme produit 4 000 unités, quel est le coût variable moyen?

c) Si la firme produit 4 000 unités, quel est le coût marginal de la firme?

d) Si la firme produit 4 000 unités, quel est le coût fixe moyen de la firme?

e) Supposons que l'entreprise emprunte de l'argent pour augmenter sa capacité de production. À la suite de cet emprunt, ses coûts fixes augmentent de 40 000 $ mais ses coûts variables chutent de 2 000 $ par 1 000 unités. Le coût de l'intérêt, i, entre aussi dans l'équation : supposez que chaque augmentation d'un point de pourcentage augmente les coûts fixes de 3 000 $. Écrivez la nouvelle fonction de coût.

10- Le tableau ci-dessous illustre les possibilités de production pour un atelier de réparation de vélos :

Travail (employés par jour)	Production (réparations par jour)			
	Scénario 1	Scénario 2	Scénario 3	Scénario 4
1	4	8	11	13
2	8	12	15	17
3	13	15	18	20
4	13	17	20	22
Nombre de stations de travail	**1**	**2**	**3**	**4**

Chaque station de travail coûte 50 $ par jour, et chaque employé doit être rémunéré 100 $ par jour.

a) Calculez et tracez la courbe de coût moyen pour tous les scénarios sur le même graphique.

b) Tracez la courbe de coût moyen de long terme sur le même graphique qu'en a).

c) Pour quel niveau de production le processus admet-il des économies d'échelles?

d) Expliquez comment le coût moyen de long terme entre dans votre décision concernant le nombre de stations à louer pour la saison.

4 L'offre en concurrence parfaite

APERÇU DU CHAPITRE

INTRODUCTION

Maintenant que nous en savons plus sur les coûts de la firme et sur la maximisation des profits, il est temps d'analyser son comportement lorsqu'elle est en concurrence avec un grand nombre d'autres firmes. Un tel environnement, dit de *concurrence pure et parfaite* (ou de *concurrence parfaite*, pour faire court) constitue la structure de marché la plus simple, ainsi que la référence à laquelle les autres structures de marché possibles (monopole, oligopole, etc.) sont comparées. De plus, il s'agit de la base du modèle, bien connu, d'offre et de demande.

Nous donnerons pour commencer une définition d'un environnement de concurrence parfaite ainsi que les conditions garantissant son existence. Ensuite, nous analyserons les implications d'un tel environnement sur le comportement de la firme. Tout comme dans le dernier chapitre, on distinguera le court terme et le long terme.

DÉFINITION

Un **environnement de concurrence pure et parfaite** (ou de *concurrence parfaite*) est une situation où aucune firme ne peut influencer à elle seule le prix du marché. On dit parfois que les firmes fonctionnent à *prix donnés* (ce sont des « price takers » en anglais).

LA CONCURRENCE PARFAITE

Le fait que les prix soient donnés n'implique pas que quelqu'un dicte explicitement à la firme le prix de vente qu'elle doit fixer pour ses produits. Toutefois, en pratique, une entreprise en concurrence parfaite n'a aucune liberté quant au prix qu'elle peut exiger : un prix trop élevé chasserait tous ses clients vers ses concurrents, tandis qu'un prix trop faible conduirait à des pertes pouvant causer la faillite. Pour employer le langage des chapitres précédents, **une firme en concurrence parfaite fait face à une demande parfaitement élastique (voir la figure 4.1)**.

FIGURE 4.1 Demande à laquelle fait face une firme en concurrence parfaite

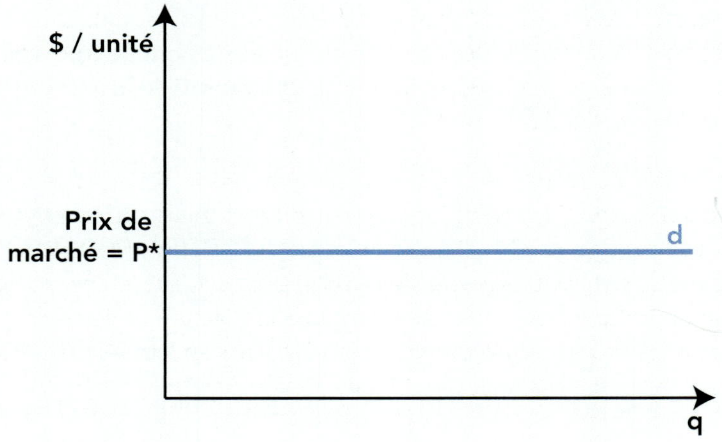

Les conditions nécessaires à la concurrence parfaite

Pour qu'un marché soit considéré comme parfaitement concurrentiel, il doit remplir les cinq conditions suivantes :

1. les firmes et les consommateurs doivent être nombreux sur le marché;
2. les produits vendus par les firmes doivent être identiques;
3. les consommateurs et les firmes doivent être parfaitement informés;
4. une firme doit pouvoir entrer ou sortir du marché librement;
5. les coûts de transaction doivent être nuls.

Chacune de ces conditions contribue à rendre la courbe de demande de marché parfaitement élastique (tel qu'illustré dans la figure 4.1). Intuitivement, ces conditions vont garantir que toutes les firmes afficheront le même prix – c'est-à-dire le *prix du marché* – et qu'une firme perdra ses clients si elle décide de fixer un prix plus élevé.

Les prochaines sections détaillent ces cinq conditions.

Un grand nombre de firmes et de consommateurs

Le fait que les firmes sur le marché soient nombreuses assure qu'aucune d'entre elles n'aura de pouvoir de monopole sur le marché. Nous étudierons le monopole en profondeur au chapitre 6; pour l'instant, sachez que le pouvoir de monopole (ou pouvoir de marché) désigne la capacité d'établir les prix plutôt que de les prendre pour donnés.

Lorsqu'il n'y a que deux ou trois firmes sur un marché, l'environnement est loin d'être parfaitement concurrentiel puisque les firmes, en plus d'avoir du pouvoir de marché, entrent dans une logique d'interaction stratégique. Cette situation, plus complexe, fera l'objet des chapitres 9 et 10. Toutefois, une situation de pouvoir de marché peut exister même avec un nombre de firmes relativement élevé (voir l'encadré 4.1).

De même, le nombre de consommateurs doit être élevé pour que le marché soit concurrentiel. Sinon, les consommateurs peuvent avoir un pouvoir de négociation sur le prix du produit. Le cas extrême est celui du *monopsone* : un seul consommateur pouvant négocier des prix très bas. C'est le cas, par exemple, d'une ville manufacturière où un seul employeur (l'acheteur de travail) emploie la quasi-totalité de la main-d'œuvre de la ville (les vendeurs de travail).

Des produits identiques

Le fait que les produits des firmes soient identiques implique directement que tous les consommateurs délaisseront un fournisseur qui demande un prix plus élevé que le prix du marché. Toutefois, il n'est pas suffisant que les produits soient identiques. Ils doivent aussi être *perçus* comme tels par les consommateurs. Si, pour une raison quelconque, les consommateurs pensent que le produit d'une firme est meilleur que celui de son concurrent, il n'y a plus concurrence parfaite (voir l'encadré 4.1).

Information parfaite

L'information parfaite est l'ingrédient nécessaire pour garantir que tous les agents (consommateurs et firmes) connaissent le prix demandé par chaque firme et la qualité de leurs produits respectifs. Cela permet aux firmes d'aligner leurs prix sur ceux de leurs concurrents, et aux consommateurs de punir toute firme qui vendrait plus cher que le prix de marché en allant voir ailleurs.

ENCADRÉ 4.1

QUI DIT MARQUES, DIT CONCURRENCE IMPARFAITE

Même lorsqu'il y a plusieurs entreprises sur le marché, disons environ une douzaine, chaque firme peut posséder un certain pouvoir de marché. Pensez au marché des lessives. Plusieurs marques existent, et il est raisonnable d'affirmer que chaque marque jouit d'une certaine marge de manœuvre dans le prix qu'elle peut exiger. Cela est dû au fait que certains consommateurs sont fidèles à une marque, ou perçoivent que la Marque A est meilleure que toutes les autres. Dans un tel cas, la Marque A peut augmenter légèrement son prix sans perdre tous ses clients; autrement dit, la Marque A ne fait pas face à une demande horizontale. Ce qui vaut pour la Marque A vaut aussi pour la Marque B, la Marque C, etc. tant que chacune possède une base de clients relativement fidèles.

Conseil : Si vous pouvez énumérer le nom de quelques marques sur un marché, vous pouvez être sûr que ce marché n'est pas parfaitement concurrentiel. Établir une image de marque coûte cher et aucune firme n'est prête à le faire si elle n'obtient pas un certain avantage concurrentiel en retour. Par conséquent, le marché des lessives n'est pas parfaitement concurrentiel, mais les marchés des céréales – pas les céréales de petit déjeuner, mais le blé, le maïs, l'orge, etc. – se rapprochent beaucoup plus de la concurrence parfaite.

DÉFINITION

L'**absence de barrière à l'entrée** signifie qu'une firme peut décider d'entrer sur un marché sur lequel elle n'opère pas déjà, moyennant un coût relativement faible. L'**absence de barrière à la sortie** signifie qu'une firme peut facilement quitter un marché.

L'absence de barrière à l'entrée et à la sortie

Cette condition est cruciale pour assurer la concurrence parfaite puisqu'elle garantit qu'il y aura « assez » de firmes sur le marché (voir la première condition). En particulier, l'absence de barrière empêche l'existence d'un monopole, puisqu'une telle situation attirera d'autres firmes sur le marché, annulant ainsi le pouvoir de marché de la firme en situation de monopole.

En particulier, l'absence de barrière implique que les coûts de démarrage (ou les coûts fixes, cf. le chapitre précédent) doivent être faibles. Par conséquent, l'industrie pharmaceutique et l'industrie pétrolière, qui requièrent toutes deux beaucoup de capital technique et de connaissances, sont des marchés moins concurrentiels que le marché des services d'aménagement paysager, par exemple.

De même, l'absence de barrière à la sortie permet aux firmes moins productives de quitter le marché à faible coût.

L'absence de coûts de transaction

Par exemple, si vous devez conduire 30 km pour vous rendre au magasin le plus proche qui vend l'objet dont vous avez besoin, les coûts de transaction associés à cet achat sont l'utilisation de votre temps pendant la durée du trajet et le coût de l'essence associé au trajet.

DÉFINITION

Les **coûts de transaction** désignent les coûts que les parties doivent payer, en plus du prix, pour qu'une transaction ait lieu.

Cet exemple illustre comment les coûts de transaction peuvent rendre la concurrence imparfaite. Si vous habitez près d'un magasin qui fixe un prix élevé, vous y réfléchirez à deux fois avant d'aller faire vos achats ailleurs si son plus proche concurrent est situé très loin. Vous déciderez de faire le trajet si la différence de prix est suffisamment grande, mais vous resterez captif tant que la différence de prix sera faible. Ainsi, les coûts de transaction vous empêchent de punir votre marchand local pour ses prix plus élevés que ceux du marché.

LA MAXIMISATION DES PROFITS DANS UN MARCHÉ CONCURRENTIEL

La décision de production

Rappelons qu'une firme maximise ses profits lorsque sa recette marginale est égale à son coût marginal (voir le chapitre 3) :

$$Rm(q) = Cm(q).$$

Cette condition de maximisation vaut pour toutes les structures de marché, mais prend une forme particulièrement simple dans un environnement parfaitement concurrentiel.

En effet, puisque les firmes en concurrence parfaite prennent les prix comme donnés, chaque unité vendue leur rapporte le même montant. Ainsi, si le prix de marché est de P = 10 $/unité, la vente d'une unité supplémentaire rapportera

10 $ de recettes supplémentaires, peu importe le niveau de production actuel de la firme. En d'autres termes, la recette marginale est constante et égale au prix de marché : **Rm(q) = P dans un marché parfaitement concurrentiel**.

Il s'ensuit qu'une firme en concurrence parfaite maximise ses profits avec un niveau de production, q*, tel que :

$$P = Cm(q^*).$$

EXEMPLE 4.1

Considérons un marché parfaitement concurrentiel où P = 8 $/unité. Les courbes de profits et de coûts pour une firme type de ce marché sont illustrées à la figure 4.2.

Le graphique du haut représente la courbe de profit, qui correspond à la différence verticale entre la courbe de recettes, R = P × q, et la courbe de coût total, C. Cette courbe prend la forme d'un « U » inversé, et croise l'axe horizontal lorsque les courbes de recettes et de coût se croisent. Les profits sont maximisés lorsque ces deux courbes sont parallèles, c'est-à-dire lorsque P = Cm. Sur le graphique, le maximum est atteint lorsque q* = 280.

Le graphique du bas illustre deux autres courbes de coûts : Cm, et CM. Au niveau de production qui maximise les profits, q* = 280, on a Cm = 8 $/unité = P.

FIGURE 4.2 **Courbe de profit et courbes de coûts pour une firme donnée**

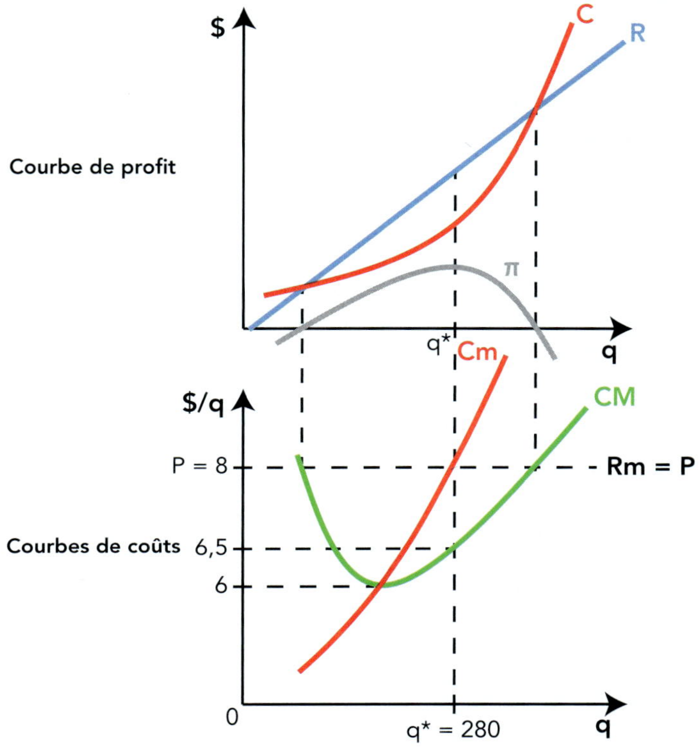

Le graphique du bas est le plus utile. L'exercice suivant illustre ce point.

EXERCICE 4.1

Considérons une firme ayant les mêmes caractéristiques que dans la figure 4.2, évoluant dans un marché concurrentiel où le prix de marché est P = 8 \$/unité. Calculez la valeur maximale des profits.

// ***Bonne réponse :*** Le niveau de production qui maximise les profits correspond à $q^* = 280$. En utilisant :

$$\pi(q^*) = R(q^*) - C(q^*),$$

on trouve les valeurs suivantes :

$$R(q^*) = P \times q^* = 8 \times 280 = 2\,240\ \$$$

et

$$C(q^*) = CM(q^*) \times q^* = 6{,}5 \times 280 = 1\,820\ \$.$$

En prenant la différence, on obtient :

$$\pi(q^*) = 2\,240\ \$ - 1\,820\ \$ = \mathbf{420\ \$}.$$

Le niveau de profit peut aussi être lu directement sur le graphique. En effet, l'équation pour les profits peut s'écrire comme suit (voir l'encadré 4.2) :

$$\pi(q^*) = [P - CM(q^*)] \times q^*.$$

Par conséquent, les profits correspondent à l'aire d'un rectangle de hauteur $P - CM(q^*)$ et de lon-gueur q^*. Une telle surface est facilement identifiable sur le graphique, et la zone ombragée correspondante est illustrée à la figure 4.3.

FIGURE 4.3 Représentation graphique du niveau de profit

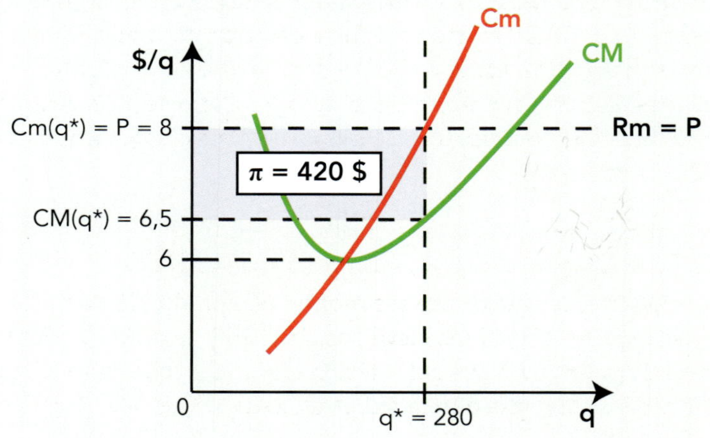

ENCADRÉ 4.2

POINT MÉTHODOLOGIQUE : COMMENT CALCULER LES PROFITS SIMPLEMENT ET RAPIDEMENT

La méthode utilisée pour calculer les profits dans l'exercice 4.1 n'est pas la plus pratique étant donné l'information disponible. En effet, en général, l'information sera donnée en termes unitaires, comme le prix (c'est-à-dire les recettes par unité), le coût marginal, le coût moyen et le coût variable moyen. Il sera alors plus simple et plus rapide de calculer les profits à partir de ce type d'information.

À cette fin, on peut récrire l'équation des profits comme suit :

$$\pi(q^*) = R(q^*) - C(q^*) = P \times q^* - CM(q^*) \times q^*.$$

Donc,

$$\pi(q^*) = [P - CM(q^*)] \times q^*.$$

Sur le graphique du bas de la figure 4.2, il est assez simple de lire la valeur du coût moyen en q^*, de même que le prix. Ce dernier est indiqué par la courbe de coût marginal, en q^*, puisque $P = Cm(q^*)$.

Numériquement, on obtient : $\pi(q^*) = [P - CM(q^*)] \times q^* = [8 - 6,5] \times 280 = 420\,\$$.

LA DÉCISION DE FERMETURE ET L'OFFRE À COURT TERME

Le choix du niveau de production est un élément important de la prise de décision d'une firme. Toutefois, il existe une autre décision, tout aussi importante : la *décision de fermeture*. Une firme qui enregistre des profits négatifs doit-elle rester en activité? Si oui, pour combien de temps? Cette section répond à ces questions et conduit à la construction de la courbe d'offre d'une firme dans une perspective de court terme.

La décision de fermeture à court terme

Considérons une firme qui maximise ses profits : elle produit la quantité, q^*, qui lui donne le niveau de profit le plus élevé possible, $\pi(q^*)$. Si $\pi(q^*) > 0$, tout va bien, et la firme devrait poursuivre ses activités. En revanche, que faire si $\pi(q^*) < 0$? Des profits négatifs sont signe que la situation actuelle ne sera pas viable très longtemps.

Comment une firme en concurrence parfaite doit-elle réagir face à des profits négatifs? Clairement, elle ne peut pas modifier son prix puisqu'elle prend le prix de marché comme donné. Un prix plus élevé conduirait à la perte de tous ses clients alors qu'un prix plus faible ferait baisser ses profits davantage (au prix de marché, la firme est déjà en mesure d'écouler tout ce qu'elle produit). Modifier son niveau de production est également une mauvaise idée puisque q^* est la quantité qui maximise les profits (même s'ils sont négatifs). La seule décision qui reste à la firme est de continuer ses activités ou de les cesser complètement (grâce à l'absence de barrière à la sortie).

Examinons les deux scénarios suivants :

Scénario 1 : Au niveau de production optimal, q^*, les recettes de la firme sont $R(q^*) = 2\ 000$ $, ses coûts variables sont $CV(q^*) = 1\ 000$ $ et ses coûts fixes sont $F = 3\ 000$ $. Ses profits sont donc : $\pi(q^*) = -2\ 000 \$ < 0 \$$.

Scénario 2 : Au niveau de production optimal, q^*, les recettes de la firme sont $R(q^*) = 500$ $, ses coûts variables sont $CV(q^*) = 1\ 000$ $ et ses coûts fixes sont $F = 3\ 000$ $. Ses profits sont donc : $\pi(q^*) = -3\ 500 \$ < 0 \$$.

Dans les deux cas, les profits de la firme sont négatifs. Cependant, les deux scénarios sont complètement différents en ce qui a trait à la décision que la firme devrait prendre. Nous les analysons à tour de rôle.

La firme du scénario 1 devrait-elle fermer ses portes? Pour répondre à cette question, il suffit de comparer ses profits (comptables) actuels, $\pi(q^*) = -2\ 000$ $, à ceux qu'elle réaliserait si elle arrêtait ses activités. Dans cette éventualité, la firme devra quand même payer ses coûts fixes, qui sont supposés *irrécupérables* ici, augmentant ainsi ses pertes : $\pi_{fermeture} = -F = -3\ 000$ $. Par conséquent, la firme du scénario 1 devrait continuer ses opérations puisque sa situation actuelle est préférable à la fermeture.

Analysons maintenant la situation de la firme du scénario 2. En fermant ses portes, ses pertes (comptables) seraient égales à 3 000 $ (les coûts fixes), ce qui est plus intéressant que la perte comptable actuellement encourue en poursuivant ses activités (3 500 $). Par conséquent, la firme du scénario 2 devrait cesser ses activités.

De ces deux scénarios, on peut déduire une règle de décision : ce qui importe est la comparaison entre les profits et les coûts fixes. Une firme fera mieux de continuer son activité tant que :

$$\pi(q^*) > -F.$$

En considérant le fait que $\pi(q^*) = R(q^*) - CV(q^*) - F$, il s'ensuit qu'une firme devrait continuer ses activités tant que :

$$R(q^*) > CV(q^*).$$

Autrement dit, ***il est avantageux de continuer l'activité tant que les recettes sont supérieures à ce qui pourrait être récupéré en cessant l'activité***.

Puisqu'il est souvent plus pratique de considérer les variables en termes unitaires, la *décision de fermeture* ci-dessus peut être récrite comme suit :

$$P \times q^* > CVM(q^*) \times q^*.$$

Autrement dit, **une firme devrait continuer son activité, à court terme, si :**

$$P > CVM(q^*).$$

On remarque que l'analyse ci-dessus, ainsi que l'interprétation graphique qui va suivre, supposent **tous les coûts fixes comme étant irrécupérables à court terme**. Lorsque ce n'est pas le cas, et qu'il s'écoule suffisamment de temps de sorte que certains coûts fixes sont *récupérables* (par exemple, lorsqu'il est possible de revendre rapidement certains équipements, ou quand le coût d'opportunité peut être rapidement recouvré en acceptant un emploi rémunéré), l'analyse doit être légèrement modifiée. Des précisions sont apportées dans l'annexe de ce chapitre, qui aborde la décision de fermeture à moyen terme. L'intuition générale demeure la même, cependant : la décision de fermeture est déterminée par la comparaison des coûts qui peuvent être recouvrés grâce à la fermeture et des recettes de l'activité.

Interprétation graphique

La décision de fermeture d'une firme peut facilement se voir sur un graphique. En fait, il est possible de faire toute l'analyse simplement en regardant les courbes de coûts de la firme.

Examinons le cas d'une entreprise qui enregistre actuellement des profits négatifs en produisant q*. Puisque $\pi(q^*) < 0$, il s'ensuit immédiatement que $P < CM(q^*)$. (Si vous n'êtes pas convaincu, retournez jeter un coup d'œil à l'encadré 4.2.) La figure 4.4 illustre une telle situation. Comme avant, l'am-pleur des profits (négatifs) de la firme peut être lue sur le graphique comme l'aire du rectangle de longueur q* et de hauteur (négative) $P - CM(q^*)$. Cette perte correspond à la zone A sur le graphique.

FIGURE **4.4** Situation d'une firme enregistrant des profits négatifs mais qui devrait rester en activité

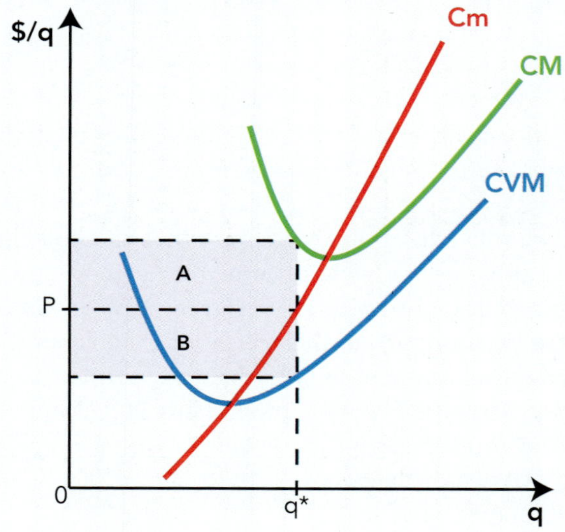

Si la firme venait à fermer ses portes, elle encourrait une perte égale à ses coûts fixes. Cette perte peut aussi être visualisée sur le graphique. Comme F = C – CV, en divisant par la production, q, on obtient l'expression du coût fixe moyen, valide pour toute valeur de q :

$$F / q = CM(q) - CVM(q).$$

Évaluée en $q = q^*$, cette équation devient :

$$F = [CM(q^*) - CVM(q^*)] \times q^*,$$

ce qui correspond à l'aire du rectangle de longueur q^* et de hauteur $CM(q^*) - CVM(q^*)$. Cette aire est la somme des zones A et B à la figure 4.4. Donc, F = aire de A + aire de B.

Dans le cas de figure représenté à la figure 4.4, la firme devrait poursuivre ses activités : sa perte actuelle (l'aire de la zone A) est inférieure à la perte qu'elle subirait en arrêtant ses opérations (aire de A + aire de B). Ce résultat est directement lié au fait que $P > CVM(q^*)$.

La figure 4.5 résume les trois cas de figure dans lesquels une firme peut se trouver à court terme : profits positifs, profits négatifs mais encore en opération, et fermeture. Le prix qui conduit à un profit exactement égal à zéro est appelé *seuil de rentabilité*, et est égal à $P_{rentabilité} = \min CM(q^*)$. Le prix en deçà duquel une firme cesse ses activités à court terme est appelé seuil de fermeture et est égal à $P_{fermeture} = \min CVM(q^*)$.

FIGURE 4.5 Les trois régions de profits

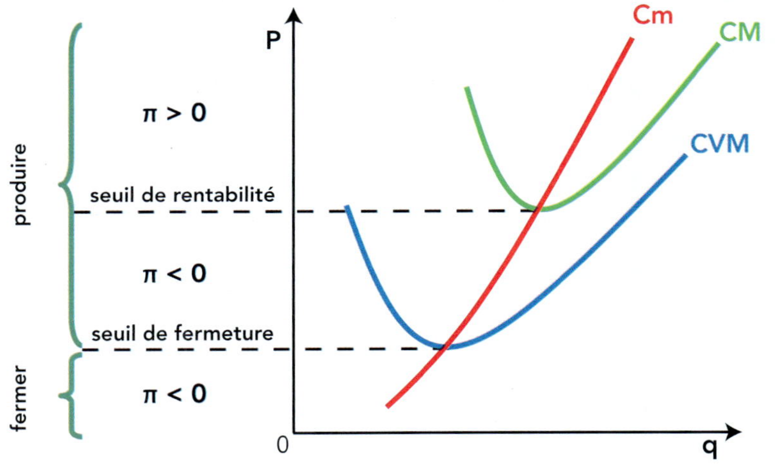

La courbe d'offre à court terme d'une firme

Nous en savons maintenant assez sur le comportement d'une firme dans un marché concurrentiel pour en établir la courbe d'offre. Nous connaissons son niveau de production – la quantité q^* telle que $P = Cm(q^*)$ – et sous quelle condition elle restera en activité – si $P > CVM(q^*)$. On en déduit que, **à court terme, c'est-à-dire lorsque tous les coûts fixes sont irrécupérables, la courbe d'offre d'une firme en concurrence parfaite coïncide parfaitement avec la portion de sa courbe de coût marginal qui se trouve au-dessus de sa courbe de coût variable moyen**. La figure 4.6 illustre la courbe d'offre d'une firme type. Lorsque $P > \min CVM$, la relation entre la production et le prix est donnée par $P = Cm$. Lorsque $P < \min CVM$, la ferme cesse ses activités et $q = 0$.

FIGURE 4.6 Courbe d'offre de la firme, o, coïncide avec la portion de la courbe Cm qui se trouve au-dessus de CVM

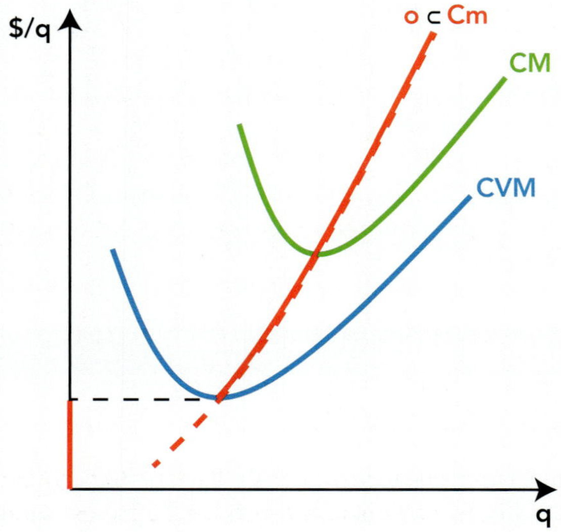

La courbe d'offre de court terme du marché

La courbe d'offre de marché s'obtient de la même façon que la courbe de demande de marché, en prenant la somme horizontale des courbes individuelles. La figure 4.7 illustre cela pour le cas simple de deux firmes, mais la méthode s'applique à un nombre quelconque de firmes.

FIGURE 4.7 La courbe d'offre de marché, O, est la somme horizontale des offres individuelles

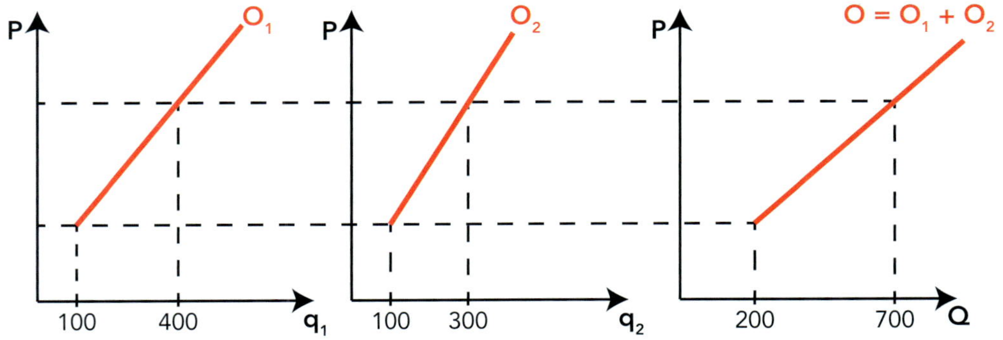

L'élasticité-prix de l'offre

Enfin, comme dans l'analyse de la demande, l'élasticité permet de décrire l'offre de marché. La définition de l'élasticité-prix de l'offre est analogue à celle de l'élasticité-prix de la demande :

$$E_P = \frac{\%\text{ variante de Q}}{\%\text{ variante de P}} = \frac{\Delta Q / Q}{\Delta P / P}$$

Contrairement à l'élasticité-prix de la demande, qui est négative pour la plupart des biens, l'élasticité-prix de l'offre est généralement positive, puisque des prix plus élevés incitent les producteurs à produire plus.

LA DÉCISION DE FERMETURE ET L'OFFRE À LONG TERME

Passons maintenant au comportement à long terme de la firme. Rappelons que la principale différence est que, à long terme, la firme ne s'est engagée à payer aucun coût fixe, puisque les décisions se prennent longtemps à l'avance. Autrement dit, **à long terme, tous les coûts sont récupérables**.

La décision de fermeture à long terme

Puisque la firme ne s'est pas engagée à payer de coûts fixes, elle choisira de poursuivre ses opérations seulement si elle réussit à dégager un profit. Par conséquent, elle fermera ses portes si ses profits sont négatifs ou, de manière équivalente, si :

$$R < C_{LT}(q^*).$$

(***Nota bene*** : Cette section étant consacrée au long terme, tous les coûts considérés sont donc des coûts de long terme.)

Remarque : La décision de fermeture à long terme d'une firme rejoint l'intuition courante selon laquelle une firme produit seulement si son activité est rentable.

Interprétation graphique

Comme précédemment, la décision de fermeture de la firme peut se voir facilement sur un graphique. En divisant l'expression ci-dessus par la quantité produite, q^*, on obtient que **la firme fermera à long terme si :**

$$P < CM_{LT}(q^*).$$

Il s'ensuit que le seuil de fermeture à long terme est égal au minimum de son coût variable moyen de long terme et coïncide alors avec le seuil de rentabilité de la firme : $P_{fermeture} = P_{rentabilité} = \min CM_{LT}(q^*)$. La figure 4.8 illustre cette relation.

FIGURE **4.8** Une firme ne produit à long terme que si ses activités sont rentables

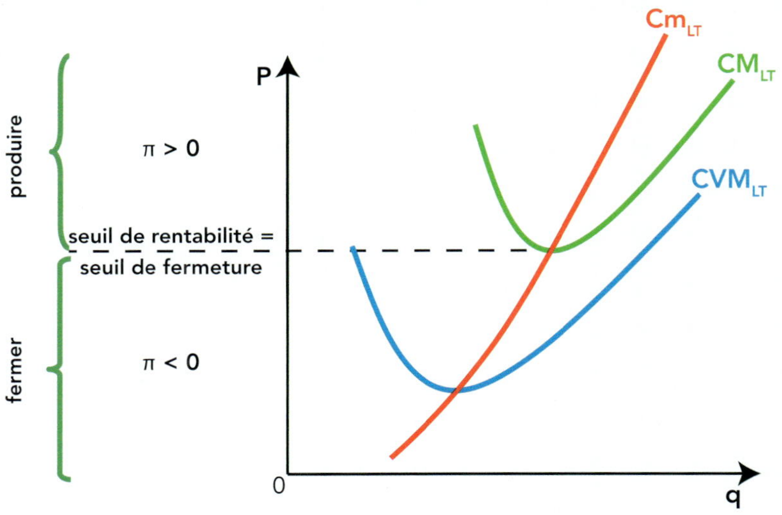

La courbe d'offre de long terme de la firme

D'un côté, nous savons que la firme ne produira que si elle réussit à dégager un profit ($P > \min CM_{LT}$). De l'autre, nous savons que, lorsqu'elle produit, elle cherche à maximiser ses profits en produisant la quantité, q^*, qui assure $P = Cm_{LT}(q^*)$. De ces deux affirmations, on obtient que **la courbe d'offre de long terme de la firme, o_{LT}, est la portion de la courbe de Cm_{LT} située au-dessus de la courbe de CM_{LT}**. La figure 4.9 illustre une telle courbe.

FIGURE 4.9 Courbe d'offre de long terme d'une firme

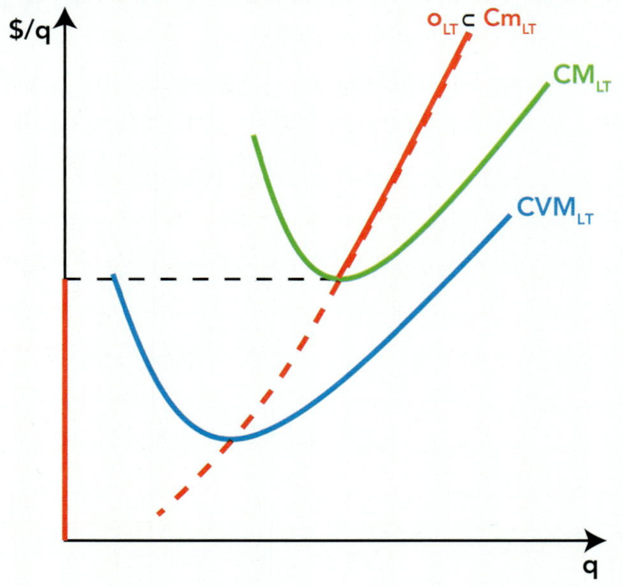

La courbe d'offre de marché de long terme

Comme précédemment, l'offre de marché est obtenue en prenant la somme horizontale des quantités offertes par chaque firme sur le marché. À court terme, cette opération est relativement simple puisque le nombre de firmes en concurrence sur le marché est fixe. Cependant, à long terme, le nombre de firmes est inconnu puisqu'elles ont le temps d'entrer et de sortir librement du marché.

Toutefois, nous savons que les firmes sortiront du marché si elles ne parviennent pas à réaliser un profit, et que d'autres entreront si elles entrevoient une possibilité de profit. Il s'avère que les firmes présentes dans un environnement concurrentiel ne peuvent pas être très différentes les unes des autres, sans quoi une firme avec des coûts plus faibles surclasserait ses rivales (et gagnerait un pouvoir de marché), tandis qu'une entreprise avec des coûts plus élevés serait chassée du marché. Par conséquent, le marché sera constitué de firmes ayant le même seuil de fermeture : min CM_{LT}.

Par conséquent, **le prix de marché à long terme, P, doit être égal au minimum du coût moyen de long terme, min CM_{LT}.** En effet, si le prix était plus élevé, un nombre (potentiellement infini) de firmes pourrait voir le jour – du fait de l'absence de barrière –, imposant alors une pression à la baisse sur le prix du marché du fait d'une concurrence accrue. Tant que $P > \min CM_{LT}$, de nouvelles firmes feront leur entrée et le prix diminuera.

De même, si P < min CM_{LT}, certaines firmes présentes sur le marché choisiront de fermer leurs portes. Ce faisant, la concurrence deviendra moins forte, entraînant une hausse de prix. Par conséquent, tant que P < min CM_{LT}, des firmes quitteront le marché et le prix augmentera.

De ce raisonnement, on peut conclure que **la courbe d'offre de marché de long terme est parfaitement élastique**, comme l'illustre la figure 4.10.

FIGURE **4.10** La courbe d'offre de marché de long terme est parfaitement élastique

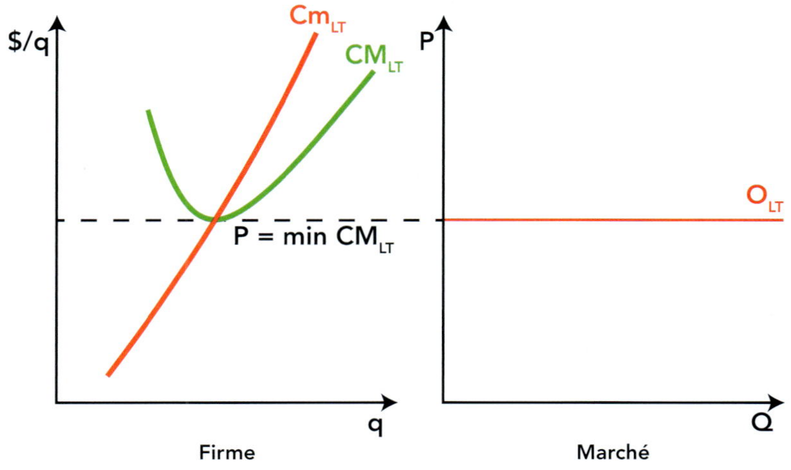

Remarque supplémentaire : profits nuls à long terme

Nous venons d'établir que le prix de long terme dans un marché parfaitement concurrentiel était égal au seuil de rentabilité : P = min CM_{LT}. Un fait troublant émerge de cette égalité : **les firmes ne font aucun profit à long terme**.

Se peut-il vraiment que les entrepreneurs franchissent toutes les étapes nécessaires à la mise en marché d'un produit, de la création d'un statut légal à la formation de la main-d'œuvre, en passant par l'acquisition de capital et la négociation de contrats, pour finalement dégager un profit nul? Cela semble décourageant. En fait, cette interprétation est trompeuse, puisque les profits qu'il faut considérer ne sont pas des profits comptables mais des profits économiques.

Rappelons que les profits économiques sont toujours inférieurs aux profits comptables puisqu'ils tiennent compte du coût d'opportunité[1] et qu'il n'y a pas de coûts irrécupérables à long terme. Par conséquent, **des profits économiques nuls n'impliquent pas que la firme ne réalise pas des bénéfices conséquents; cela veut simplement dire que le propriétaire s'en tire aussi bien que s'il avait choisi une autre activité (c'est-à-dire, sa deuxième activité la plus rentable)**.

Le fait d'enregistrer des profits économiques nuls n'est donc pas une mauvaise chose. Cela veut simplement dire que les agents économiques choisissent l'activité qui leur convient le mieux. Cette notion est étroitement liée à celle d'équilibre de marché, à laquelle le prochain chapitre est consacré. Pour insister sur la normalité de cette situation, et puisque le fait de réaliser un profit nul est un concept étrange pour les non-économistes, les économistes emploient plutôt l'expression « profits normaux » : on dit alors que les firmes génèrent des *profits normaux* à long terme.

CONCLUSION

Nous avons examiné le comportement d'une firme maximisant ses profits dans un environnement parfaitement concurrentiel. La maximisation des profits impose l'égalité entre les recettes marginales et le coût marginal. Cependant, la concurrence parfaite impose un prix de marché commun à tous, obligeant effectivement chaque firme à prendre le prix de marché comme donné. Dans cette situation, la maximisation des profits impose l'égalité du prix et du coût marginal.

La décision de fermeture est quant à elle binaire : la firme devrait-elle continuer ses activités ou non? Nous avons vu qu'il pouvait être dans l'intérêt d'une firme enregistrant un profit négatif de produire à perte à court terme. Toutefois, à long terme, des profits négatifs signifient la sortie du marché de la firme : aucune entreprise ne devrait accepter cette situation à long terme puisqu'elle pourrait alors faire mieux ailleurs, par définition des profits économiques[2].

De même, les firmes en concurrence parfaite ne doivent pas s'attendre à réaliser des profits supérieurs aux profits normaux – c'est-à-dire à un profit économique nul – puisqu'un marché rentable attirera des nouveaux entrants, qui accapareront alors une partie des profits des firmes en place. Ce raisonnement préfigure les concepts de mécanismes de marché et d'équilibre de marché abordés dans le prochain chapitre.

---

1 Si la différence n'est pas tout à fait claire, retournez voir la section « Profit économique vs profit comptable » dans le chapitre précédent.

2 Il est tout à fait possible de gagner beaucoup d'argent (profits comptables positifs) tout en réalisant un profit économique nul, ou négatif.

RÉSUMÉ DU CHAPITRE 4

- Une firme en concurrence parfaite fait face à une demande parfaitement élastique.
- Une firme en concurrence parfaite maximise ses profits lorsque P = Cm.
- Il est avantageux de rester en activité tant que les recettes, R, sont plus élevées que les coûts qui pourraient être récupérés en fermant.
- Quand tous les coûts fixes sont irrécupérables, la courbe d'offre d'une firme en concurrence parfaite coïncide avec la portion de sa courbe de Cm qui se trouve au-dessus du CVM.
- Dans un marché en concurrence parfaite, la courbe d'offre de long terme est parfaitement élastique, avec $P = \min CM_{LT}$.
- À long terme, les firmes réalisent un profit économique nul. Cela n'implique pas qu'elles ne gagnent pas d'argent; cela veut simplement dire que le propriétaire s'en tire aussi bien que s'il avait choisi une autre activité.

ANNEXE : LA DÉCISION DE FERMETURE À MOYEN TERME, LORSQUE CERTAINS COÛTS FIXES SONT RÉCUPÉRABLES

Considérez la situation suivante. Vous êtes le propriétaire d'un restaurant de burgers. Vous avez déjà déterminé que le nombre optimal d'unités à produire est $q^* = 200$ burgers par jour.

À ce rythme de production, vous estimez pouvoir réaliser des recettes de 4 000 $ par semaine. Les coûts de production correspondants sont :

- Matières premières (viande et autres ingrédients, électricité, etc.) : 700 $ par semaine.
- Rémunération des employés : 2 000 $ par semaine.
- Loyers (immeuble) : 500 $ par semaine (10 mois restants sur le bail).
- Coût d'opportunité de votre temps : 1 500 $ par semaine (vous pourrez trouver un emploi à ce salaire après environ un mois de recherche d'emploi).

Qui plus est, le bail sur l'immeuble n'est pas transférable, car vous avez signé un contrat ne vous permettant pas de sous-louer les locaux. Autrement dit, le loyer est un coût *irrécupérable* pour les 10 prochains mois, tandis que le coût d'opportunité sera *récupérable* au bout d'un mois. L'objectif de cette annexe est de déterminer comment la présence de coûts récupérables modifie la décision de fermeture.

À court terme (moins d'un mois), tous les coûts fixes sont irrécupérables, et l'analyse de court-terme du chapitre s'applique : vous devriez continuer votre activité puisque R > CV (c.à.d., 4 000 $ > 2 700 $). À moyen terme (entre un et dix mois), en revanche, il faut adapter le raisonnement. C'est ce que nous allons voir maintenant.

Devriez-vous fermer boutique à moyen terme (entre un et dix mois)?

En vous projetant plus d'un mois dans l'avenir, vous pouvez anticiper que vous trouverez un emploi au salaire escompté. Comparons les profits (comptables) pour chacune des deux options :

- Option A : Vous continuez les opérations. Votre profit comptable hebdomadaire est alors égal à 4 000 $ – 700 $ – 2 000 $ – 500 $ = **800 $**.
- Option B : Vous fermez boutique. Votre profit comptable hebdomadaire est alors égal à 1 500 $ – 500 $ = **1 000 $**.

Par conséquent, mieux vaut fermer boutique à moyen terme. On remarquera cependant que la comparaison entre les recettes et les coûts variables (le coût des matières premières et la rémunération des employés sont les seuls qui dépendent de la quantité produite) donne **R = 4 000 $ > 700 $ + 2 000 $ = CV**. Autrement dit, la règle fournie dans le chapitre – « continuer les opérations tant que R > CV » – ne s'applique pas ici. Essayons de comprendre pourquoi.

La règle ne s'applique pas car elle ne prend pas en considération le fait que certains coûts fixes pourraient être récupérables. Lorsque c'est le cas, il faut revenir à la comparaison des profits, en s'assurant de bien distinguer les coûts récupérables des coûts irrécupérables : $F = F_{\text{récup}} + F_{\text{irrec}}$.

Dans notre exemple, les coûts fixes s'élèvent à :

$$F = 1\,500\,\$ + 500\,\$ = 2\,000\,\$,$$

dont

$$F_{\text{récup}} = 1\,500\,\$, \text{ et}$$

$$F_{\text{irrec}} = 500\,\$.$$

En gardant cette distinction à l'esprit, la décision de fermeture revient, comme toujours, à comparer ce à quoi on renonce en fermant boutique (les recettes) à ce qu'on est en mesure de récupérer (les coûts variables et les coûts fixes récupérables). En d'autres termes, il est avantageux de fermer boutique si $R < CV + F_{récup.}$ Inversement, et pour adopter une formulation semblable à celle dans le chapitre, il est préférable de continuer l'activité tant que :

$$\mathbf{R > CV + F_{récup}.} \quad \mathbf{(A)}$$

Il est intéressant de comparer l'expression (A) avec les recommandations que nous avons faites à court et à long termes. À court terme, tous les coûts sont irrécupérables, et donc $F_{récup} = 0$, de sorte que l'expression (A) coïncide avec la règle énoncée dans le chapitre : $R > CV$.

À long terme, aucun coût n'est irrécupérable ou, de manière équivalente, tous les coûts sont récupérables ($F_{récup} = F$). À long terme, il est avantageux de continuer l'activité tant que $R > CV + F$; c'est-à-dire, tant que les profits économiques sont positifs. C'est précisément la recommandation que à laquelle l'analyse du long terme aboutissait dans le chapitre.

En conclusion, l'expression (A) s'applique en réalité dans toutes les situations : à court, moyen et long termes. La seule chose qui change est le fait que, suivant l'horizon considéré, on aura le temps ou non d'ajuster certains coûts.

CHAPITRE 4

EXERCICES

1- Parmi les affirmations suivantes, laquelle N'EST PAS une condition nécessaire à ce qu'un marché soit parfaitement concurrentiel?

a) Absence de coût de transaction.

b) Grand nombre de firmes et de consommateurs.

c) Information parfaite.

d) Les structures de coût des firmes doivent être identiques.

2- Parmi les affirmations suivantes, laquelle s'applique à une firme qui fait face à une demande parfaitement élastique?

a) Elle doit baisser son prix pour augmenter ses recettes.

b) Elle doit augmenter son prix pour augmenter ses profits.

c) Elle gagne toujours un profit économique nul.

d) Sa courbe de recette marginale est horizontale au niveau du prix de marché.

3- Considérons une firme dans un marché parfaitement concurrentiel où le prix est de 8 $ par unité. Le niveau de production actuel de cette firme est tel que Cm = CM = 12 $/unité. De plus, à cette quantité, CVM = 8 $/unité. Que doit faire la firme pour maximiser ses profits à court terme?

a) Fermer immédiatement.

b) Augmenter sa production.

c) Diminuer sa production.

d) Maintenir son niveau de production actuel.

e) Il n'y a pas assez d'information pour répondre à la question.

4- La courbe d'offre d'une firme dans un environnement parfaitement concurrentiel est donnée par : $P = 3 + 3q$. Si le marché est composé de 100 firmes identiques, quelle est la quantité totale offerte à court terme par l'industrie lorsque le prix est de 12 $/unité?

a) 300 unités.

b) 400 unités.

c) 900 unités.

d) 1 500 unités.

e) Aucune de ces réponses.

5- Expliquez pourquoi la courbe de demande, du point de vue de la firme, est parfaitement élastique dans un marché parfaitement concurrentiel. Indiquez clairement quelles sont les conditions de concurrence parfaite qui y contribuent.

6- Considérons une firme produisant des montres avec la structure de coût suivante : $C(q) = 144 + 4q^2$, les coûts fixes étant irrécupérables à court terme.

a) Calculez les coûts fixes et la fonction de coût marginal pour ce processus de production.

b) Si le prix de marché pour le bien est de 200 $/unité, combien de montres la firme devrait-elle produire afin de maximiser ses profits?

c) Quel est son profit maximal?

d) À partir de quel prix (minimum) la firme produit-elle une quantité positive?

7- Considérons une firme dans une industrie parfaitement concurrentielle avec la fonction de coût suivante $C(q) = 72 + 4q + 2q^2$.

a) Au prix de marché P = 20 $/unité, la firme produit actuellement q = 6 unités. Maximise-t-elle ses profits? Sinon, comment devrait-elle modifier sa production?

b) Quel est le prix minimum pour lequel la firme génère des profits positifs?

c) Quelle quantité la firme produira-t-elle à long terme?

8- Supposons que la fonction de production d'une firme soit $q = 4m^{1/2}$, où m est la quantité de matériaux utilisés dans le processus de production. Les coûts fixes de la firme sont F = 200 $, et chaque unité d'intrant coûte 4 000 $.

a) Écrivez la fonction de coût total de la firme.

b) Si le prix du bien produit est de 1 000 $/unité, combien d'unités la firme produira-t-elle? Réalisera-t-elle un profit positif?

9- Considérons une industrie concurrentielle, où l'offre et la demande sont données par :

$$Q^d = 6\,000 - 100P,$$

$$\text{et } Q^o = 1\,400P.$$

Aussi, la fonction de coût d'une firme typique de cette industrie est $C(q) = 648 + q^2 / 200$.

a) Trouvez le prix du marché, la quantité totale produite sur le marché, la quantité produite par une seule firme et les profits de chaque firme.

b) Peut-on s'attendre à ce qu'il y ait entrée ou sortie de firmes sur le marché? Expliquez.

c) Quel est le seuil de rentabilité d'une firme sur ce marché? Quels sont les profits à ce prix?

d) Quel est le seuil de fermeture d'une firme sur ce marché à court terme? Quels sont les profits à ce prix?

10- Considérons une industrie parfaitement concurrentielle qui est actuellement en équilibre de long terme.

a) Tracez deux graphiques côte à côte représentant l'équilibre de long terme de cette industrie. À gauche, illustrez la situation d'une firme typique, incluant Cm, CM et Rm. À droite, représentez les courbes d'offre de court et de long terme ainsi que la courbe de demande de marché. Indiquez clairement la quantité produite par une seule firme (q_0), la quantité totale produite sur le marché (Q_0) et le prix de marché (P_0).

b) Supposons que la demande de l'industrie diminue subitement. En utilisant les graphiques de la question précédente, indiquez l'impact à court terme de ce choc sur le prix de marché, sur la production totale, ainsi que sur la production et les profits d'une firme typique.

c) Montrez comment ces variables (prix, production totale, production et profits d'une firme) évoluent alors que le marché retrouve l'équilibre de long terme. Que pouvez-vous dire sur le nombre de firmes dans le marché?

11- Les graphiques ci-dessous représentent les courbes de coûts de court terme et l'équilibre de marché de court terme d'une industrie en concurrence pure et parfaite. Toutes les firmes dans ce marché ont la même structure de coûts. L'industrie est actuellement en équilibre au prix de 5 $ par unité, et la quantité d'équilibre est de 6 000 unités.

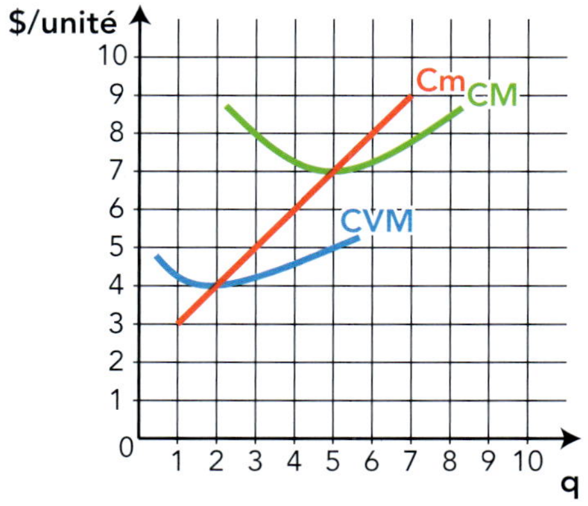

Figure 1 : Firme

Figure 2 : Marché

a) Quelle est la quantité produite par chacune des firmes sur le marché? Combien y a-t-il de firmes sur le marché?

b) Hachurez la surface correspondant au profit de chaque firme sur la figure 1. Indiquez s'il s'agit d'un profit ou d'une perte.

c) Quel sera le prix de long terme dans ce marché? (Indice : supposez que les courbes de coûts de long terme des firmes sont identiques aux courbes de court terme. De même, la courbe de demande de long terme coïncide avec celle du court terme).

d) Quel sera le profit économique de chaque firme à long terme?

Quelle sera la quantité produite par chacune des firmes dans le marché?

Combien y aura-t-il de firmes dans le marché à long terme?

5 L'équilibre de marché

APERÇU DU CHAPITRE

INTRODUCTION

Maintenant que nous avons analysé la prise de décision des consommateurs (chapitre 2) et des producteurs (chapitres 3 et 4), nous pouvons procéder à l'analyse de l'équilibre de marché. Graphiquement, cela peut sembler aussi simple que de tracer les courbes d'offre et de demande sur un même graphique et d'observer leur point d'intersection. Cependant, cette simplicité apparente est souvent trompeuse. L'analyse rigoureuse des chapitres précédents devrait approfondir votre compréhension des motivations des agents économiques, des forces qui régissent leurs interactions, ainsi que des implications en termes de bien-être.

Nous commencerons par décrire les forces du marché auxquelles sont soumis les agents économiques dans un environnement concurrentiel, puis nous discuterons de l'équilibre qui en résulte. Nous analyserons ensuite l'impact des facteurs externes sur cet équilibre, qui nous fourniront les outils et l'intuition nécessaires à la prédiction qualitative des fluctuations de marché. Enfin, nous analyserons le lien entre l'équilibre concurrentiel et le bien-être des consommateurs et des producteurs, ce qui nous amènera à discuter le rôle de la concurrence dans l'allocation optimale des ressources.

L'ÉQUILIBRE DE MARCHÉ

Les forces du marché

Les forces qui régissent un marché concurrentiel sont, sans surprise, le résultat de la concurrence entre les agents économiques. On distingue généralement deux forces : la concurrence entre consommateurs, qui fait monter les prix, et la concurrence entre producteurs, qui exerce une pression à la baisse.

Nous utiliserons les notations suivantes : soit P^* le prix auquel la quantité demandée et la quantité offerte sont égales. Nous dénotons par Q^* cette quantité :

$$Q^* = Q^d(P^*) = Q^o(P^*).$$

Nous démontrerons plus loin l'existence de P^* et Q^*, ainsi que les raisons pour lesquelles il s'agit effectivement du prix et de la quantité d'équilibre.

Considérons l'exemple numérique constitué des équations d'offre et de demande suivantes :

$$Qo(P) = 100 + 40P,$$

$$Qd(P) = 280 - 20P.$$

On vérifie facilement que, pour ces équations, $P^* = 3$ et $Q^* = 220$.

La demande excédentaire

Considérons une situation où le prix est initialement inférieur au prix d'équilibre : $P < P^*$ (voir la figure 5.1). À ce prix, les consommateurs désirent acheter plus d'unités qu'au prix d'équilibre : $Q^d(P) > Q^*$, puisque la courbe de demande est décroissante. Inversement, à ce prix, les producteurs sont moins enclins à produire qu'au prix d'équilibre : $Q^o(P) < Q^*$. Il s'ensuit que :

$$Q^d(P) > Q^* > Q^o(P).$$

C'est ce qu'on appelle une situation de *demande excédentaire*, ou de *pénurie*.

FIGURE 5.1 Marché hors équilibre avec demande excédentaire

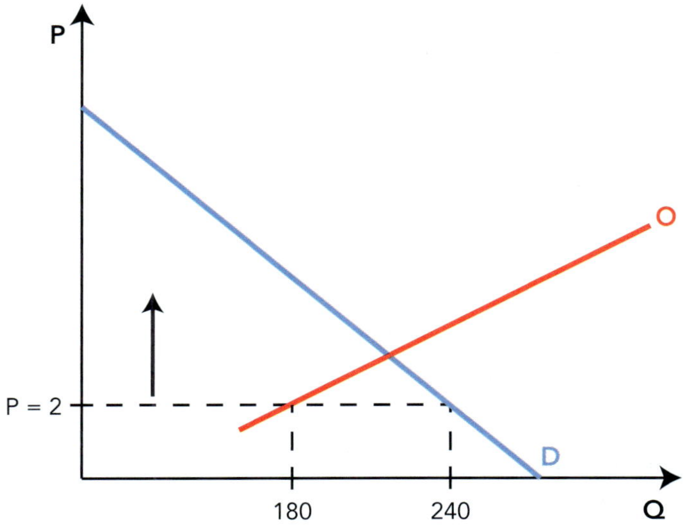

En l'absence de contrainte, les forces du marché concurrentiel vont exercer une pression à la hausse sur le prix. En effet, en raison de la demande excédentaire, certains consommateurs restent hors du marché : $Q^d(P) - Q^o(P)$ unités sont recherchées par les consommateurs, qui ne peuvent pas se les procurer. Ces consommateurs seraient prêts à payer un peu plus que P pour obtenir le bien en question : ils pourraient offrir de les acheter aux producteurs à un prix supérieur ou même approcher les consommateurs ayant obtenu des unités au prix P afin qu'ils les leur revendent.[1] Cette rareté relative force les consommateurs à se faire concurrence les uns les autres (voir l'encadré 5.1). Cette forme de concurrence exerce une pression à la hausse sur le prix, qui augmentera tant que $P < P^*$. Par conséquent, en l'absence de contrainte, le prix ne restera pas inférieur à P^*.

ENCADRÉ 5.1

QUI EST EN CONCURRENCE AVEC QUI?

La hausse du prix provient du fait que les *consommateurs se font concurrence entre eux*. Le marché est souvent représenté comme une lutte acharnée entre consommateurs et producteurs, avec la conno-tation négative selon laquelle les producteurs exploitent les consommateurs. Bien qu'une telle description contienne certains éléments de vérité, notamment en présence de pouvoir de marché, le fait demeure que, sur un « marché concurrentiel », les producteurs se livrent concurrence entre eux et les consommateurs se font également concurrence.*

* Si vous doutez encore du fait que les consommateurs se font concurrence entre eux, n'importe quelle vidéo du *Black Friday* ou du *Boxing Day* devrait vous convaincre. Par exemple : https://www.youtube.com/watch?v=DDhk6O5TSN0 (lien consulté le 1er juin 2020).

L'offre excédentaire

Considérons maintenant une situation où le prix se trouve au-dessus du prix d'équilibre : $P > P^*$ (voir la figure 5.2). Cette fois-ci, on a :

$$Q^d(P) < Q^* < Q^o(P).$$

Il s'agit d'une situation dite d'*offre excédentaire* : à un prix relativement élevé donné, $Q^o(P) - Q^d(P)$ unités ne trouvent pas preneur. Les producteurs de ces unités sont prêts à accepter une baisse de prix de façon à vendre leur produit. Concrètement, ils feront concurrence aux autres producteurs en offrant des rabais aux consommateurs. Puisque seul le prix importe pour les consommateurs – rappelons que les produits sont identiques, au vu des cinq conditions

1 De telles transactions entre consommateurs sont monnaie courante. C'est notamment souvent le cas sur le marché des places de concerts ou d'événements sportifs.

nécessaires à la concurrence parfaite – ces rabais exerceront sur le prix une pression à la baisse. En résumé, lorsque P > P* les forces de marché vont tirer le prix vers le bas. Par conséquent, en l'absence de contrainte, le prix ne demeurera pas au-dessus de P*.

FIGURE 5.2 Marché hors équilibre avec offre excédentaire

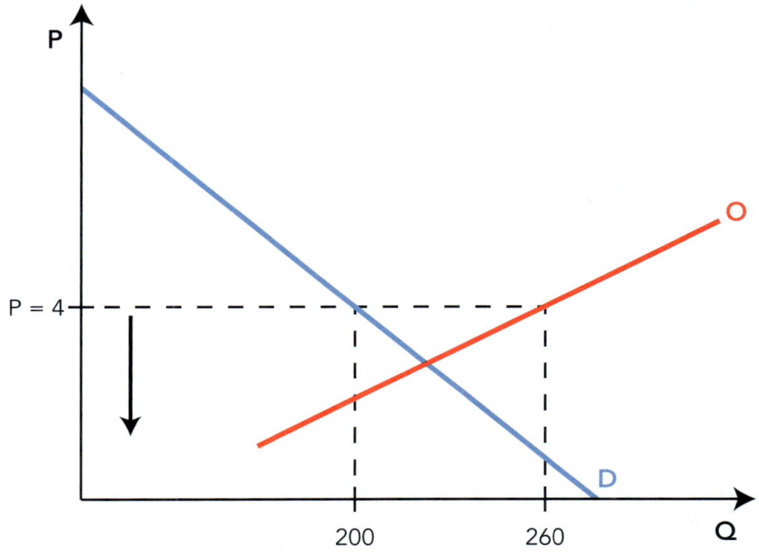

Définition et détermination de l'équilibre

Nous avons vu que la concurrence entre consommateurs faisait monter le prix lorsque P < P* et que la concurrence entre producteurs faisait baisser le prix lorsque P > P*. Il s'ensuit que, lorsque ces forces sont en *équilibre*, le prix doit être P = P*. À ce prix, $Q^o = Q^d$, et on dit que *le marché est en équilibre*.

Avec un peu de recul, il semble assez improbable qu'un grand nombre de producteurs et de consommateurs, chacun ayant ses préférences individuelles et ses propres contraintes de budget, soient capables de s'entendre sur un prix de marché unique, P*. En fait, cette « coordination » n'est pas explicite; elle s'effectue sans l'intervention d'un planificateur et échappe souvent même à l'attention des agents économiques impliqués. C'est comme s'ils étaient amenés à se coordonner par une force invisible (appelée « main invisible » depuis *La richesse des nations* d'Adam Smith[2], 1776).

2 Disponible gratuitement ici : http://www.ibiblio.org/ml/libri/s/SmithA_WealthNations_p.pdf (lien consulté le 1er juin 2020)

DÉFINITION

Un **équilibre de marché** est une situation, décrite par un prix de marché et une production de marché, dans laquelle aucun agent économique (consommateur ou producteur) ne désire modifier son comportement.

Il existe plusieurs manières de définir l'équilibre de marché. Certaines se concentrent sur le fait que $Q^o = Q^d$, tandis que d'autres mentionnent explicitement l'état d'équilibre entre les deux forces du marché mentionnées plus haut. La définition que nous retiendrons accorde une place centrale au comportement de l'agent économique. Ainsi, cette définition restera pertinente pour les chapitres suivants, même lorsqu'il sera question de comportements stratégiques.

Cette définition met en relation les deux côtés du marché : l'offre et la demande. Comme souvent, il existe deux façons de déterminer l'équilibre de marché : de façon graphique et de façon algébrique.

Graphiquement, nous traçons les courbes d'offre et de demande sur le même graphique.

FIGURE 5.3 Détermination graphique de l'équilibre de marché

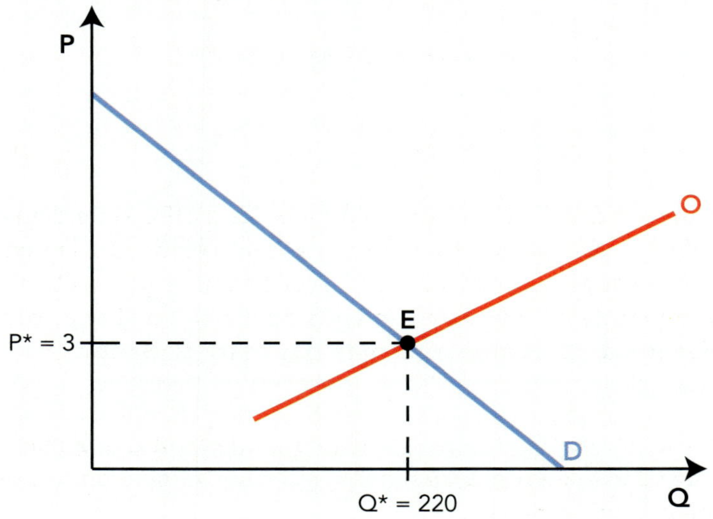

La figure 5.3 représente les courbes d'offre et de demande pour un produit donné. L'équilibre de marché correspond au point d'intersection des deux courbes, désigné par E. Le *prix d'équilibre*, P*, et la *quantité d'équilibre*, Q*, peuvent être lus respectivement sur l'axe vertical et l'axe horizontal. À titre d'exemple, le prix d'équilibre est ici P* = 3 $/unité et la quantité d'équilibre Q* = 220 unités.

Algébriquement, la détermination de l'équilibre nécessite les expressions mathématiques des courbes d'offre et de demande. En guise d'illustration, considérons les équations d'offre et de demande suivantes :

$$Q^o(P) = 100 + 40P,$$

$$Q^d(P) = 280 - 20P.$$

Pour trouver l'intersection de l'offre et de la demande, il suffit de résoudre ce système de deux équations à deux inconnues (P et Q). En effet, puisque le marché est en équilibre quand $Q^o = Q^d$, en égalisant les termes de droite des deux équations ci-dessus, on obtient :

$$100 + 40P = 280 - 20P,$$

$$\text{D'où,} \quad 60P = 180,$$

$$\text{C'est-à-dire,} \quad P^* = 3.$$

En reportant la valeur du prix d'équilibre, $P^* = 3$, dans l'équation d'offre ou dans celle de la demande[3], on obtient la quantité d'équilibre :

$$Q^* = Q^o(P) = 100 + 40 \times 3 = 220.$$

LES CHOCS EXTERNES

Cette section est dédiée à l'utilisation du modèle d'offre et de demande pour prédire l'effet de changements (ou *chocs*) dans les conditions de marché. Rappelons qu'un changement dans un facteur autre que le prix du bien conduit à un déplacement de la courbe de demande tandis qu'un changement dans le prix du bien conduit à un déplacement le long de la courbe de demande (voir le chapitre 2).

Nous analyserons successivement des chocs entraînant des déplacements de la courbe de demande et de la courbe d'offre. Nous examinerons ensuite un cas de réglementation de marché.

3 On peut facilement vérifier que $Q^d(P^*) = 280 - 20 \times 3 = 220 = Q^*$.

Les chocs sur la demande

Considérons le marché du porc, et supposons-le actuellement à l'équilibre. Quel serait l'impact, sur le prix et sur la quantité d'équilibre, de la publication d'une étude médicale établissant un lien de causalité entre la consommation de bacon et les maladies cardiovasculaires?

ENCADRÉ 5.2

MÉTHODE : COMMENCER PAR DESSINER LA « CROIX »

Lorsque vous devez répondre à une question concernant des chocs de marché, habituellement énoncée comme suit : « Considérant un marché à l'équilibre, qu'arrivera-t-il si...? », la première chose à faire est de dessiner un graphique d'offre et de demande génériques.

FIGURE 5.4 Courbes génériques d'offre et de demande

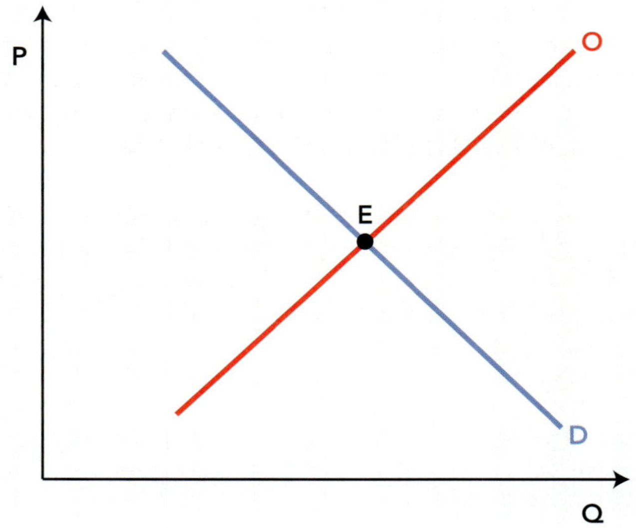

Ce graphique sera le point de départ pour répondre à la question, et peut même être dessiné avant qu'on ait lu la question. Vous pourrez ensuite le compléter avec l'information disponible dans l'énoncé de la question et comparer le nouvel équilibre avec le point E : Est-ce que le prix a augmenté? Est-ce que la quantité vendue a augmenté?

Pour répondre à cette question, mieux vaut ne pas raisonner directement à partir de l'impact sur le prix ou sur la quantité d'équilibre. Considérez plutôt l'impact du choc sur les courbes d'offre et de demande séparément. Vous serez ensuite en mesure de déterminer les variations du prix et de la quantité, si variation il y a. En résumé, répondre à une question de ce type se fait en trois étapes :

1. Quel est l'impact du choc sur la courbe de demande?
2. Quel est l'impact du choc sur la courbe d'offre?
3. En utilisant le résultat des étapes 1 et 2, déterminez l'impact sur l'équilibre d'origine à partir d'un graphique d'offre et de demande.

Revenons maintenant à la situation de notre exemple :

Étape 1 : Quel est l'impact d'une étude médicale liant le bacon aux maladies cardiovasculaires sur la demande de porc?

Rappelons que la demande représente la valorisation marginale que les consommateurs accordent à un certain bien (voir le chapitre 2). Puisque la majorité des gens ne désirent pas souffrir de maladies cardiaques, on peut dire qu'une telle étude découragera probablement la consommation de bacon. Ainsi, la valorisation (marginale) que les consommateurs accordent au porc chutera : la courbe de demande se déplacera vers le bas (voir la figure 5.5).

FIGURE 5.5 Déplacement vers le bas de la courbe de demande

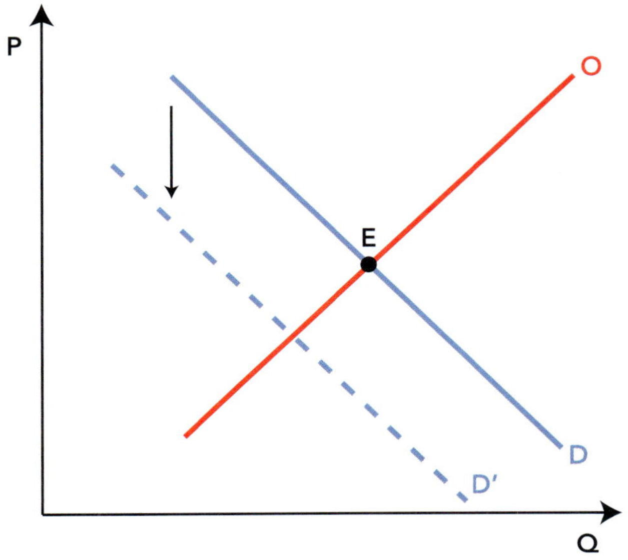

Étape 2 : Quel est l'impact d'une étude médicale liant le bacon aux maladies cardiovasculaires sur l'offre de porc?

Rappelons que l'offre représente le coût marginal des producteurs. La découverte d'un lien entre la consommation de bacon et les maladies cardiaques n'aura probablement pas d'impact sur les coûts que les producteurs doivent subir pour élever, nourrir, abattre et transporter les animaux. Autrement dit, la courbe d'offre restera vraisemblablement inchangée, ce que nous notons O' = O à la figure 5.6.

FIGURE 5.6 La courbe d'offre est inchangée

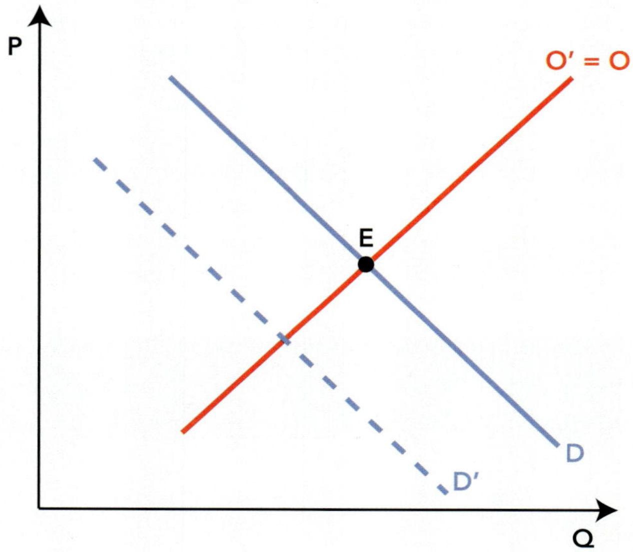

Étape 3 : Quel est l'impact sur l'équilibre de marché d'origine?

Le nouvel équilibre, que nous noterons E', est déterminé par l'interaction entre la nouvelle courbe de demande, D', et la nouvelle courbe d'offre, O' – qui est la même que l'ancienne, O, dans le cas qui nous intéresse.

FIGURE 5.7 **Le nouvel équilibre, E', est caractérisé par un prix plus bas et des quantités échangées plus faibles**

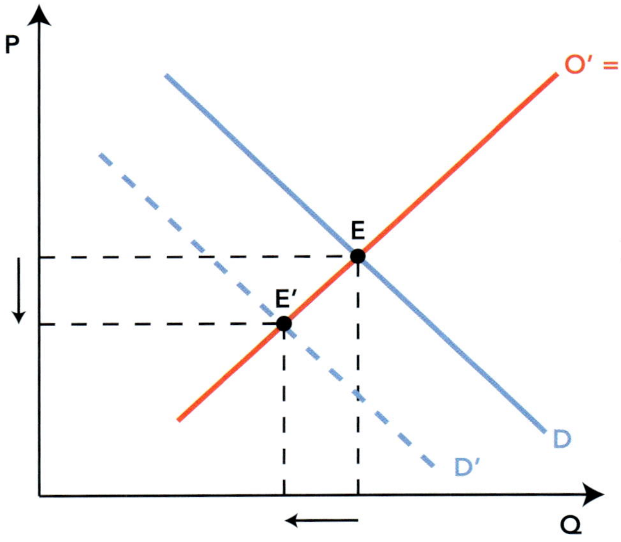

La figure 5.7 illustre le résultat final de l'analyse. Le prix de marché en E' est inférieur au prix en E. De même, les quantités échangées sont inférieures après le choc. L'étude médicale a découragé la consommation de porc (déplacement vers le bas de D à D'). En voyant que le prix du porc sera inférieur à l'avenir, les producteurs seront moins enclins à produire du porc (déplacement le long de la courbe O), ce qui conduit à une diminution des quantités échangées.

Les chocs sur l'offre

Continuons notre analyse du marché du porc. Cependant, au lieu de provenir d'une étude médicale, supposons que le choc provienne d'une augmentation du prix du grain utilisé pour nourrir les porcs, toutes choses égales par ailleurs. Comment le prix et la quantité d'équilibre seront-ils affectés?

FIGURE 5.8 Le nouvel équilibre, E", est caractérisé par un prix plus élevé et des quantités échangées plus faibles

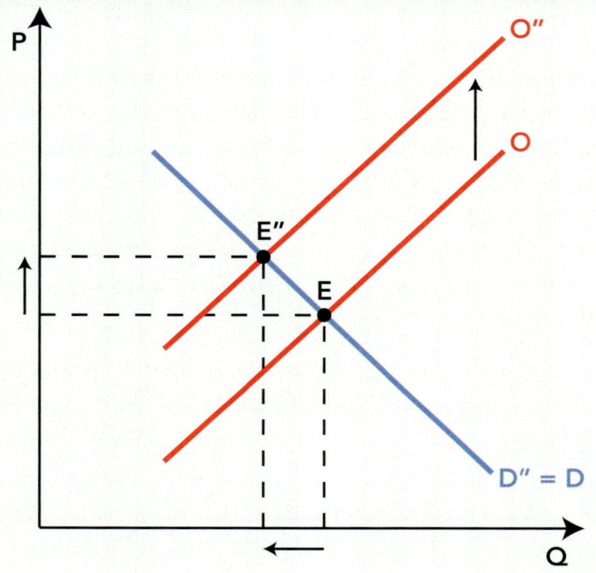

Appliquons la même méthode en trois étapes que dans la section précédente, mais plus brièvement. La demande ne sera pas affectée : le fait que le grain soit plus cher ne changera pas la volonté ni la capacité des consommateurs à acheter du porc.[4] Par conséquent, la courbe de demande est inchangée : D" = D (voir la figure 5.8).

Toutefois, l'offre est affectée. Le grain est utilisé comme intrant dans la production de porc. Donc, une hausse du prix du grain conduira à une hausse du coût marginal de production de porc. Puisque la courbe d'offre de marché est un agrégat des courbes de coût marginal des producteurs, la courbe d'offre se déplacera vers le haut : O" > O.

4 Notons qu'il s'agit de grain spécifique à l'élevage de porc, qui n'est pas utilisé pour la consommation humaine. Par conséquent, l'augmentation du prix du grain n'affecte pas le budget des consommateurs.

Globalement, la hausse du prix du grain conduira à une hausse du prix d'équilibre et à une diminution des quantités échangées. La hausse du prix du grain a fait augmenter les coûts de production de porc (déplacement vers le haut de O à O") ou, de manière équivalente, a réduit l'offre de porc.[5] La pénurie relative qui a suivi a fait monter le prix du porc (déplacement le long de la courbe D).

Les chocs simultanés sur l'offre et sur la demande

Jusqu'à maintenant, la direction des changements de prix et de quantité d'équilibre était claire. Cela était dû au fait que nous n'avions considéré qu'un seul choc à la fois. Supposons maintenant que les deux chocs considérés se produisent en même temps : la publication de l'étude liant la consommation de bacon aux maladies cardiovasculaires et l'augmentation du prix du grain.

Considérés indépendamment, ces deux chocs conduisent à une diminution de la quantité échangée; nous pouvons donc nous attendre à ce que la combinaison des deux conduise aussi à une diminution de la quantité d'équilibre. En revanche, la direction du changement de prix est ambiguë : la publication de l'étude médicale conduisait à une baisse de prix alors que la hausse du prix du grain conduisait à une hausse du prix du porc. Lequel de ces deux effets va dominer? **Sans information supplémentaire sur l'importance relative des deux effets, il est impossible de le déterminer.**

FIGURE 5.9 La direction du changement dans le prix est ambiguë

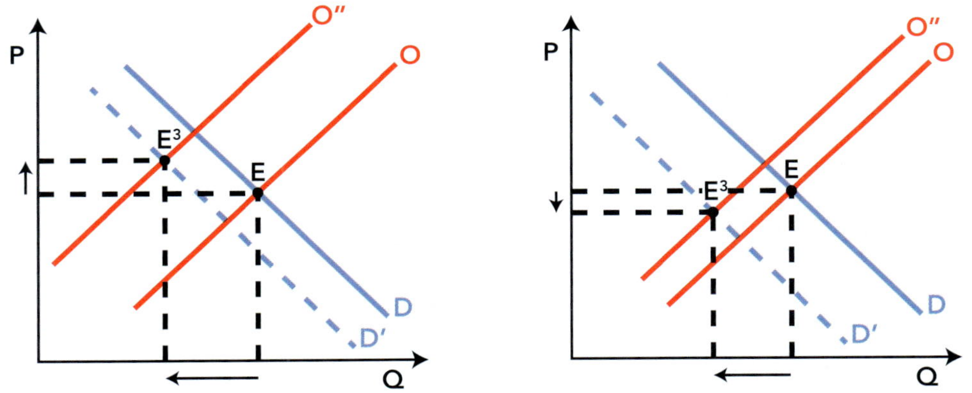

5 Un déplacement vers le haut de la courbe d'offre peut aussi s'interpréter comme un déplacement vers la gauche; c'est-à-dire vers des quantités offertes plus faibles.

Graphiquement, le nouvel équilibre se trouve à l'intersection des droites D' et O" représentées ci-dessus (voir la figure 5.9). Suivant comment on trace les déplacements d'offre et de demande, il est possible d'obtenir une hausse du prix (graphique de gauche) ou une baisse du prix (graphique de droite). Par conséquent, avant de soumettre une réponse définitive sur la direction du changement de prix, il faut s'assurer que les conclusions ne sont pas sensibles à la façon de dessiner les déplacements de courbe (voir l'encadré 5.3).

ENCADRÉ 5.3

MÉTHODE : REPÉRER L'AMBIGUÏTÉ

Lorsque vous considérez des chocs simultanés sur l'offre et sur la demande, vous pouvez être sûr qu'au moins un des changements, prix ou quantité, aura une direction incertaine. Cela est dû au fait que les déplacements d'offre et de demande sont opposés dans au moins une dimension. En effet, si les deux pointent vers des quantités plus faibles (voir la figure 5.9), le déplacement d'offre poussera le prix à la hausse alors que le déplacement de demande tirera le prix vers le bas. Alternativement, si les deux changements indiquent une variation de prix dans le même sens, ils seront opposés en termes de quantité (voir la figure 5.10).

FIGURE 5.10 Repérer l'ambiguïté en exagérant les déplacements des courbes

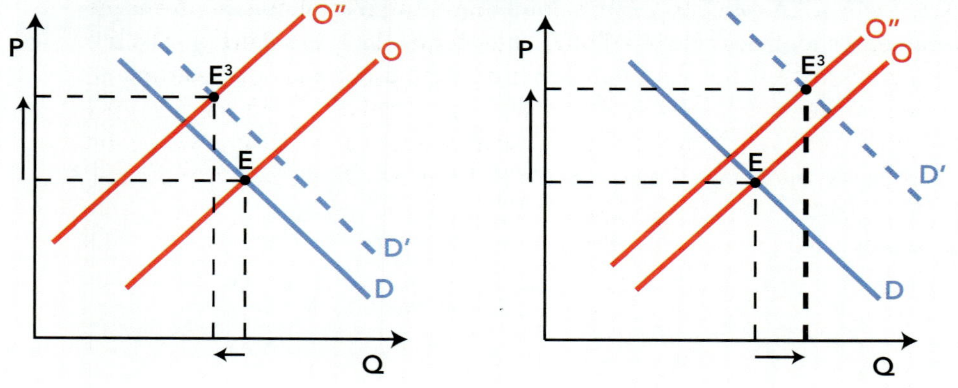

Une manière simple de repérer l'ambiguïté est de dessiner deux graphiques dans lesquels vous exagérez l'importance relative des déplacements. Tracez un graphique avec un déplacement d'offre important et un petit déplacement de demande, et vice versa (voir les figures 5.9 et 5.10). Si les deux graphiques se contredisent dans une dimension (prix ou quantité), c'est que le changement est incertain dans cette dimension et qu'il ne peut être déterminé sans information supplémentaire.

La réglementation de marché

Jusqu'à maintenant, nous n'avons considéré que des situations dans lesquelles le marché pouvait s'ajuster librement aux conditions économiques. Cependant, il existe des marchés qui sont *réglementés*; c'est-à-dire pour lesquels des contraintes gouvernementales sont imposées, l'empêchant d'atteindre l'équilibre concurrentiel.

Un exemple d'une telle réglementation est le salaire minimum : une réglementation gouvernementale interdit aux employeurs de rémunérer leurs employés en dessous d'un taux horaire minimum, $\underline{w}$. En date du 1er mai 2018, le salaire horaire minimum est établi à 12 $ dans la province de Québec[6]. Une telle intervention est motivée par le fait que le taux horaire d'équilibre serait probablement inférieur à 12 $, et donc jugé trop bas pour garantir des conditions de vie décentes aux travailleurs.

Examinons les conséquences d'une politique de ce type (voir la figure 5.11). Le fait que le gouvernement impose un salaire minimum n'affecte pas la *relation* entre le salaire et la volonté des travailleurs de fournir du travail; donc, la courbe d'offre ne se déplace pas.[7] De même, l'existence du salaire minimum n'affecte pas la *relation* entre le salaire et les besoins en main-d'œuvre des entreprises : la courbe de demande ne se déplace pas non plus.

Par conséquent, l'introduction d'un salaire minimum n'implique qu'un simple déplacement le long des courbes d'offre et de demande. Si le salaire $\underline{w}$ est situé au-dessus du salaire de l'équilibre concurrentiel, que nous supposerons de 7,00 $, le marché est en offre excédentaire : les travailleurs sont prêts à offrir plus de travail que les besoins en main-d'œuvre des firmes. Puisque le prix ne peut pas descendre sous $\underline{w}$, le marché sera à l'équilibre à ce prix. Nous parlerons alors d'un *équilibre de marché avec excès d'offre.*

6 http://www.cnt.gouv.qc.ca/salaire-paie-et-travail/salaire (lien consulté le 1er décembre 2018)

7 Souvenez-vous que sur le marché du travail, les travailleurs constituent l'offre et les firmes constituent la demande de travail.

FIGURE 5.11 Équilibre avec offre excédentaire (= chômage)

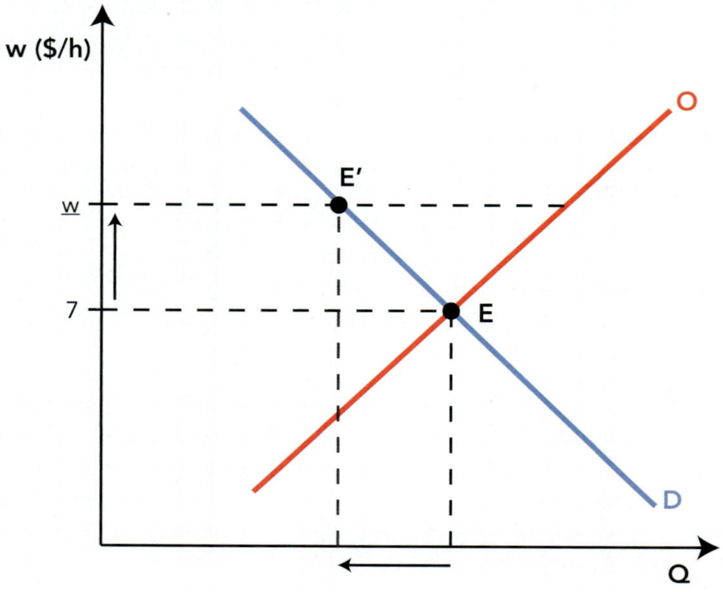

Lorsque nous parlons du marché du travail, une offre excédentaire est synonyme de chômage. On peut donc s'attendre à ce que l'introduction d'un salaire minimum crée du chômage – c'est-à-dire un écart entre la quantité offerte et la quantité demandée – puisque la promesse d'un salaire plus élevé attire les travailleurs et décourage les employeurs. Cependant, il faut aussi souligner qu'à l'équilibre *moins de travailleurs auront un emploi qu'en l'absence d'un salaire minimum.* En d'autres termes, une politique de salaire minimum avantage ceux qui trouvent du travail, puisqu'ils jouissent alors de meilleures conditions, mais aggrave les conditions de ceux qui se trouvent alors sans emploi.

Le salaire minimum est un exemple de *prix plancher*. Il est aussi possible pour le gouvernement d'imposer un *prix plafond* sur certains biens, comme dans le cas du contrôle des loyers dans certaines grandes villes.

LES CONSIDÉRATIONS DE BIEN-ÊTRE

Jusqu'à maintenant, nous avons examiné la détermination, et l'évolution des suites d'un choc, du prix et des quantités échangées à l'équilibre. Bien qu'il soit important de pouvoir prédire les fluctuations du marché pour prendre des décisions en conséquence, on peut aussi vouloir s'intéresser aux conséquences de ces changements sur le bien-être des agents économiques (producteurs et consommateurs), particulièrement dans une perspective de politique publique.

Lorsque le prix augmente, sans surprise, le bien-être des consommateurs diminue au profit de celui des producteurs. L'inverse est vrai lorsque le prix de marché diminue. A priori, il peut sembler que toute amélioration de bien-être pour un groupe d'agents se fasse aux dépens de l'autre. Toutefois, ce n'est pas toujours le cas, et une meilleure compréhension de la façon d'évaluer le bien-être est nécessaire pour clarifier la situation. Nous introduisons deux outils, le surplus du consommateur et le surplus du producteur, pour mesurer le bien-être des consommateurs et des producteurs, respectivement. Plusieurs notions du chapitre 1 nous seront utiles.

Le surplus du consommateur

Le surplus du consommateur représente les gains à l'échange réalisés par les consommateurs.

Nous avons vu au chapitre 1 que les gains à l'échange de l'acheteur étaient définis comme étant la différence entre la valorisation marginale et le prix payé, calculée sur l'ensemble des unités échangées. Graphiquement, SC est l'aire contenue entre la courbe de demande et la ligne de prix, *jusqu'à la quantité échangée.* La figure 5.12 illustre le surplus du consommateur pour la courbe de demande donnée par $P = 40 - Q^d$ avec un prix $P_1 = 20$ \$/unité.

DÉFINITION

Le **surplus du consommateur, SC**, est la différence entre la valorisation marginale des consommateurs et le prix payé pour le produit, calculée pour l'ensemble des unités achetées.

FIGURE 5.12 Surplus du consommateur au prix : $P_1 = 20$ \$/unité

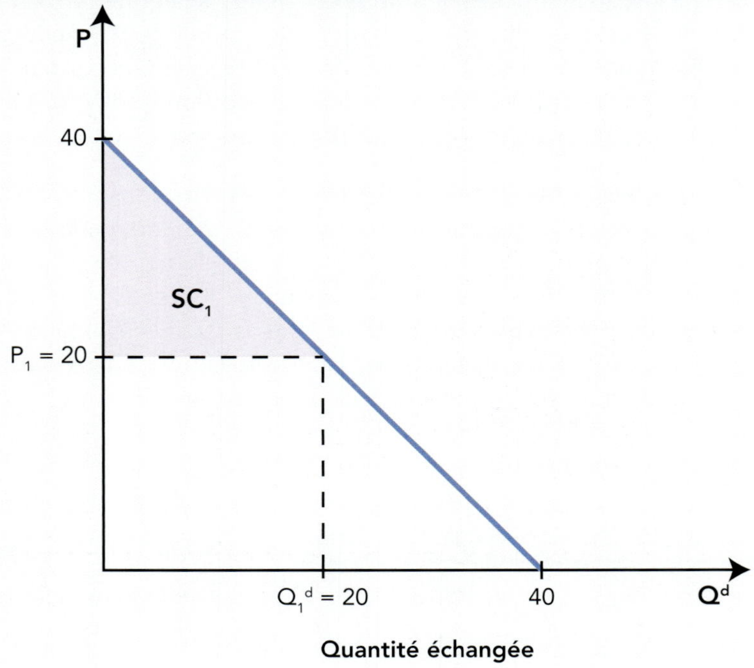

a

Numériquement, le surplus du consommateur de la figure 5.12 est obtenu en calculant l'aire du triangle correspondant :

$$SC_1 = (\text{base} \times \text{hauteur}) / 2 = [Q^d_1 \times (40 - P_1)] / 2 = 200\ \$.$$

L'effet d'une variation de prix

Considérons un changement de prix, passant de $P_1 = 20$ à $P_2 = 10$. Clairement, le nouveau prix avantage les consommateurs et leur bien-être devrait augmenter, mais de combien? Il serait faux de dire que les consommateurs ont gagné 200 \$ de surplus en vertu du raisonnement (erroné) suivant : « Les consommateurs achètent 20 unités et le prix de chaque unité baisse de 10 \$. Par conséquent, les consommateurs gagnent 20 × 10 \$ = 200 \$ ». L'erreur consiste à ne pas prendre en compte le changement dans la quantité échangée à la suite de la baisse de prix : une baisse du prix incitera les consommateurs à acheter plus d'unités. Ceux qui ne pouvaient pas (ou ne voulaient pas) acheter le produit à 20 \$ peuvent maintenant le faire. Donc, on peut s'attendre à une hausse de surplus supérieure à 200 \$.

FIGURE 5.13 Variation du SC à la suite d'une baisse de prix

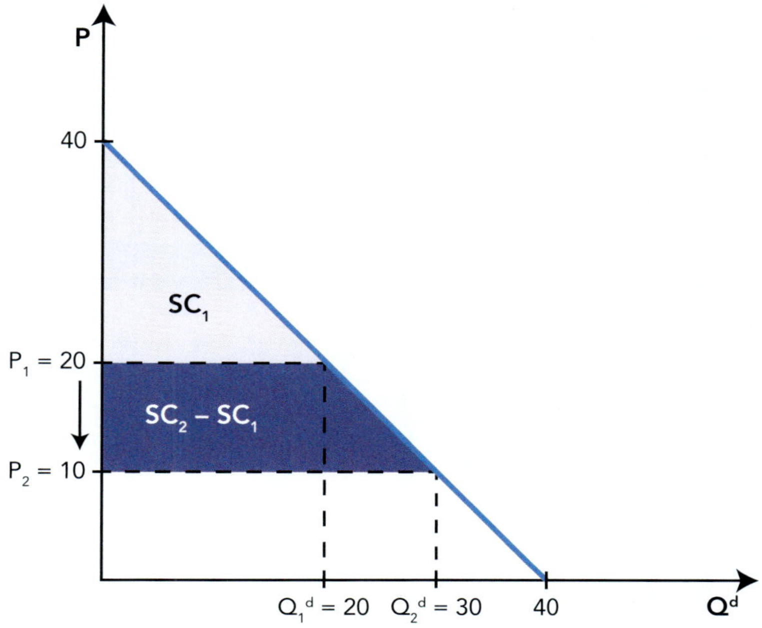

La figure 5.13 illustre la variation du surplus du consommateur. L'aire correspondant à ce changement est étiquetée $SC_2 - SC_1$. L'ampleur de la variation peut être obtenue en calculant $SC_2 = [30 \times (40 - 10)] / 2 = 450$ \$ et en lui soustrayant $SC_1 = 200$ \$. Ceci nous donne $SC_2 - SC_1 = 250$ \$, ce qui est effectivement supérieur à 200 \$.

L'élasticité-prix et les variations du SC

Comme nous venons de le voir, la variation du SC est liée à la façon dont les consommateurs modifient leurs décisions de consommation à la suite d'une variation du prix ou, en utilisant la terminologie du chapitre 2, à l'élasticité-prix de la demande.

Considérons cette fois-ci un changement du prix de P_2 à P_1; c'est-à-dire le changement inverse de celui que nous avions utilisé précédemment. Cette *augmentation* du prix entraînera une baisse du surplus du consommateur, mais cette perte sera-t-elle plus grande si la demande est relativement élastique ou si elle est relativement inélastique? La figure 5.14 illustre les deux situations, D_1 étant plus élastique que D_2 en P_2.

FIGURE 5.14 Perte de SC pour $D_1 = A$;
Perte de surplus pour $D_2 = A + B$.

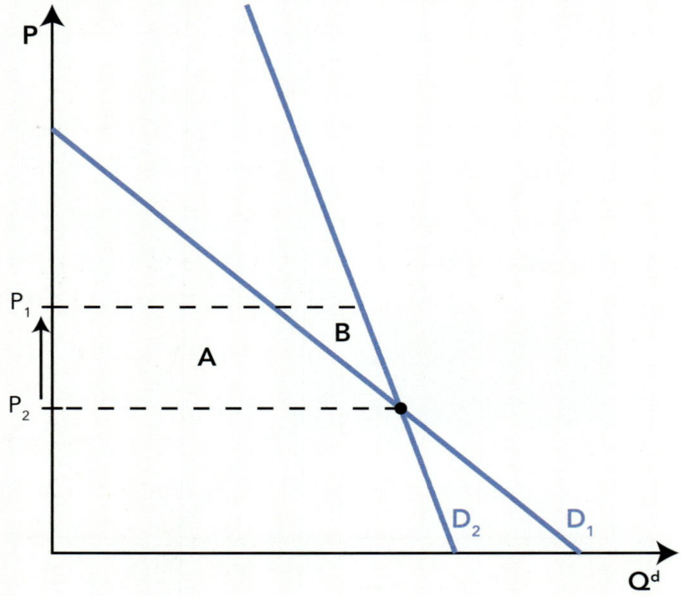

Graphiquement, on voit que la population avec la demande la moins élastique, D_2, est plus affectée par la hausse du prix que celle pour qui la courbe est plus élastique, D_1. En effet, sa baisse de surplus est plus importante. Ceci est cohérent avec le fait qu'une demande relativement inélastique correspond à des consommateurs captifs. Par conséquent, si le prix du bien venait à augmenter, ils continueraient d'acheter le produit, malgré le prix élevé, plutôt que de modifier leurs habitudes de consommation. De manière analogue, des consommateurs avec une demande très élastique réagiront à une hausse de prix en changeant leurs habitudes au profit de substituts facilement accessibles. Un tel groupe sera donc moins affecté par une augmentation du prix, *précisément parce que la quantité demandée par ce groupe varie davantage.*

Surplus du producteur

Le surplus du producteur est l'équivalent du surplus du consommateur : il représente les gains à l'échange réalisés par les producteurs.

DÉFINITION

Le **surplus du producteur, SP**, est la différence entre le coût marginal et le prix reçu, calculée pour l'ensemble des unités vendues.

Nous avons vu, au chapitre 1, que les gains à l'échange réalisés par un vendeur étaient définis comme étant la différence entre le prix reçu et le coût marginal, calculée sur l'ensemble des unités vendues. Graphiquement, le SP est l'aire située entre la courbe d'offre et la ligne de prix, *jusqu'à la quantité échangée*. La figure 5.15 illustre le surplus du producteur pour la courbe d'offre donnée par $P = 5 + 0{,}75Q^o$ avec un prix $P_1 = 20$ $/unité.

FIGURE 5.15 Surplus du producteur au prix $P_1 = 20$ $/unité

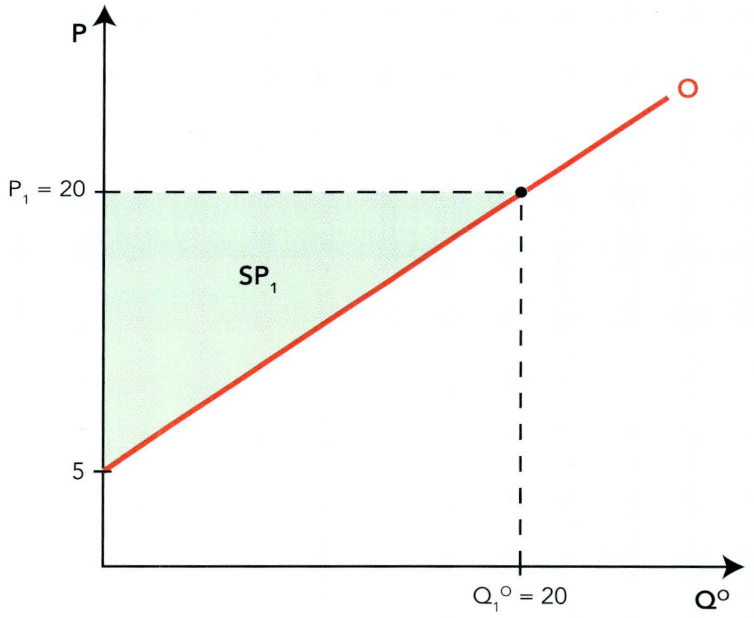

Numériquement, le surplus du producteur de la figure 5.15 est obtenu en calculant l'aire du triangle correspondant :

$$SP_1 = (\text{base} \times \text{hauteur}) / 2 = [Q^o_1 \times (P_1 - 5)] / 2 = 150\ \$.$$

ENCADRÉ 5.4

PROFIT VS SURPLUS DU PRODUCTEUR

La définition du surplus du producteur (c'est-à-dire recette marginale – coût marginal, additionné sur toutes les unités vendues) ressemble beaucoup à la définition des profits (= recettes totales – coûts totaux). En fait, elles sont voisines, mais pas identiques. En effet, le surplus du producteur ne tient pas compte des coûts fixes :

Profits = Recettes – Coûts
= Recettes – (Coûts variables + Coûts fixes)
= (Recettes – Coûts variables) – Coûts fixes
= Surplus du producteur – Coûts fixes

La dernière égalité représente le fait qu'il est équivalent de prendre l'intégrale de Rm – Cm, sur toutes les unités échangées, ou de prendre l'intégrale de Rm (qui donne les recettes totales) et lui soustraire l'intégrale de Cm (qui donne les coûts variables). Si vous préférez raisonner graphiquement, calculer l'aire entre la ligne de prix et la courbe Cm revient à prendre la totalité de l'aire sous la ligne de prix (c'est-à-dire les recettes totales), à laquelle on soustrait l'aire sous la courbe Cm (c'est-à-dire CV, voir la figure 5.16).

FIGURE 5.16 Le surplus du consommateur est égal aux « profits variables »

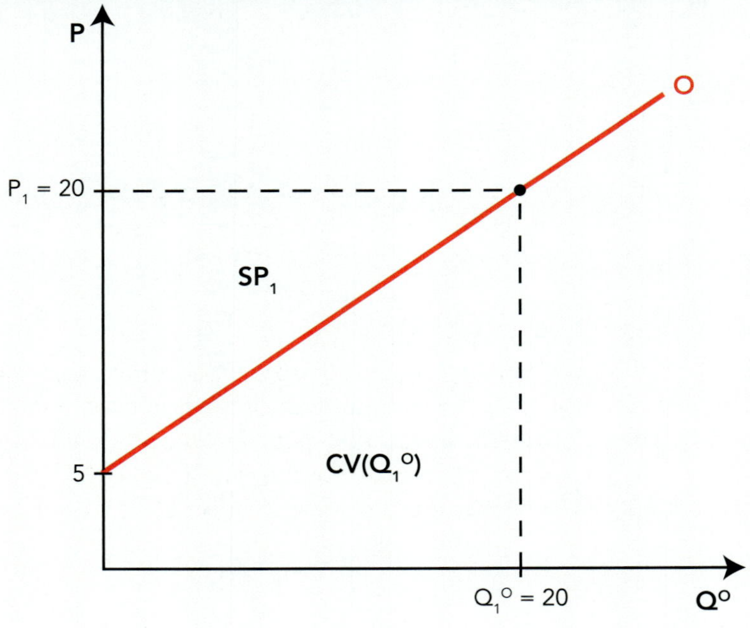

L'effet d'une variation de prix

Considérons, encore une fois, un changement de prix de $P_1 = 20$ \$/unité vers $P_2 = 10$ \$/unité. Les producteurs sont désavantagés par cette baisse. Tout comme dans le cas des consommateurs, il serait faux de dire que les producteurs ont perdu 200 \$ de surplus sous prétexte qu'ils vendent 20 unités à un prix maintenant inférieur de 10 \$ par unité. Ce raisonnement ne tient pas compte du fait que les producteurs vont probablement vendre moins d'unités afin de limiter leurs pertes. Par conséquent, on peut s'attendre à ce que la perte de surplus du producteur soit inférieure à 200 \$.

FIGURE 5.17 Variation du SP à la suite d'une baisse de prix

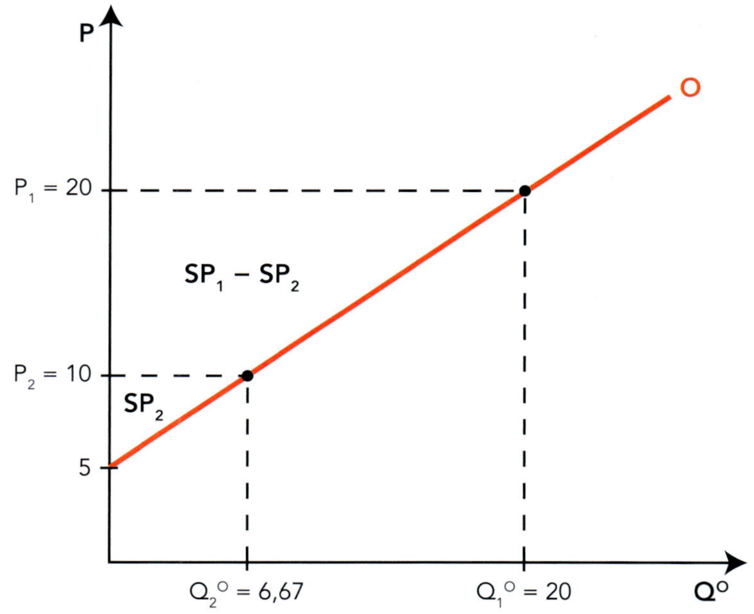

La figure 5.17 illustre la variation du surplus du producteur pour le cas qui nous intéresse. L'aire correspondant à la perte de surplus est étiquetée $SP_1 - SP_2$. L'ampleur de la perte peut être obtenue en calculant $SP_2 = [6{,}67 \times (10 - 5)] / 2 = 16{,}68$ \$ et en le soustrayant à $SP_1 = 150$ \$. Ce calcul nous donne $SP_1 - SP_2 = 133{,}32$ \$, ce qui est bien inférieur à 200 \$.[8]

8 De plus, le fait que $SP_1 = 150 \$ < 200 \$$ devrait être un bon indice que la perte de surplus sera inférieure à 200 \$.

L'équilibre concurrentiel et l'allocation optimale

DÉFINITION

Le **surplus total, W**, est la somme du surplus du consommateur et du surplus du producteur : **W = SC + SP**.

Les surplus du consommateur et du producteur sont des outils utiles pour déterminer si le marché est efficace, au sens de la maximisation du surplus total : W = SC + SP.

Graphiquement, le bien-être total est l'aire se trouvant entre la courbe d'offre et la courbe de demande, *jusqu'à la quantité échangée*. La figure 5.18 illustre le surplus total lorsque l'offre et la demande sont celles que nous avons considérées jusqu'à maintenant, avec le prix d'équilibre P* = 20 $/unité.

FIGURE **5.18** Surplus total, W*, à l'équilibre de marché

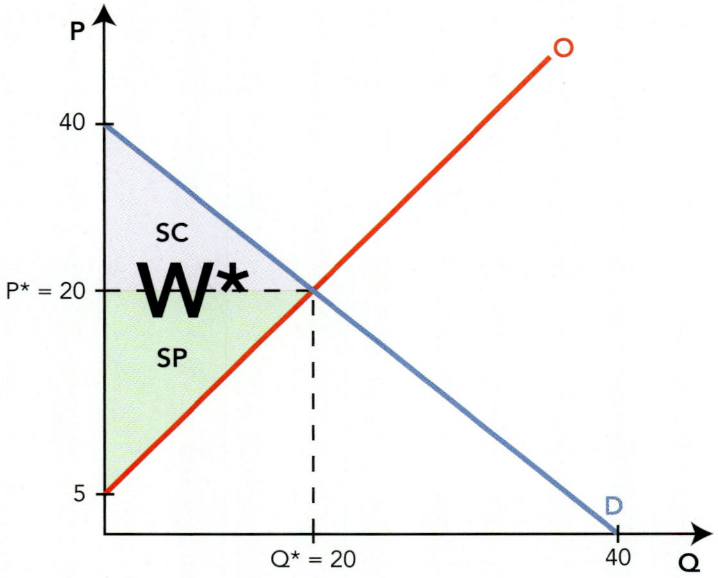

L'équilibre concurrentiel maximise le surplus total

Nous avons déjà discuté des aspects auto-organisateurs des marchés : le fait que les agents économiques se coordonnent sur un prix unique sans l'intervention d'un planificateur pour leur indiquer quoi faire. D'une manière tout aussi remarquable, la « main invisible » des marchés concurrentiels guide les agents vers une allocation efficace des ressources au sens de la maximisation du surplus total. Lorsque le surplus total est maximisé, il n'est pas possible d'améliorer la situation de tous les agents simultanément en réorganisant leurs dotations.

Nous démontrons maintenant pourquoi c'est le cas. Pour ce faire, nous considérerons deux déviations de l'équilibre concurrentiel et nous démontrerons que les deux conduisent à une baisse de surplus total par rapport à celui généré par l'équilibre concurrentiel.

Prenons un premier cas où la quantité échangée est plus faible qu'à l'équilibre concurrentiel : Q' < Q*. La partie gauche de la figure 5.19 illustre une telle situation. Le surplus total, W' = SC' + SP' est inférieur au surplus total d'équilibre, W*. La différence représentée par l'aire étiquetée Perte' est la *perte pour l'économie* associée aux opportunités non exploitées pour les Q* – Q' unités qui ne sont pas échangées.

FIGURE **5.19** **À gauche : Produire trop peu d'unités entraîne un gaspillage d'opportunités;**
À droite : Produire trop d'unités entraîne un gaspillage de ressources.

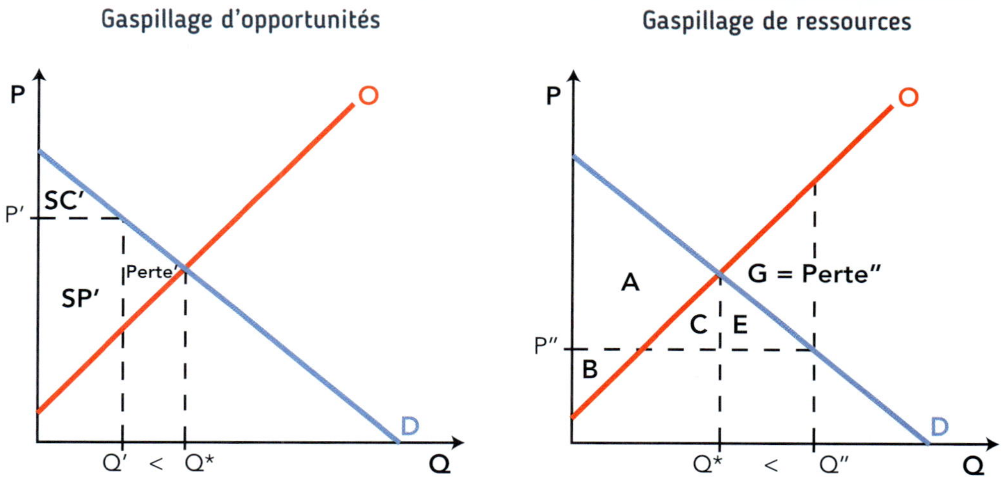

La partie droite de la figure 5.19 représente une situation où la quantité échangée est plus élevée qu'à l'équilibre : Q" > Q*. Le surplus total, W", associé à cette situation est, par définition, l'aire comprise entre les courbes d'offre et de demande. Cependant, toute cette zone ne doit pas être considérée positivement. En effet, le triangle à la droite du point d'équilibre correspond à des *pertes* à l'échange : les unités échangées au-delà de Q* coûtent plus que leur valeur aux yeux des consommateurs. Donc, W" est égal à A + B – G.[9] En remarquant que

9 À titre d'exercice, et aussi pour vous convaincre, calculez le surplus du consommateur, SC", et le surplus du producteur, SP", dans cette situation. Leur somme devrait vous donner W" = A + B – G. [Indice/Réponse : En supposant que le prix, P", est tel que les consommateurs achètent exactement Q" unités, nous avons SC" = A + C + E et SP" = B – C – E – G.]

$W^* = A + B$, on obtient que $W'' = W^* - G$. Il s'ensuit immédiatement que Perte" = G, la perte pour l'économie correspondant au gaspillage des ressources utilisées pour produire et échanger les $Q'' - Q^*$ unités superflues.

En résumé, l'efficacité implique l'absence de gaspillage, d'opportunités ou de ressources. La seule situation qui ne présente pas de gaspillage est celle où Q^* unités sont échangées. Il est intéressant de remarquer que nous avons utilisé uniquement les quantités pour déterminer si une allocation était efficace. Notamment, nous n'avons pas supposé l'existence d'un prix (retourner lire l'encadré 1.4 du chapitre 1).

CONCLUSION

Ce chapitre est l'aboutissement des quatre derniers. Après avoir analysé le comportement des consommateurs et des producteurs, et après avoir modélisé comment ces comportements peuvent se traduire par une courbe d'offre et une courbe de demande, nous avons finalement combiné les deux dans un seul cadre. Cela a permis de déterminer le prix et la quantité d'équilibre. Nous avons ensuite introduit des outils, les surplus du consommateur et du producteur, afin de mesurer le bien-être des agents économiques. Nous avons vu que l'allocation de l'équilibre concurrentiel est efficace au sens de la maximisation du surplus total.

Pour certains économistes, l'équilibre concurrentiel est emblématique d'une société qui s'auto-organise de manière efficace. Pour d'autres, il ne s'agit que d'un outil pour prédire les fluctuations de marché en présence de chocs économiques. Pour tous, il constitue la pierre angulaire de l'analyse économique et la référence à laquelle d'autres structures de marché, plus réalistes, sont comparées. Les prochains chapitres sont consacrés à ces autres structures de marché.

RÉSUMÉ DU CHAPITRE 5

- L'équilibre de marché correspond à l'intersection de la courbe d'offre et de la courbe de demande.
- Lorsque $P < P^*$, la pénurie causée par la demande excédentaire force les consommateurs à se faire concurrence, imposant alors une pression à la hausse sur le prix.
- Lorsque $P > P^*$, l'offre excédentaire force les producteurs à ce faire concurrence en offrant des rabais, imposant alors une pression à la baisse sur le prix.
- Le surplus du consommateur est l'aire située entre la ligne de prix et la courbe de demande, *jusqu'à la quantité achetée*.
- Le surplus du producteur est l'aire entre la courbe d'offre et la ligne de prix, *jusqu'à la quantité vendue*.
- Le surplus du producteur est égal à la portion variable des profits : $SP = \pi + F > \pi$.
- L'équilibre concurrentiel maximise le surplus total : $W = SC + SP$.

CHAPITRE 5

EXERCICES

1- Vrai ou Faux? Expliquez.

Le surplus du consommateur est la différence entre la valorisation marginale et le prix.

2- Vrai ou Faux? Expliquez.

Le fait d'établir un salaire minimum au-dessus du salaire d'équilibre peut nuire à certains travailleurs.

3- **Laquelle des réponses suivantes décrit le mieux le surplus du producteur?**

a) La différence entre le consentement à payer des consommateurs et le consentement à accepter des producteurs.

b) La différence entre les recettes des producteurs et les coûts variables.

c) Les profits économiques, c'est-à-dire la différence entre les recettes et les coûts totaux.

d) L'aire sous la courbe d'offre.

e) Les recettes des producteurs.

4- **Laquelle des affirmations suivantes concernant une allocation efficace est-elle FAUSSE?**

a) La valorisation marginale est égale au coût marginal.

b) La somme des surplus du producteur et du consommateur est maximisée.

c) Tous les gains à l'échange sont exploités.

d) La perte pour l'économie est positive mais faible.

e) Aucune de ces réponses n'est fausse.

5- **Utilisez les courbes d'offre et de demande pour illustrer l'impact de chacun des événements suivants sur le prix et la quantité vendues de crayons de plomb. Considérez le marché initialement à l'équilibre.**

a) Une forte augmentation du prix du graphite.

b) L'introduction de tablettes tactiles et de téléphones intelligents.

c) Une diminution du revenu moyen. (Indice : Vous devrez ici émettre une hypothèse sur le caractère normal ou inférieur des crayons.)

6- Une étude de marché s'intéressant à la demande de pommes au Canada indique la relation suivante entre le prix des pommes et la quantité achetée observée entre 2011 et 2014 :

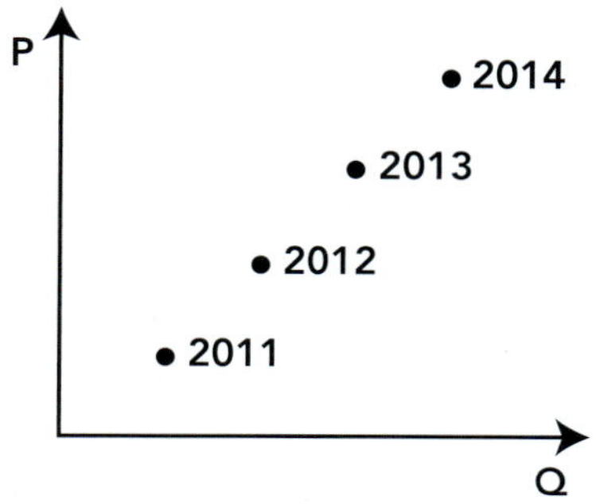

Le rapport conclut : « Puisque la ligne reliant ces points a une pente positive, il s'ensuit que lorsque le prix augmente, la quantité demandée augmente aussi. Par conséquent, les pommes constituent une exception à la loi de la demande, qui prédit une pente négative de la courbe de demande. »

Êtes-vous d'accord avec les conclusions du rapport? Expliquez clairement vos raisons.

7- Supposons que la demande pour un produit donné s'écrive ainsi : $Q^d = 400 - 2P + 3I$, où P est le prix du produit et I est le revenu moyen mesuré en milliers de dollars. La courbe d'offre est :

$$Q^o = P - 100.$$

a) Si I = 20, quels sont le prix et la quantité d'équilibre?

b) Si I = 40, quels sont le prix et la quantité d'équilibre?

c) Tracez un graphique pour illustrer vos réponses.

8- Considérons les courbes d'offre et de demande suivantes :

$$Q^d = 160 - P \quad \text{et} \quad Q^o = P - 20.$$

a) Calculez le prix et la quantité d'équilibre.

b) Calculez les surplus du consommateur et du producteur à l'équilibre de marché.

c) Supposons que le prix soit fixé à 110 $/unité. Calculez la quantité vendue, le nouveau surplus du producteur et le nouveau surplus du consommateur. Illustrez la perte pour l'économie sur un graphique.

d) Supposons que le prix soit fixé à 70 $/unité et que le gouvernement oblige les producteurs à fournir la quantité demandée à ce prix. Calculez la quantité vendue, le nouveau surplus du producteur et le nouveau surplus du consommateur pour ce prix. Illustrez la perte pour l'économie à l'aide d'un graphique.

6 Le monopole et le pouvoir de marché

APERÇU DU CHAPITRE

INTRODUCTION

Le chapitre précédent était consacré à la concurrence parfaite, une structure de marché caractérisée par la présence d'un grand nombre de firmes, chacune ne pouvant influencer seule le prix du marché. Ce modèle proposait une version simplifiée du fonctionnement des marchés : une firme pouvait vendre autant d'unités qu'elle le désirait sans affecter le prix de vente de son produit. Dans ce chapitre, nous supposerons au contraire que le niveau de production d'une firme a un impact sur le prix de son produit. Lorsque c'est le cas, on dit que la firme détient un *pouvoir de marché*. Nous étudierons le comportement optimal d'une firme possédant un tel pouvoir. Il sera d'abord question du monopole, qui correspond à la présence d'une firme agissant seule sur un marché donné, et ne faisant donc face à aucune concurrence. Nous montrerons ensuite que les leçons apprises du comportement d'un monopoleur peuvent facilement être appliquées pour comprendre les décisions de fixation des prix d'entreprises détenant un certain pouvoir de marché malgré la présence de concurrents : la concurrence monopolistique.

Le problème du monopoleur comporte certaines ressemblances avec la décision de production d'une firme dans un environnement concurrentiel. Par exemple, le monopoleur cherche à maximiser ses profits en tenant compte de ses coûts et de la demande des consommateurs. En revanche, puisque c'est la seule firme sur le marché, la demande du monopoleur correspond à la demande du marché et une augmentation des quantités vendues aura un impact sur le prix du bien. Le monopoleur fait donc face à une demande qui n'est pas parfaitement élastique et doit donc trouver l'arbitrage optimal entre prix et quantités vendues. En général, un monopole conduit à un prix plus élevé et à des quantités vendues plus faibles par rapport à une situation de concurrence parfaite. Cela conduit alors à une allocation sous-optimale des ressources de l'économie et à un bien-être total moins élevé.

LE MONOPOLE

DÉFINITION

Un **monopole** est un marché dans lequel il n'y a qu'un seul vendeur et une grande quantité d'acheteurs. Cet unique vendeur est appelé *monopoleur*.

Un monopole existe lorsqu'une entreprise, ou un individu, est l'unique fournisseur d'un bien ou d'un service particulier. Les monopoles sont caractérisés par une absence de concurrence ou une absence de biens substituts.

Les exemples de monopole sont nombreux : Les compagnies de services publics comme Hydro-Québec; Microsoft (Windows); les ligues sportives comme la LNH (Ligue nationale de hockey) ou la MLB (Major League Baseball); les services postaux; les services de cafétéria dans les universités (comme la COOP d'HEC Montréal); le grand diamantaire De Beers, etc.

Dans tous ces exemples, une seule firme contrôle effectivement le marché. Cependant, la définition de marché est ici très importante. Il est possible d'acheter un ordinateur Apple afin de contourner Windows; vous pouvez aller voir les événements sportifs des ligues mineures et le courriel est un substitut aux services postaux traditionnels. De la même façon, la COOP n'est qu'un monopole local avec quelques substituts disponibles. Son pouvoir de marché vient surtout du fait que la concurrence est relativement éloignée du point de vue géographique.

Les sources de pouvoir de marché proviennent donc de l'éloignement que perçoivent les consommateurs entre le produit vendu par le monopoleur et ses substituts, nécessairement imparfaits. Cet éloignement peut être géographique (COOP), mais peut aussi faire référence à une distance en termes d'habitudes de comportements (courriel vs services postaux), de compatibilité (Windows vs Apple) ou de qualité (LNH vs ligues mineures).

Les sources de pouvoir de marché[1]

Nous avons vu que le monopole tirait son pouvoir de marché de l'absence de substituts parfaits. En situation de concurrence parfaite où règne la libre entrée des firmes sur le marché, une telle absence de substituts parfaits serait impossible. Les monopoleurs obtiennent donc leur pouvoir de marché de barrières à l'entrée qui empêchent d'autres firmes d'entrer sur le même marché.

DÉFINITION

Une barrière à l'entrée se définit comme toute caractéristique du marché qui réduit la possibilité de firmes d'entrer sur ce marché.

Il existe trois principaux types de barrières à l'entrée : les barrières économiques, les barrières légales et les barrières créées par des actions délibérées.

Les barrières économiques

- **Avantage de coût :** une meilleure technologie, des connaissances spécifiques, ou des effets d'apprentissage liés à une présence depuis longtemps sur le marché peuvent conduire à ce qu'une entreprise dispose d'un avantage de coût par rapport aux entrants potentiels. Cela peut aussi provenir du contrôle d'intrants. Ainsi, le contrôle par de Beers de la production mondiale de diamants est la source principale de sa position de monopole.

- **Économies d'échelle :** sur un marché caractérisé par des rendements d'échelle croissants, une firme installée disposant d'une large part de marché réalise des économies d'échelle importantes; cela rend difficile l'entrée d'un concurrent. Cela conduit à une situation de monopole naturel. Pour des raisons d'efficacité, il est optimal qu'il n'y ait qu'une firme en charge de l'ensemble de la production. C'est par exemple le cas pour le marché de la distribution d'électricité.

1 Les termes « pouvoir de marché » et « pouvoir de monopole » sont synonymes.

- **Externalités de réseaux :** quand un bien a une valeur qui dépend du nombre de consommateurs qui l'utilisent, les firmes concurrentes peuvent avoir du mal à entrer sur un marché sur lequel une firme en place a déjà établi une base d'utilisateurs importante. C'est un des avantages concurrentiels de Microsoft qui rend difficile l'entrée de nouvelles firmes sur le marché des systèmes d'exploitation pour concurrencer Windows.

Les barrières légales

Les barrières légales sont les barrières qui résultent de la réglementation de l'activité dans un secteur économique. Lorsque le gouvernement introduit des permis ou des licences pour exercer une activité, cela crée de fait une barrière à l'entrée. Les brevets et droits d'auteur peuvent également limiter la concurrence et donc effectivement constituer une barrière à l'entrée. Cela est par exemple le cas après la découverte d'un nouveau médicament. Le brevet est un dispositif légal qui empêche toute autre firme de produire le médicament pour une durée donnée (de l'ordre d'une vingtaine d'années, en général). Toute forme de propriété intellectuelle constitue aussi une barrière à l'entrée. On peut, par exemple, citer la législation sur la contrefaçon, qui protège les marques et limite par conséquent l'entrée de concurrents. De même, une firme qui détient un secret de production (comme la recette de la boisson Coca-Cola) peut jouir d'un pouvoir de marché bien plus longtemps que la durée de protection d'un brevet. Certes, des imitations existeront, mais ces substituts seront imparfaits.

Les actions délibérées pour créer des barrières à l'entrée

Les barrières à l'entrée peuvent être la conséquence des caractéristiques du marché. Elles sont alors dites « naturelles », en ce sens qu'elles ne sont pas manipulées initialement par les entreprises en place (économies d'échelle, par exemple). Mais avec le monopole vient le désir de monopoliser, d'accroître son pouvoir de monopole. Les barrières à l'entrée peuvent donc également être la conséquence d'actions délibérées des firmes en place, qui visent à obtenir ou à solidifier une position de monopole. Certaines de ces pratiques sont simplement de bonnes stratégies d'affaires, comme le développement d'un produit de meilleure qualité, la mise en valeur d'une marque à travers la publicité ou encore la recherche d'améliorations dans le processus de production. En revanche, certaines pratiques sont plus douteuses, comme le lobbying pour obtenir une réglementation limitant la concurrence, des pressions sur les fournisseurs pour qu'ils refusent de vendre à des concurrents, des pratiques commerciales pour limiter les possibilités des consommateurs de changer de marque. Elles peuvent alors être illégales quand elles vont à l'encontre de la législation antitrust.

ENCADRÉ 6.1

MONOPOLE VS CONCURRENCE PARFAITE

Le tableau ci-dessous récapitule les différences et les similitudes entre une firme en situation de monopole et une firme en concurrence parfaite.

	Monopole	Concurrence parfaite
Nombre de firmes	Une seule	Un très grand nombre
Fonction de coût	Aucune différence	
Objectif	Maximiser ses profits	
Recette marginale	Rm < P	Rm = P

LA MAXIMISATION DES PROFITS : UN ARBITRAGE ENTRE MARGES ET VOLUME DES VENTES

Comme toute firme qui cherche à maximiser ses profits, un monopoleur produit une quantité Q* telle que R(Q) – C(Q) atteint sa valeur maximale[2].

Tel que nous l'avons vu au chapitre 3, une firme maximise ses profits quand la recette marginale est égale au coût marginal :

$$Rm(Q^*) = Cm(Q^*).$$

La fonction de coût, et donc la fonction de coût marginal, d'un monopoleur ne dépendent pas de la structure de marché; elles seraient les mêmes si le monopoleur faisait face à des concurrents. La principale différence avec l'environnement concurrentiel provient de la recette marginale, Rm.

En concurrence parfaite, une firme fait face à une demande parfaitement élastique (demande horizontale sur la figure 6.1). Elle peut donc écouler toute sa production au prix de marché P*. La recette totale quand la firme vend q unités est donc de $q \times P^*$, et est de $(q + 1) \times P^*$ quand elle vend (q + 1) unités. La recette marginale d'une firme en concurrence parfaite est donc égale à P*, le prix de marché. La recette marginale est représentée par l'aire de la zone B dans le panneau de gauche de la figure 6.1.

2 Le monopoleur étant seul sur le marché, sa quantité produite, q, coïncide avec la quantité produite sur l'ensemble du marché, Q.

Dans le cas du monopoleur, la demande de la firme correspond à la demande de marché, et est donc décroissante. Cela implique que lorsque le monopoleur décide d'augmenter sa production, cela a pour conséquence de faire baisser le prix qu'il reçoit par unité vendue. Comme illustré sur la figure 6.1, pour vendre une unité de plus, le monopoleur doit accepter de voir le prix auquel il vend baisser de P_1 à P_2. La recette totale quand la firme vend q unités est donc de $q \times P1$, et est de $(q + 1) \times P2$ quand elle vend (q + 1) unités. La recette marginale du monopoleur est donc égale à $(q + 1) \times P_2 - q \times P_1 = P_2 - q \times (P_1 - P_2) < P_2 < P_1$. La recette marginale est illustrée sur le panneau de droite de la figure 6.1. On l'obtient en soustrayant l'aire de la zone H à l'aire de la zone G : Rm = G – H.

FIGURE 6.1 **Recette marginale - comparaison entre la concurrence et le monopole**

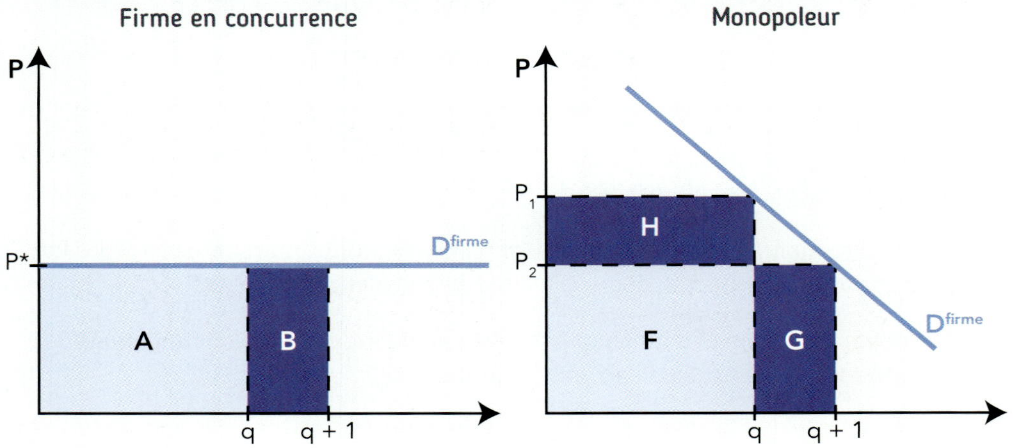

Cette analyse implique que la recette marginale pour une quantité donnée est inférieure au prix correspondant à cette même quantité sur la courbe de demande. Graphiquement, la courbe de recette marginale du monopoleur est donc située sous la courbe de demande.

Le cas de la demande linéaire illustre ce phénomène. L'encadré 6.2 nous montre comment calculer l'équation de la courbe de recette marginale à partir de l'équation d'une courbe de demande linéaire.

La figure 6.2 représente sur un même graphique une courbe de demande linéaire et la courbe de recette marginale qui lui est associée.

ENCADRÉ 6.2

CALCUL DE LA RECETTE MARGINALE POUR UNE DEMANDE LINÉAIRE

Le tableau ci-dessous récapitule les différences et les similitudes entre une firme en situation de monopole et une firme en concurrence parfaite.

Une demande linéaire correspond à une équation du type :

$$P = a - b \times Q.$$

La recette totale est donnée par :

$$R(Q) = P(Q) \times Q = a \times Q - b \times Q^2.$$

En prenant la dérivée de la fonction de recette, on obtient la recette marginale :

$$Rm(Q) = R'(Q) = a - 2b \times Q.$$

La recette marginale est inférieure à la recette moyenne : $a - 2b \times Q < a - b \times Q$. De plus, la courbe de recette marginale est une droite dont la pente est deux fois plus importante que celle de la courbe de demande.

FIGURE 6.2 Courbe de demande et courbe de recette marginale

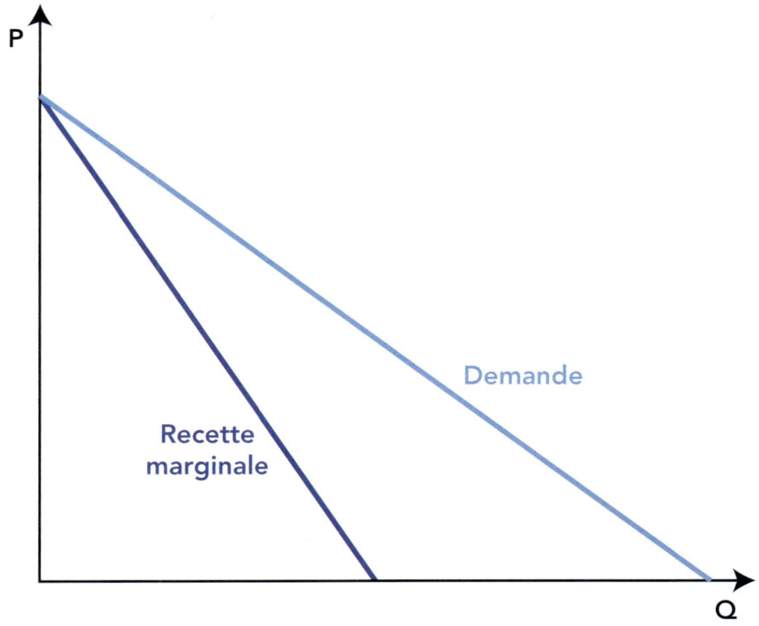

La courbe de recette marginale décroissante du monopoleur illustre bien la décision d'arbitrage à laquelle il fait face : vendre plus d'unités ou vendre plus cher.

La décision optimale du monopoleur

Pour déterminer le niveau de production et le prix qui maximisent le profit du monopoleur, il faut procéder par étapes. La première étape consiste à déterminer la quantité optimale à produire en utilisant le fait que les profits sont maximisés lorsque $Rm(Q^*) = Cm(Q^*)$.

Une fois que l'on connaît la quantité optimale, le prix optimal est alors déterminé en utilisant la courbe de demande. Le prix optimal est celui pour lequel la demande des consommateurs correspond à la quantité optimale produite par le monopoleur. Une fois le prix et la quantité déterminés, on peut facilement trouver les profits du monopoleur.

FIGURE 6.3 Quantité qui maximise les profits

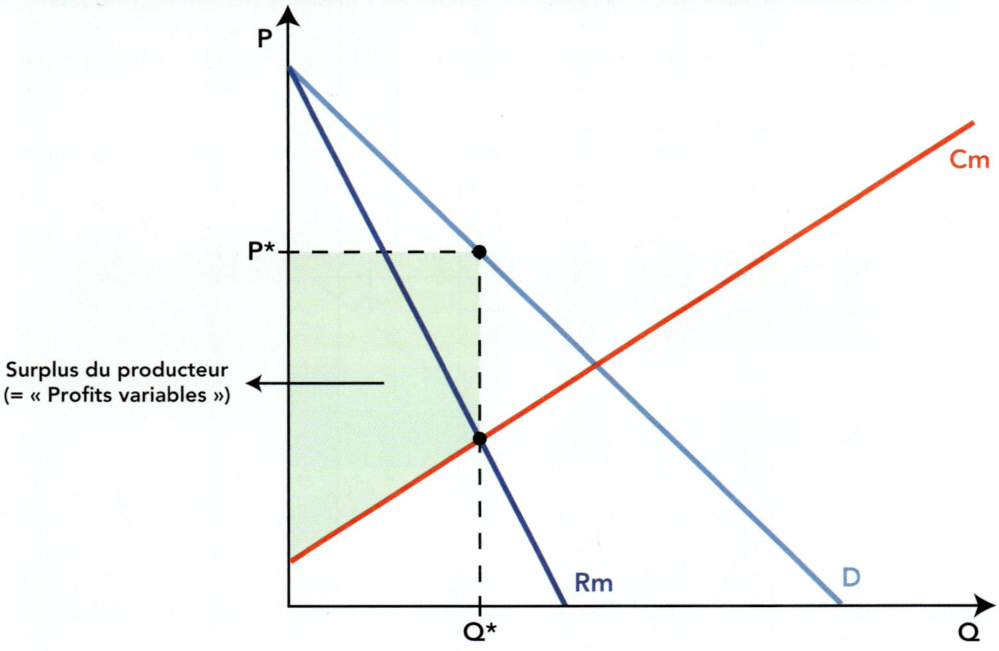

La décision de production du monopoleur est illustrée en figure 6.3. La courbe de demande D représente la recette moyenne et spécifie le prix unitaire que le monopoleur peut obtenir en fonction de la quantité d'unités produites. Les courbes de coût marginal, Cm, et de recette marginale, Rm, sont aussi incluses dans la figure. Le niveau de production optimal Q^* correspond à l'intersection de ces deux courbes.

Le prix en situation de monopole, P^*, est ensuite obtenu sur la courbe de demande au niveau de production Q^*.

EXERCICE 6.1

Considérons un monopoleur avec la fonction de coût suivante :
$C(q) = 10 + 5q$, opérant sur un marché avec une demande de $P = 25 - Q$.

La résolution du problème de monopole se fait en trois étapes :

1) Déterminer la courbe de recette marginale;

2) Déterminer la courbe de coût marginal;

3) Trouver Q^* en appliquant la condition d'optimisation $Rm = Cm$, et lire P^* sur la courbe de demande.

Le coût marginal est constant à $Cm = 5$. La recette marginale est donnée par : $Rm(Q) = 25 - 2Q$ (voir l'encadré 6.2). En égalisant les deux, on obtient $Q^* = 10$. Le prix est obtenu à partir de la fonction de demande, évaluée au niveau de production optimal Q^*, $P^* = 25 - Q^* = 15$. On peut ensuite calculer les profits du monopoleur en soustrayant les coûts des recettes : $\pi(Q^*) = 15 \times 10 - [10 + (5 \times 10)] = 90$.

FIGURE 6.4 Décision optimale du monopoleur pour l'exercice 6.1

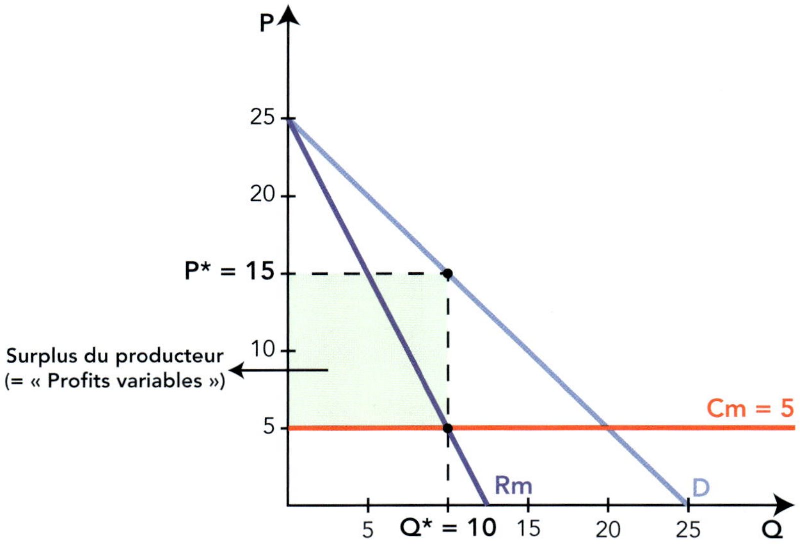

L'ÉLASTICITÉ ET LE POUVOIR DE MARCHÉ

Contrairement à une firme en concurrence parfaite, un monopoleur vend à un prix supérieur à son coût marginal. Il réalise donc une marge de profit. Cette marge de profit constitue un indicateur de pouvoir de marché : l'indice de Lerner. Nous verrons ensuite le rôle que joue l'élasticité-prix de la demande pour déterminer le pouvoir de marché d'un monopoleur.

Mesurer le pouvoir de marché

DÉFINITION

Une entreprise détient un **pouvoir de marché** si elle peut demander un prix supérieur à son coût marginal sans perdre tous ses clients.

Quand une firme détient un pouvoir de marché, le prix fixé excède le coût marginal. Plus le pouvoir de marché est grand, plus la marge entre le prix et le coût marginal est grande. Par conséquent, on peut utiliser cette information pour mesurer le pouvoir de marché d'une firme. En prenant le ratio de la marge de profit sur le prix, on obtient l'**indice de Lerner**. Introduit par l'économiste Abba Lerner (1903-1982), cet indice est calculé comme suit :

$$L = (P - Cm) / P.$$

Cet indice prend des valeurs entre 0 et 1. Pour une firme en concurrence parfaite qui ne détient aucun pouvoir de marché, $P = Cm$ et donc $L = 0$. Plus la différence entre P et Cm est grande, plus la valeur de L sera élevée et, par conséquent, plus le pouvoir de marché sera grand. Dans l'exercice 6.1 précédent, le prix de vente était de $P^* = 15$ alors que le coût marginal était de $Cm = 5$. L'indice de Lerner pour ce monopoleur vaut donc $L = (15 - 5) / 15 = 0{,}67$. Cela indique qu'à la marge, 67 % du prix de vente est directement récupéré par le monopoleur sous forme de profit.

Le rôle de l'élasticité de la demande

Comme nous l'avons indiqué précédemment, un monopoleur fait face à un arbitrage entre son volume de ventes et sa marge de profit. En augmentant son prix, un monopoleur augmente sa marge de profit, P - Cm, mais voit son volume de ventes diminuer. La décision optimale (lorsque (Q) = Cm(Q)) tient compte de ces deux dimensions pour choisir le niveau de production et le prix, qui maximisent les profits.

Cet arbitrage entre quantité et prix dépend crucialement de l'élasticité-prix de la demande. Lorsque la demande est très élastique, une augmentation du prix pour accroître la marge conduit à une forte baisse des ventes; dans ce cas, la baisse de volume est plus importante que la hausse de la marge de profit par unité vendue. Lorsque la demande est relativement inélastique, il est possible d'augmenter le prix, et donc d'avoir une bonne marge, sans perdre trop de ventes.

La relation entre la décision optimale et l'élasticité-prix devient apparente lorsqu'on analyse plus en détail la condition d'optimalité Rm = Cm.

Rappelons-nous que la recette marginale est la dérivée de la fonction de recette par rapport à la quantité vendue :

$$Rm(Q) = dR(Q) / dQ = P(Q) + (dP(Q) / dQ) \times Q.$$

Rappelons la définition de l'élasticité-prix de la demande :

$$E_D = (dQ / dP) \times (P / Q).$$

On a donc,

$$(P(Q^*) - Cm(Q^*)) / P(Q^*) = -(dP(Q) / dQ) \times Q / P(Q) = -1 / E_D.$$

Cela signifie que quand le monopoleur fixe le prix qui maximise le profit, sa marge de profit, exprimée en pourcentage du prix, est inversement proportionnelle à l'élasticité-prix de la demande. Moins la demande est élastique, plus la marge du monopoleur sera grande.

Autrement dit, l'indice de Lerner peut se récrire ainsi lorsque le monopoleur maximise ses profits :

$$L = -1 / E_D.$$

Moins la demande pour le produit de la firme est élastique, plus l'indice de Lerner sera élevé. Le pouvoir de marché est donc lié à l'élasticité de la demande pour le produit de la firme.

LES CONSIDÉRATIONS DE BIEN-ÊTRE ET L'INEFFICACITÉ DU MONOPOLE

Dans un marché concurrentiel, le prix est égal au coût marginal. Dans une situation de monopole ou, plus généralement, sur tout marché où les firmes jouissent d'un certain pouvoir de marché, le prix se situe au-dessus du coût marginal. Avec un prix plus élevé, et donc des quantités vendues plus faibles, on peut s'attendre à ce que le surplus des consommateurs soit inférieur en situation de monopole qu'en situation de concurrence parfaite, où le surplus des producteurs est plus élevé. La figure 6.5 illustre et développe cette intuition.

FIGURE 6.5 Comparaison de bien-être entre monopole et concurrence

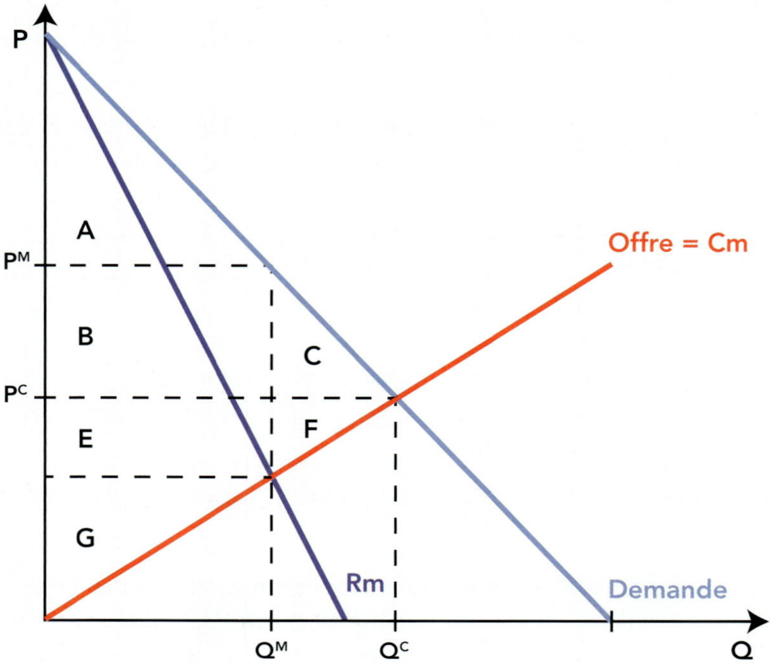

	Concurrence	Monopole	Différence
Surplus du consommateur	A + B + C	A	B + C
Surplus du producteur	E + F + G	B + E + G	F − B
Surplus total	A + B + C + E + F + G	A + B + E + G	C + F

En monopole, le prix plus élevé décourage certains consommateurs qui n'achètent donc pas le bien produit par le monopoleur. Cela correspond à l'aire du triangle C. Tous les consommateurs qui continuent d'acheter le bien paient quant à eux un prix plus élevé et perdent donc une partie de leur surplus; cela correspond à l'aire du rectangle B. Le producteur vend à un prix plus élevé et s'approprie donc une partie du surplus du consommateur, soit l'aire du rectangle B, mais le prix plus élevé diminue le volume des ventes, ce qui conduit à une perte de surplus correspondant à l'aire du triangle F.

L'impact total se traduit par une perte de surplus total équivalente à l'aire des triangles C et F. On appelle cette perte la *perte sèche*. Il ne s'agit pas d'un transfert de surplus des consommateurs vers les producteurs mais d'une perte d'efficacité économique. Même si les profits du monopoleur venaient à être redistribués aux consommateurs, il n'y aurait pas assez d'argent pour les compenser totalement. La perte sèche est la perte sociale issue de l'inefficacité d'un monopole.

Le coût social d'un monopole est l'une des principales raisons à l'origine des politiques de concurrence et de la réglementation antitrust, qui tentent de limiter l'apparition de situations de monopole. Lorsque la présence d'un monopole est inévitable pour des raisons économiques (monopole naturel), le gouvernement peut décider de réglementer le comportement du monopoleur pour limiter l'ampleur de la perte sèche.

Le monopole naturel et la réglementation

Nous venons de voir que les monopoles créent des inefficacités économiques et conduisent à une perte sèche pour la société; une concurrence accrue permettrait de rétablir l'efficacité. Alors, comment expliquer la présence de monopoles dans notre économie?

La raison principale est l'existence de monopoles naturels, notamment lorsque les coûts fixes sont très élevés. Dans cette situation, les coûts sont minimisés lorsqu'il n'y a qu'un seul fournisseur du bien ou du service, puisqu'il peut bénéficier d'économies d'échelle importantes. Dans ce cas, le gouvernement serait mal avisé de forcer l'introduction de concurrents sur le marché puisque cela conduirait à des inefficacités supplémentaires. Des exemples typiques d'une telle situation sont les opérateurs de chemin de fer et de distribution d'électricité : construire un deuxième réseau coûterait très cher pour peu de gains.

Dans ces situations, le comportement optimal du gouvernement serait de réglementer le monopole. Plusieurs méthodes peuvent être utilisées pour arriver à cette fin. Fixer le prix ou imposer un plafond sur le prix semblent être des solutions attrayantes, mais elles peuvent causer des problèmes en raison de l'absence d'information, ou donner trop d'incitatifs au monopoleur à ne pas minimiser ses coûts. D'autres méthodes, comme la réglementation sur le taux de rendement pour contrôler les profits ou la réglementation sur les quantités produites, sont aussi utilisées en pratique pour limiter les inefficacités liées au pouvoir de monopole.

Puisqu'une position de monopole ou, plus généralement, un certain pouvoir de marché, accorde des profits élevés les entreprises utilisent généralement des stratégies afin de maintenir et d'améliorer leur position. Le but de la législation antitrust est justement de limiter les stratégies possibles pour les entreprises qui tenteraient de monopoliser leur industrie. De ce fait, la réglementation réussit aussi, dans une certaine mesure, à limiter les inefficacités inhérentes à un pouvoir de marché excessif.

LE POUVOIR DE MARCHÉ ET LA CONCURRENCE MONOPOLISTIQUE

Sur de nombreux marchés, les produits vendus ne sont pas homogènes. La différenciation des produits crée une forme de monopole partiel. Les producteurs s'efforcent de différencier leurs produits de ceux de la concurrence pour obtenir une sorte de monopole : être seul à proposer un bien ou un service ayant telles ou telles caractéristiques (innovations techniques, prestige de la marque, design du produit, qualité réelle ou perçue...). C'est par exemple la situation sur le marché du dentifrice ou celui des détergents. La publicité joue un rôle essentiel pour persuader le consommateur que le produit proposé est unique. Ce mélange de pouvoir de marché et de concurrence est appelé *concurrence monopolistique* par les économistes.

Un marché en concurrence monopolistique a les caractéristiques suivantes :

- Il y a de nombreuses firmes sur le marché et aucune d'entre elles n'a un contrôle total sur le prix du marché;
- Les consommateurs perçoivent des différences entre les produits proposés par les firmes;
- Les barrières à l'entrée et à la sortie sont faibles ou inexistantes;
- Les firmes ont un certain pouvoir de marché.

À long terme, les caractéristiques d'un marché en concurrence monopolistique sont similaires à celles d'un marché en concurrence parfaite. Les firmes produisent des produits différenciés, ce qui conduit à une concurrence pas uniquement fondée sur les prix. Pour autant, des profits positifs à court terme attirent sur le marché de nouvelles firmes avec de nouveaux produits. Cela conduit à des profits économiques nuls à long terme.

La différence à court terme est que chaque firme, grâce à la différenciation de ses produits, peut augmenter son prix sans perdre tous ses consommateurs. Chaque firme fait donc face à une courbe de demande décroissante et non à une courbe horizontale, comme dans le cas de la concurrence parfaite.

La figure 6.6 illustre la logique d'un marché en concurrence monopolistique à court terme et à long terme. Comme chaque firme dispose d'un pouvoir de marché, la décision de production optimale est similaire à celle d'un monopoleur. La quantité produite correspond à l'intersection de la courbe de coût marginal et de la courbe de recette marginale. À court terme, cela peut conduire à des profits économiques positifs, comme on le voit sur le panneau gauche. À long terme, l'entrée de nouvelles firmes fait diminuer la demande de chaque firme. La courbe de demande du panneau de droite a bougé vers la gauche. À l'équilibre, la demande s'est ajustée pour que les profits de chaque firme soient nuls.

FIGURE 6.6 Concurrence monopolistique

Court terme

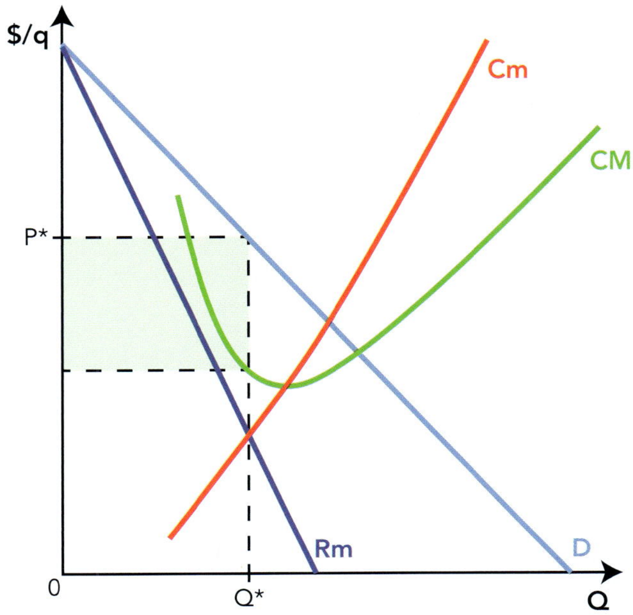

Long terme

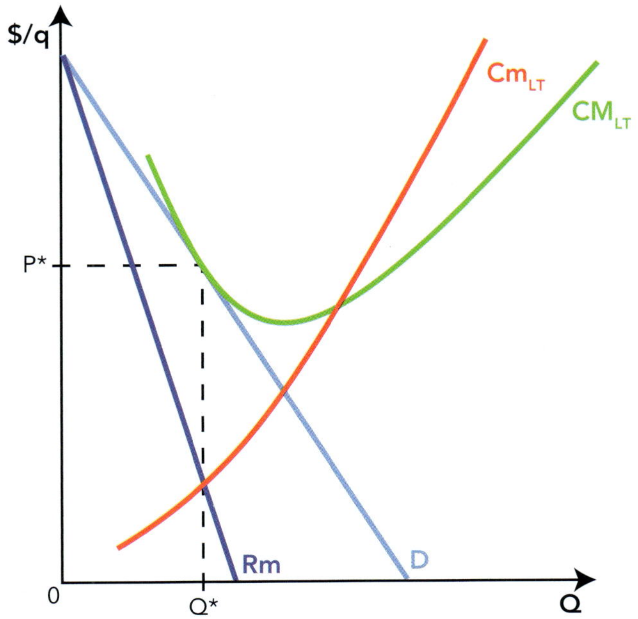

CONCLUSION

Ce chapitre introduit la notion de monopole et de pouvoir de marché. Nous avons comparé le monopole à l'environnement concurrentiel vu dans les chapitres précédents, et mis en lumière les principales différences.

Parmi elles, on retrouve le fait qu'une firme ayant un pouvoir de marché influence le prix du marché et que sa recette marginale est inférieure au prix. Nous avons déterminé la décision de production optimale pour un monopoleur et discuté du rôle l'élasticité-prix de la demande. Le niveau de production optimal reflète le meilleur arbitrage possible entre le volume de ventes et la marge de profit.

Ensuite, nous avons déterminé les conséquences de l'existence d'un monopole sur le bien-être des consommateurs et sur celui de la société en général. Un monopole conduit à des inefficacités économiques et à une perte sèche. Ces derniers éléments justifient les interventions gouvernementales visant à réduire les inefficacités créées par un monopole.

RÉSUMÉ DU CHAPITRE 6

- Un monopoleur fait face à une courbe de demande décroissante.
- Un monopoleur maximise ses profits lorsque Rm(Q) = Cm(Q).
- Le prix en présence d'un monopole est supérieur à celui pratiqué dans un environnement concurrentiel.
- La production d'un monopoleur est inférieure au niveau de production dans un marché concurrentiel.
- L'existence d'un monopole conduit à des inefficacités dans l'allocation des ressources; cela diminue le bien-être des consommateurs et crée une perte de bien-être pour la société : la perte sèche.
- Les résultats obtenus dans l'analyse du monopole s'appliquent aussi à toute firme possédant un certain pouvoir de marché. C'est le cas, par exemple, des marchés en concurrence monopolistique.

CHAPITRE
6

EXERCICES

1- Vrai or Faux? Pour détenir un pouvoir de marché, une firme doit être seule sur son marché.

2- Pourquoi un monopoleur ne choisit-il jamais un niveau de production se trouvant sur la portion inélastique de la courbe de demande?

a) Le prix serait supérieur au coût marginal.

b) La recette marginale serait plus grande que le coût marginal.

c) La recette marginale serait négative.

d) Le prix serait inférieur au coût total.

e) Un monopoleur choisit souvent un niveau de production se trouvant sur la partie inélastique de la demande.

3- La perte pour l'économie due à la présence de monopole est :

a) Égale à la valeur des profits du monopole.

b) Égale au transfert de surplus des consommateurs vers le monopoleur quand ce dernier augmente le prix au-dessus du coût marginal.

c) Créée par le fait que le monopoleur restreint sa production à un niveau inférieur à celui observé en concurrence parfaite.

d) b) et c).

e) Aucune de ces réponses.

4- Pourquoi n'y a-t-il pas de courbe d'offre dans un environnement de monopole?

5- Dans quelle situation un monopoleur établira-t-il son prix au niveau du coût marginal?

6- Un monopoleur fait face à la courbe de demande suivante :

$$Q = 100 - P.$$

La fonction de coût de la firme est donnée par :

$$C(Q) = 100 + 10Q.$$

Quel niveau de production maximise les profits? De quelle façon changerait votre réponse si $C(Q) = 1\,000 + 10Q$? si $C(Q) = 3\,000 + 10Q$?

7- Considérons un monopoleur avec la fonction de coût suivante :

$$C(Q) = 10 + 2Q.$$

Il fait face à la demande suivante :

$$Q = 10 - P.$$

a) Quel prix et quelle quantité maximisent les profits? Quels sont les profits du monopoleur?

b) Quel est le surplus du consommateur, le surplus du producteur et la perte pour l'économie dans cette situation?

8- Un monopoleur a la fonction de coût suivante :

$$C(Q) = 4Q^2.$$

Il fait face à la demande suivante :

$$P = 1\,000 - Q.$$

a) Calculez le niveau de production et le prix qui maximisent les profits. Quels sont les profits?

b) Quelle est l'élasticité-prix de la demande à ce prix?

c) Calculez le surplus du consommateur et la perte pour l'économie.

9- Supposons qu'un monopoleur établit un prix $P = 10$ et qu'à ce prix, l'élasticité-prix de la demande est égale à $E_D = -2$. Que pouvez-vous dire sur le coût marginal du monopoleur? Calculez l'indice de Lerner pour cette situation.

10- **Monopole naturel**
Considérons une industrie où la demande est donnée par la fonction suivante :

$$Q = 12 - P.$$

Les firmes possèdent toutes la même technologie et la même structure de coût :

$$C(q) = 8 + 4q.$$

a) Quel serait le prix du marché si l'industrie était parfaitement concurrentielle? Quels seraient les profits des firmes? Cette structure de marché est-elle soutenable?

b) Quelle serait la quantité produite par un monopoleur? Quels seraient ses profits?

c) Expliquez pourquoi un monopole apparaîtrait naturellement dans cet environnement.

7 Les stratégies de tarification et la discrimination par les prix

APERÇU DU CHAPITRE

INTRODUCTION

Jusqu'à maintenant, nous avons fait l'hypothèse que tous les consommateurs payaient le même prix pour un bien. De plus, nous avons toujours considéré des combinaisons de prix et de quantités se trouvant sur la courbe de demande. Lorsque le prix est unique, les consommateurs obtiennent toujours un gain résultant de l'échange puisqu'ils auraient été prêts à payer plus que le prix en vigueur. Dans ce chapitre, nous allons analyser comment les firmes peuvent utiliser leur pouvoir de marché pour augmenter leurs profits en faisant payer des prix différents à différents consommateurs. Nous appellerons cette stratégie couramment utilisée la *discrimination par les prix*.

LA DISCRIMINATION PAR LES PRIX

DÉFINITION

On parle de **discrimination par les prix** lorsque différents consommateurs paient des prix différents pour un même bien ou service.

Exemples :

- Des prix plus bas pour les étudiants ou les personnes âgées (transports publics, cinéma, etc.);
- Les tarifs d'électricité, qui diffèrent entre les clients résidentiels et les clients d'affaires;
- Les « *Happy Hour* » dans les bars, où les consommations sont moins chères que d'ordinaire;
- Les billets d'avion, qui ne se vendent pas au même prix pour un même vol;
- Les coupons-rabais que l'on trouve dans les journaux, les circulaires, etc.

La figure 7.1 rappelle la décision optimale de fixation des prix par un monopoleur, la distribution du surplus entre le monopoleur et les consommateurs, ainsi que la perte sèche pour la société. Les profits de la firme sont maximisés. Pourtant, nous allons voir que le dirigeant peut faire encore mieux s'il ne fixe pas un prix unique pour tous les consommateurs.

Il y a deux raisons à cela. D'abord, les consommateurs ne paient pas autant qu'ils seraient prêts à payer : ils obtiennent un certain surplus. Ensuite, une partie des gains potentiels à l'échange est perdue : la perte sèche. Idéalement, le monopoleur voudrait capter ces surplus additionnels et ainsi augmenter ses profits.

FIGURE 7.1 Décision optimale du monopoleur

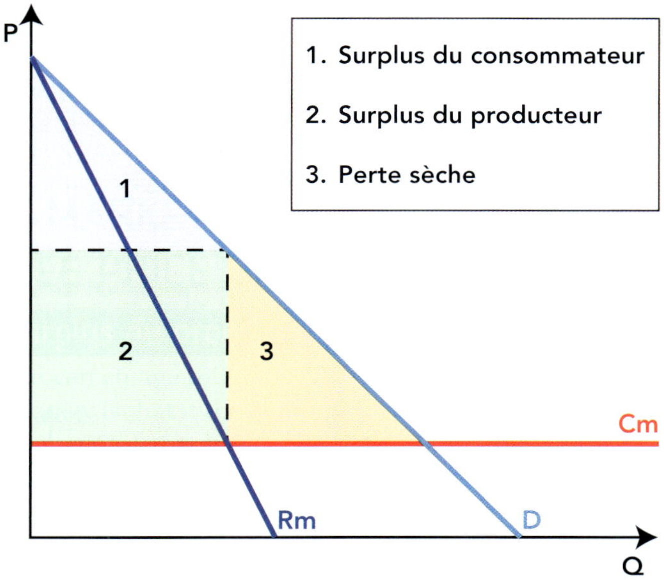

La discrimination parfaite : capter l'intégralité du surplus du consommateur

Lorsqu'une firme peut discriminer par les prix, elle n'est pas obligée de traiter tous ses clients de la même façon. Cela n'est pas toujours légal : par exemple, le caissier d'un supermarché ne peut pas décider d'augmenter ou de réduire les prix à la tête du client. Toutefois, lorsque la discrimination par le prix est légale, elle permet à la firme de réduire son prix pour certains consommateurs sans avoir à le faire pour les autres consommateurs.

Supposons par exemple que vous avez vendu un bien à Monsieur A pour 50 $, un prix trop élevé pour Monsieur B. Vous pouvez offrir un prix inférieur, par exemple 40 $, à Monsieur B sans avoir à offrir cette réduction à Monsieur A. C'est la logique de la discrimination par les prix : vendre à des prix différents selon les consommateurs, afin d'augmenter la quantité vendue en limitant les concessions faites sur le prix de vente. En pratiquant la discrimination par les prix, la firme s'affranchit notamment de l'arbitrage, mentionné dans les chapitres précédents, entre vendre beaucoup et vendre cher.

Dans une situation dite de *discrimination parfaite*, le monopoleur cherche à capturer l'entièreté du surplus des consommateurs. Pour cela, le monopoleur doit faire payer chaque consommateur un prix exactement égal à sa valorisation totale pour les biens achetés. La stratégie de tarification peut donc varier en fonction du contexte et du type de bien vendu.

Un premier cas survient quand les consommateurs veulent acheter une seule unité du bien et que chaque consommateur a une valorisation différente pour le bien. Le monopoleur utilise dans ce cas une stratégie de prix personnalisés : il propose à chaque consommateur un prix qui correspond exactement à sa valorisation pour le bien, Cela implique que la recette de la vente d'une unité additionnelle est égale à la valorisation du consommateur. Par conséquent, la courbe de recette marginale coïncide avec la courbe de demande.

Le comportement optimal de tout monopole consiste à produire tant que la recette marginale est supérieure au coût marginal. Puisque la courbe de recette marginale correspond ici à la courbe de demande, le monopoleur vend la quantité indiquée par le point Q_c sur la figure 7.1, afin que le coût marginal soit égal à la recette marginale. Remarquez que la quantité totale vendue est la même qu'en concurrence parfaite. Toutefois, le prix au point Q_c ne sera payé que par le dernier consommateur, dont la valorisation est égale au coût marginal. Tous les autres consommateurs vont payer un prix plus élevé. En utilisant une stratégie de prix personnalisés, le monopoleur augmente ses profits et s'approprie la totalité du surplus du consommateur (voir la figure 7.2).

FIGURE 7.2 **Discrimination parfaite : SC = 0, Perte = 0**

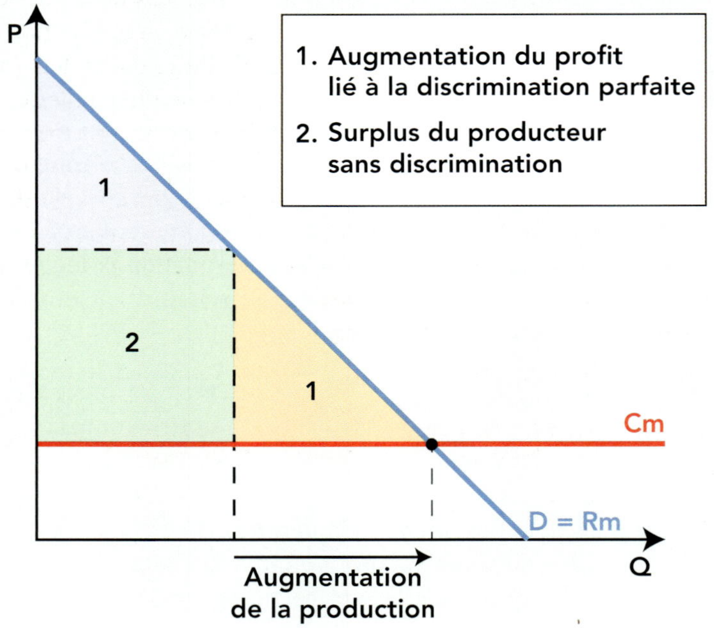

Du point de vue de la société, la discrimination parfaite est aussi efficace qu'un environnement de concurrence parfaite : tous les gains à l'échange sont réalisés. Cependant, la distribution du surplus est bien différente puisque le monopoleur capte la totalité du surplus, ne laissant rien aux consommateurs. Existe-t-il des exemples de discrimination par les prix parfaite utilisant des prix personnalisés?

Il est évidemment très difficile pour un vendeur de connaître avec exactitude la valorisation de tous ses clients. Dans certaines situations, on s'approche toutefois des conditions d'une discrimination parfaite. Un exemple serait un docteur dans un petit village qui possèderait une très bonne connaissance des autres habitants, y compris de leurs situations financières, et qui pourrait ainsi demander des prix différents à ses différents patients. On peut aussi penser à un vendeur de voitures usagées qui comprend bien la psychologie des consommateurs et qui peut donc négocier des prix différents en fonction de la valorisation perçue de chaque client. Les vendeurs dans les marchés aux puces gagnent leur vie en ajustant leurs prix à leur perception des moyens financiers de leurs clients potentiels. Enfin, toute vente aux enchères, qu'elle soit conclue en ligne (sur eBay, par exemple) ou ailleurs, s'appuie sur le principe d'un prix personnalisé et vise à révéler le consentement à payer des enchérisseurs.

Une autre situation survient quand les consommateurs désirent acheter plusieurs unités du bien. Dans ce cas, une autre stratégie de tarification existe : les tarifs binôme, pour lesquels le prix est composé d'une partie fixe (un abonnement) et d'une partie proportionnelle à la quantité de bien achetée. La logique de cette stratégie est de proposer un prix unitaire égal au coût marginal de production et d'un prix fixe qui correspond au surplus du consommateur quand il achète la quantité optimale au prix unitaire. Cette stratégie de tarification conduit également à une discrimination parfaite. Le prix unitaire au coût marginal assure qu'il n'y a pas de perte sèche. Les consommateurs achètent la même quantité de biens qu'ils le feraient sur un marché concurrentiel. Le prix fixe permet au monopoleur de capturer l'entièreté du surplus. La figure suivante illustre la logique du tarif binôme pour un consommateur donné. Ici, le monopoleur doit fixer la valeur de l'abonnement en fonction de la fonction de demande du consommateur afin de capturer le surplus qui peut varier d'un consommateur à l'autre.

FIGURE 7.3 Tarification binôme (T, P)

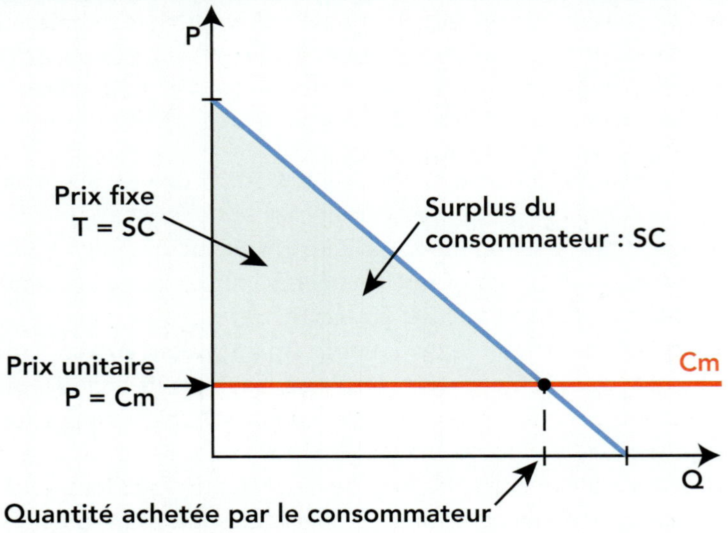

Les conditions de la discrimination par les prix

L'information

Tel que nous l'avons mentionné, il est difficile pour une firme de connaître précisément la valorisation de ses consommateurs. Par conséquent, l'information est la condition première des stratégies de discrimination par les prix. La stratégie de tarification de la firme doit s'adapter à l'information disponible, et le type de discrimination qu'elle applique peut changer.

Lorsque la firme a un accès direct aux valorisations des consommateurs, elle peut utiliser la stratégie de discrimination parfaite, aussi appelée *discrimination par les prix de premier degré*, que l'on vient d'analyser.

Lorsque la firme peut observer certaines caractéristiques d'un consommateur qui sont corrélées à sa valorisation, elle peut établir différents prix en fonction de ses observations. Les prix spécifiques aux pays et les rabais pour étudiants constituent des exemples de cette situation. On parle alors de *segmentation de marché explicite*, puisque la firme peut diviser le marché en plusieurs groupes de consommateurs et établir un prix différent pour chaque groupe. On appelle aussi cette stratégie *discrimination par les prix de troisième degré*.

Dans d'autres situations, la firme possède de l'information sur l'hétérogénéité des préférences et des valorisations des acheteurs, mais ne peut pas lier la valorisation des acheteurs à des caractéristiques observables. Dans ce cas, il est tout de même possible de discriminer entre les acheteurs en offrant une variété d'options à différents prix. Les rabais au volume et les tarifs binômes (un prix fixe et un prix variable selon la consommation) sont des exemples de ce type de discrimination, appelé *segmentation de marché implicite*. Dans ce cas, le vendeur ne discrimine pas directement; les acheteurs vont choisir eux-mêmes l'option d'achat qui leur convient le mieux. Cette stratégie porte aussi le nom de *discrimination par les prix de deuxième degré*.

L'absence de possibilités d'arbitrage

Afin d'être efficace, une stratégie de discrimination par les prix ne doit pas laisser aux consommateurs la possibilité de revendre le bien acheté. Si c'était le cas, les acheteurs qui peuvent obtenir un prix bas pourraient acheter le produit et le revendre aux acheteurs qui sont censés payer un prix élevé. Ces possibilités d'arbitrage réduiraient considérablement l'efficacité de la stratégie de tarification, puisque la plupart des biens seraient achetés au prix bas. C'est pourquoi les compagnies de transport s'assurent que les rabais étudiants ne profitent qu'aux étudiants, en demandant une pièce d'identité à l'achat du billet et à son utilisation.

La légalité des pratiques de discrimination

La législation peut également limiter les possibilités de discrimination. Par exemple, les firmes ne peuvent pas faire varier leurs prix en fonction de l'ethnicité ou de la religion de leurs clients. Dans de nombreux magasins, tous les consommateurs doivent payer le même prix pour un même bien. Le prix ne peut pas être modifié arbitrairement à la caisse en fonction des caractéristiques de l'acheteur présent.

LA SEGMENTATION DE MARCHÉ EXPLICITE – DISCRIMINATION PAR LES PRIX DE TROISIÈME DEGRÉ

Un *segment de marché* correspond à un sous-groupe de consommateurs. Une entreprise peut parfois offrir des prix différents à différents segments de marché. La logique derrière cette stratégie est que si les courbes de demande correspondant aux divers segments de marchés sont différentes, il est alors profitable de pratiquer des prix différents en tenant compte de ces différences. Rappelez-vous que le prix optimal est directement lié à l'élasticité de la demande. Par conséquent, confronté à deux groupes de consommateurs dont l'élasticité de la demande diffère, il est logique d'offrir des prix différents.

Notez qu'il ne faut pas confondre la segmentation explicite de marché avec des différences de prix basées sur les coûts. Par exemple, demander un prix plus élevé aux consommateurs les plus éloignés ne correspond pas à un cas de segmentation de marché; le prix est plus élevé parce qu'il coûte plus cher à la firme de vendre le produit à ces clients. Les deux logiques se rejoignent parfois. Prenons l'exemple du fromage français : les prix sont plus élevés au Canada qu'en France. Ces différences s'expliquent par des coûts de transport plus importants mais aussi par des différences de demande dans les deux pays.

Considérons le cas d'un marché avec deux groupes de consommateurs que l'on peut identifier : appelons-les segment 1 et segment 2. La fonction de coût de la firme est donnée par C(Q).

Rappelons-nous que la décision optimale de production d'un monopoleur est donnée par Rm = Cm. Lorsqu'un monopoleur vend son produit à deux groupes de consommateurs, cette égalité doit être légèrement adaptée, mais la logique demeure la même. Le coût de produire et de vendre une unité supplémentaire correspond à $Cm(Q_1 + Q_2)$. La recette associée à cette unité est $Rm(Q_1)$ si la vente se fait sur le segment 1, et $Rm(Q_2)$ si la vente a lieu sur le segment 2. La décision optimale est donc de produire Q_1 et Q_2 telles que :

$$Rm(Q_1) = Rm(Q_2) = Cm(Q_1 + Q_2).$$

Si cette condition n'est pas satisfaite, la firme ne maximise pas ses profits. Appliquons maintenant cette méthode dans l'exemple suivant.

EXEMPLE **7.1**

Considérons une firme qui fait face à deux segments de marché distincts. Les fonctions de demande de ces deux segments sont données par :

$$Q_1(P) = 280 - 2P \text{ et } Q_2(P) = 160 - 2P.$$

Le coût marginal est constant et égal à 20, et il n'y as pas de coût fixe.

Les profits sont maximisés sur chaque segment lorsque Rm = Cm.

Segment 1 :

- À l'optimum, $Rm_1 = 140 - Q_1 = 20$. On obtient $Q_1 = 120$ et P1 = 80.
- Les profits maximaux sont donc de 7 200 $ sur le premier segment de marché.

Segment 2 :

- À l'optimum, $Rm_2 = 80 - Q_2 = 20$. On obtient $Q_2 = 60$ et $P_2 = 50$.
- Les profits sont donc de 1 800 $ sur le deuxième segment de marché.
- Les profits totaux sont donc de 9 000 $ quand la firme applique une stratégie de segmentation explicite du marché. Les décisions optimales de la firme sont illustrées à la figure 7.3.

FIGURE 7.4 **Prix optimaux avec segmentation**

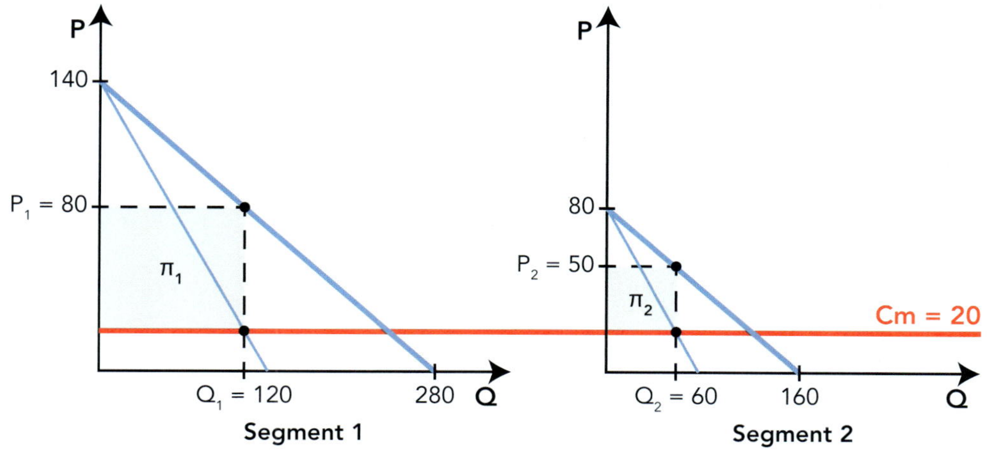

Comparons maintenant les profits liés à la stratégie de segmentation à ceux obtenus si la firme devait proposer un prix identique à tous les consommateurs. Dans ce cas, la firme fait face à un marché unique qui correspond aux deux groupes de consommateurs. Il faut donc calculer la courbe de demande globale. Pour ce faire, on additionne la demande des deux segments : $Q = Q_1 + Q_2$.

La demande globale pour le marché en entier est donnée par :

$$Q = 280 - 2P + 160 - 2P = 440 - 4P.$$

Cette demande est valable si les deux marchés sont « actifs ». Pour un prix supérieur à 80 $, aucun consommateur du segment 2 n'achète et la demande totale correspond à la demande du segment 1. Voir la figure 7.4 pour la représentation de la demande.

On calcule la recette marginale correspondant à la demande globale : Rm = 110 – Q / 2. En égalisant recette marginale et coût marginal, on trouve : 110 – Q / 2 = 20. Le niveau de production optimal est donc de Q = 180, et le prix correspondant est P = 65 $.[1] Les profits sont alors de 8 100 $. Les profits sont inférieurs lorsque la firme est forcée d'utiliser un prix unique.

1 On vérifie que le prix trouvé est bien inférieur à 80 $, ce qui est cohérent avec l'utilisation de la demande totale (et pas seulement de celle du segment 1). Si l'on avait obtenu un prix supérieur à 80 $, il faudrait reprendre le calcul avec la demande du segment 1 uniquement.

Nous constatons aussi que la stratégie optimale de discrimination consiste à augmenter le prix sur le segment de marché dont l'élasticité-prix de la demande est la plus faible – ici le segment 1 (P_1 = 80 \$ > P = 65 \$) – et à baisser le prix sur le segment dont la demande est la plus élastique – ici le segment 2 (P_2 = 50 \$ < P = 65 \$).

FIGURE **7.5** Prix unique optimal

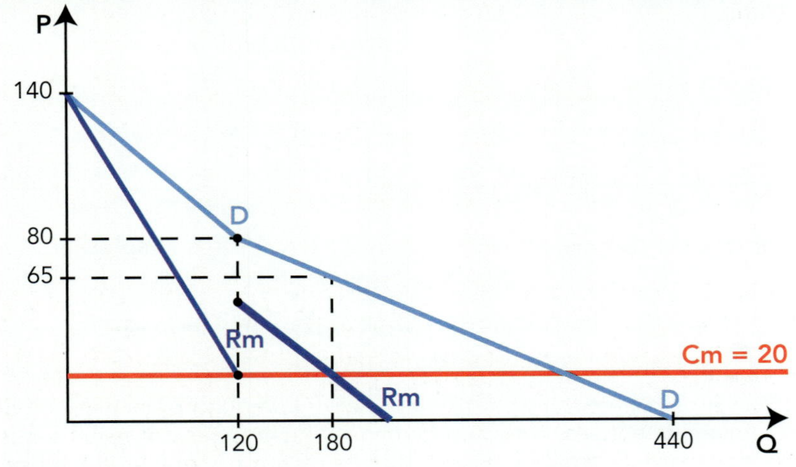

LA SEGMENTATION DE MARCHÉ IMPLICITE – DISCRIMINATION PAR LES PRIX DE DEUXIÈME DEGRÉ

La mise en place d'une stratégie de segmentation explicite se heurte souvent à certaines limites. Il est en effet difficile de classer les groupes de consommateurs en fonction de caractéristiques facilement observables. Les clients de chaque groupe restent assez hétérogènes et les firmes manquent d'information pour affiner leur segmentation. Dans ce cas, les entreprises peuvent aussi segmenter le marché de manière implicite. L'idée est de proposer plusieurs options et de laisser aux clients le choix de l'option qui lui convient le mieux. Lorsque la segmentation se fait par l'intermédiaire des choix des consommateurs, on parle de *segmentation implicite*.

La stratégie de la firme est donc d'établir une liste d'options d'achat afin de trier les différents types de consommateurs selon leurs valorisations. Elle cherche à proposer une option qui sera préférée par les clients avec une demande (ou une valorisation) élevée, et une autre qui sera préférée par les clients avec une demande (ou une valorisation) faible.

ENCADRÉ 7.1

UN OUTIL POUR LA SEGMENTATION IMPLICITE : LES COUPONS-RABAIS

Les coupons-rabais sont couramment utilisés par les magasins d'alimentation pour proposer des réductions de prix à leurs clients – ils sont aussi utilisés par les cafés, les restaurants, etc. Les coupons nécessitent un effort de la part des consommateurs (collecte dans les journaux, les poster pour obtenir le remboursement, etc.). Ils semblent donc être une manière inefficace – à cause des coûts d'impression, des coûts administratifs, etc. – de réduire les prix.

Alors pourquoi utiliser les coupons? Pourquoi ne pas réduire directement les prix?

La principale raison vient du fait que les consommateurs ne vont pas tous utiliser ces coupons et qu'il existe une corrélation entre la valorisation d'un consommateur et la probabilité qu'il utilise un coupon.

Comment s'explique cette corrélation?

Les rabais séparent les consommateurs selon la valeur qu'ils accordent à leur temps et, pour que le système fonctionne, il est essentiel que le processus d'utilisation des coupons soit long. Les consommateurs qui accordent une valeur élevée à leur temps (en général les clients les plus riches, qui sont prêts à payer un prix élevé) ne le passeront pas à collectionner les coupons. Ils paieront donc le prix fort. Inversement, les consommateurs les plus pauvres ont généralement un coût d'opportunité du temps plus faible; certains seront amenés à acheter grâce au rabais.

Il existe de nombreux autres exemples de stratégies de tarification qui utilisent la logique de la segmentation implicite :

- les livres avec couverture rigide ou souple;
- les logiciels avec version à fonctionnalité réduite;
- les tables d'hôte au restaurant;
- les prix plus faibles lors d'achat en vrac;
- les billets d'avion moins chers lorsqu'un samedi soir est inclus;
- les billets de saison pour les événements sportifs.

EXEMPLE 7.2

Le prix des billets d'avion

La tarification des billets d'avion constitue l'un des cas les mieux connus de segmentation implicite. Si vous demandez à la personne assise à côté de vous dans l'avion le prix qu'elle a payé pour son billet, la probabilité que vous ayez payé le même prix est très faible.

Les compagnies aériennes veulent faire varier leurs prix selon les valorisations, non observées, des consommateurs. Les valorisations sont corrélées au goût du consommateur pour la flexibilité dans le choix de ses dates de séjour, ainsi qu'à sa flexibilité quant à la date d'achat du billet. Les consommateurs avec des valorisations élevées (souvent ceux qui voyagent pour raison d'affaires) ne sont en général pas prêts à réserver deux semaines à l'avance. De même, les voyageurs d'affaires s'attardent rarement une fin de semaine dans leur lieu de séjour. Au contraire, les touristes (qui ont en général une valorisation plus faible pour les billets d'avion) sont prêts à acheter leur billet à l'avance et souhaitent généralement passer les fins de semaine dans leur lieu de séjour.

La solution consiste à créer des produits différenciés qui tiennent compte de telles différences. Dans le cas discuté ici, la compagnie aérienne proposera des prix plus alléchants quand le billet est acheté à l'avance et quand le voyage comprend une fin de semaine passée au lieu de destination.

EXEMPLES DE PRIX NON LINÉAIRES

Exemple de menu de tarifs binômes

Nous allons maintenant analyser une stratégie de discrimination de 2e degré qui se fonde sur l'utilisation d'un menu de tarifs binômes. Nous avons vu au début du chapitre comment un monopoleur pouvait extraire tout le surplus d'un consommateur avec une tarification basée sur un abonnement et un prix unitaire fixé au coût marginal.

Supposons maintenant qu'il y ait deux types de consommateurs, les consommateurs avec une fonction de demande élevée et les consommateurs qui ont une demande plus faible. Si le monopoleur pouvait distinguer les deux types de consommateurs, il leur proposerait à chacun un tarif binôme personnalisé avec un prix unitaire égal au coût marginal et un abonnement correspondant au surplus de chacun. Mais, si le monopoleur n'a pas l'information sur l'identité des consommateurs, il ne pourra que proposer un menu de tarifs binômes et laisser chaque consommateur choisir le tarif qu'il préfère.

Supposons que les consommateurs de type 1 (les gros consommateurs) aient pour fonction de demande $q_1 = 100 - P$, et que les consommateurs de type 2 aient pour fonction de demande $q_2 = 80 - P$. Finalement, considérons le cas où le coût marginal de production égal à 0.

La discrimination parfaite (de 1er degré) conduirait à des prix unitaires de 0 et à des abonnements correspondant exactement aux surplus des consommateurs. Les consommateurs de type 1 achèteraient 100 unités pour un surplus de 5 000 et les consommateurs de type 2 achèteraient 80 unités pour un surplus de 3 200. On aurait donc deux tarifs binômes : (T_1 = 5 000 \$, P_1 = 0 \$/unité) pour les consommateurs de type 1 et (T_2 = 3 200 \$, P_2 = 0 \$/unité) pour les consommateurs de type 2.

Si le monopoleur ne peut identifier le type de consommateur, les consommateurs de type 1 n'accepteraient pas le tarif binôme qui leur est destiné et préfèreraient se faire passer pour des consommateurs de type 2 pour payer un abonnement meilleur marché. Dans ce cas, les deux types de consommateurs choisiraient le menu 2, générant ainsi un profit de 2 × 3 200 $ = 6 400 $ pour le monopoleur (pour chaque paire de consommateurs de chaque type).

Le monopoleur doit donc modifier les tarifs binômes pour les rendre acceptables. Une stratégie est d'augmenter le prix unitaire du tarif binôme 2. Cette hausse du prix unitaire affecte davantage les gros consommateurs que les petits consommateurs.

Considérez le menu suivant. Le monopoleur propose le tarif binôme (T_1 = 3 500 \$, P_1 = 0 \$/unité) et le tarif binôme (T_2 = 1 800 \$, P_2 = 20 \$/unité), dans le but que les consommateurs de type 1 choisissent le premier tarif et que les consommateurs de type 2 choisissent le second.

Il faut vérifier qu'un consommateur 1 préfère maintenant le tarif 1 plutôt que le tarif 2.

S'il choisit le tarif 1, il achète 100 unités pour un surplus de 5 000 $ auquel il faut retirer le prix de l'abonnement. Le surplus net de l'abonnement est donc de 1 500 $.

S'il choisit le tarif 2, il achète 80 unités pour un surplus de 3 200 $ auquel il faut retirer l'abonnement de 1 800 $. Choisir le tarif 2 lui apporte donc un surplus net de 1 400 $ qui est plus faible que le surplus qu'il obtient s'il choisit le tarif 1.

On peut facilement vérifier que le tarif 2 laisse un consommateur de type 2 sans surplus, mais qu'il obtiendrait un surplus net négatif en choisissant le tarif 1. On voit également que le profit retiré de ce menu de tarifs est plus élevé que les 6 400 $ que l'on avait trouvés précédemment. En effet, le monopoleur retire des profits de 3 500 $ d'un consommateur de type 1 et de 1 800 $ (abonnement) + 20 $ × 60 (prix unitaires) = 3 000 $ d'un consommateur de type 2.

Les transports publics urbains (métro et bus) sont une bonne illustration de l'exemple précédent dans le monde réel. Les abonnements mensuels qui donnent un accès illimité au service (prix unitaire nul) ressemblent au tarif proposé au consommateur de type 1. Les autres consommateurs se voient proposer d'acheter des tickets à l'unité. Cela ressemble au tarif proposé au consommateur de type 2 qui paie un abonnement faible (voire nul) et un prix unitaire plus élevé.

Exemple de tarification par bloc

Le marché des forfaits de téléphonie cellulaire nous fournit un autre exemple de segmentation implicite. Les compagnies de téléphone savent que leurs clients ont des valorisations différentes liées à leur consommation de téléphonie, mais elles ne peuvent pas distinguer, *a priori*, les consommateurs qui ont une valorisation élevée de ceux qui ont une valorisation plus faible. Afin de segmenter le marché, les entreprises proposent une multitude d'options comprenant différents prix et différentes caractéristiques. Les consommateurs à valorisation élevée cherchent généralement des forfaits avec plus de minutes, plus de données, etc., et choisiront donc les forfaits les plus chers. Les stratégies de rabais au volume ou de prix en bloc sont très courantes dans ce contexte.

Supposons qu'il y ait deux types de consommateurs :

$$\text{Type 1} : q_1 = 650 - 20P;$$
$$\text{Type 2} : q_2 = 550 - 20P.$$

La compagnie de téléphonie cellulaire ne peut pas distinguer les deux types de consommateurs mais sait que chaque type représente la moitié de la population. Ici, les consommateurs de type 1 veulent consommer plus que les consommateurs de type 2.

Le coût marginal d'une minute est de 0,10 $. La compagnie propose les trois forfaits suivants :

- forfait 1 : 200 minutes pour 40 $/mois;
- forfait 2 : 400 minutes pour 70 $/mois;
- forfait 3 : 600 minutes pour 90 $/mois.

On parle alors de tarification par bloc : le consommateur paie un prix pour un nombre total de minutes, et non par minute. Ces forfaits sont aussi caractérisés par des rabais au volume puisque les 200 premières minutes coûtent 40 $ (forfait 1), les 200 suivantes coûtent 30 $ (forfait 2) et les 200 dernières coûtent 20 $ (forfait 3). Un consommateur choisit le forfait qu'il préfère, c'est-à-dire celui qui lui apporte le plus grand surplus. Afin de déterminer la profitabilité de la stratégie de prix, nous devons déterminer quel forfait sera choisi par chacun des deux types de consommateurs. L'exercice 4 en fin de chapitre vous propose de déterminer pour les deux types de consommateurs le surplus associé à chacun des forfaits.

Les consommateurs choisissent eux-mêmes le forfait qui leur convient le mieux, et les deux types de consommateurs préfèrent des forfaits différents. Cela permet à la compagnie de cellulaire de réduire le prix pour les consommateurs qui veulent utiliser beaucoup de minutes, sans perdre de profits auprès des autres clients, qui ne peuvent bénéficier du rabais puisqu'il faut consommer au moins 200 minutes pour avoir accès aux minutes à prix réduit.

La stratégie de prix utilisée domine une stratégie de prix unique par minute. Toutefois, nous ne prétendons pas qu'il s'agisse de la tarification optimale pour l'entreprise. En pratique, la construction des forfaits optimaux, même pour un exemple aussi simple, est assez complexe. Par conséquent, la tâche est en pratique encore plus compliquée pour les firmes, et le résultat est souvent déroutant pour les consommateurs.

Ventes liées et vente par assortiment

Ces pratiques consistent à vendre des produits différents de manière groupée afin de capturer une partie plus importante du surplus du consommateur. L'exemple le plus connu de stratégie de ventes liées est celui de l'entreprise Kodak qui vendait ses photocopieurs ainsi qu'un contrat pour les réparations et les pièces détachées. La machine à photocopier est vendue à tous les consommateurs à un prix similaire mais les contrats pour les réparations et les pièces détachées permettent de fixer des prix différents pour des clients qui ont des besoins différents. Notez que c'est en liant la vente des deux produits que la discrimination est rendue possible. La nécessité d'utiliser des pièces détachées spécifiques crée pour Kodak le pouvoir de marché nécessaire à la discrimination.

La vente par assortiment est une stratégie qui consiste à proposer un assortiment de biens à un prix inférieur à celui des biens vendus individuellement. Cela permet de charger un prix élevé aux consommateurs qui ont une valorisation élevée pour un bien (consommateurs pointilleux) et proposer un prix plus bas pour les consommateurs qui veulent consommer les deux biens mais qui n'ont pas forcément de valorisation très élevée. Les menus et tables d'hôte dans les restaurant proposent les mêmes plats que la carte mais pour un prix inférieur si l'on consomme effectivement l'ensemble du menu. L'exercice 10 à la fin du chapitre illustre cette stratégie dans le cadre de la vente de tickets de concert. La salle de concerts organise une série de concerts avec des artistes différents. Certains consommateurs veulent à tout prix assister à un concert particulier mais ne sont pas intéressés par les autres concerts. D'autres consommateurs ont des goûts moins spécifiques et veulent assister à différents concerts tant que le prix demeure raisonnable. La salle de concerts peut augmenter ses profits en offrant en plus des tickets pour un concert un abonnement de saison qui permet d'assister à tous les concerts.

CONCLUSION

Les firmes avec un pouvoir de marché ont le potentiel de dégager des profits économiques positifs. Afin de réaliser pleinement ce potentiel, ces entreprises doivent utiliser leur information sur les caractéristiques du marché pour développer une stratégie de prix optimale. Nous avons vu dans le dernier chapitre que lorsqu'une firme fixe un prix unique, elle doit utiliser l'élasticité-prix de la demande pour de le déterminer. Toutefois, les firmes peuvent générer des profits encore plus élevés en utilisant des stratégies plus complexes faisant varier leurs prix selon différentes caractéristiques de leurs consommateurs. Ces stratégies ont pour but d'élargir la base de la clientèle et de capter un maximum de surplus du consommateur. La meilleure stratégie dépend des restrictions légales et de l'information disponible.

RÉSUMÉ DU CHAPITRE 7

- Une firme avec un pouvoir de marché peut augmenter ses profits en individualisant les prix, pour des consommateurs avec des caractéristiques différentes.
- Quand il est possible de cibler les consommateurs individuellement, la firme peut obtenir un prix égal à la valorisation du consommateur, et extraire tout le surplus.
- Quand la firme peut différencier les consommateurs à travers des caractéristiques observables, le monopole peut utiliser la segmentation explicite et proposer des prix différents à des groupes différents de consommateurs.
- Même lorsqu'il est impossible de segmenter le marché explicitement, il existe des façons de discriminer par les prix avec un minimum de connaissance du marché, en établissant un éventail d'options, un « menu » tel que les consommateurs révéleront leur valorisation par leur choix d'une option.

EXERCICES

1- Vrai ou Faux? La discrimination par les prix est toujours néfaste pour tous les consommateurs.

2- Un monopoleur pratiquant une segmentation de marché explicite (discrimination de troisième degré) maximise ses profits en :

a) Fixant un prix plus élevé sur le segment de marché où la demande est la plus élastique.

b) Égalisant la marge prix moins coût sur tous les segments.

c) Fixant un prix égal au coût marginal.

d) Fixant des prix tels que la recette marginale est la même sur chaque segment de marché.

e) Vendant uniquement sur le marché ayant la demande la moins élastique.

3- Vrai ou Faux? Un monopoleur qui est obligé de fixer un prix unique produira toujours une quantité plus importante que s'il pouvait pratiquer une discrimination par les prix.

4- Considérons l'exemple sur les stratégies de prix dans un marché de téléphonie cellulaire. Calculez en détail les surplus associés aux trois différents forfaits pour les deux types de consommateur.

5- Considérons un monopoleur qui peut discriminer entre deux groupes de consommateurs.

La demande du segment 1 est donnée par l'équation suivante :

$$Q_1 = 2 - P_1.$$

La demande du segment 2 est donnée par l'équation suivante :

$$Q_2 = 4 - P_2.$$

De plus, supposons que le monopoleur a un coût marginal constant égal à 1, et pas de coût fixe.

a) Calculez le niveau de production qui maximise les profits du monopoleur pour chaque segment de marché. Quels sont les prix sur chaque segment de marché? Quel est le profit total du monopoleur?

b) Supposons maintenant que les consommateurs sont libres d'échanger entre eux et peuvent transférer les biens d'un segment à l'autre sans coût. Le monopoleur ne peut plus discriminer et doit demander un prix unique. Quel serait ce prix? **Indice :** comparez les deux cas de figure possibles : $P \leq 2$ et $P > 2$.

6- « La Ronde » est un monopoleur sur le marché des parcs d'attractions dans la région de Montréal. Ses propriétaires ont commandé une étude de marché afin d'estimer la demande poten¬tielle pour le parc et de choisir les prix pour la saison 2014.

L'étude de marché a identifié deux segments distincts dans la population :

- la population étudiante, avec une demande estimée à :

$$P = 35 - Q^E.$$

- le public général (c'est-à-dire tout le monde **sauf** les étudiants), avec une demande estimée à :

$$P = 20 - 0{,}5Q^G,$$

où P est le prix du billet en dollars et Q, le nombre d'admissions.

Le coût marginal d'un visiteur de La Ronde est de 5 $, peu importe le segment auquel il appartient. De plus, supposez qu'il n'y a pas de coût fixe.

a) Supposons que La Ronde décide d'établir un prix unique.

i) Quel prix maximiserait les profits?

ii) Combien de billets seraient vendus à **chaque segment de marché**?

iii) Quel serait le nombre total d'admissions?

iv) Quels seraient les profits de La Ronde sous cette politique de prix unique?

b) Calculez l'élasticité-prix de la demande pour chaque segment de marché avec la politique de prix unique établie en **a)**.

c) Étant donné votre réponse en **b)**, pouvez-vous dire quel segment de marché (étudiant ou général) paierait son billet moins cher si La Ronde décidait de discriminer afin de maximiser ses profits? **Expliquez.**

d) Quelle est la logique derrière le fait de fixer des prix différents sur les deux segments de marché?

e) Calculez les prix que La Ronde devrait demander à chaque segment de marché afin de maximiser ses profits.

i) Combien de billets seraient vendus à chaque segment?

ii) Quel serait le nombre total d'admissions?

iii) Quels seraient les profits de La Ronde?

iv) Quelles sont vos conclusions concernant cette politique de prix?

f) Pensez-vous que la politique de prix établie en **e)** pourrait être efficace en pratique? Pourquoi, ou pourquoi pas? (**Indice :** en tant qu'étudiant, quel serait votre comportement dans une telle situation?)

7- Un club de yoga offre des leçons aux prix suivants :

- dix leçons pour 150 $ (120 $ pour les étudiants);
- vingt leçons pour 270 $ (220 $ pour les étudiants);
- trente leçons pour 360 $ (300 $ pour les étudiants).

a) Quel type de discrimination par les prix est pratiqué par ce club de yoga? Expliquez.

b) Quelle est la logique derrière l'utilisation de cette stratégie de prix? Est-elle utile afin d'augmenter les profits au-delà du niveau du monopole classique?

c) Considérons le cas d'un **étudiant** qui aimerait suivre des cours de yoga dans ce club. Représentez par un graphique la grille tarifaire (ligne de prix) à laquelle fait face l'étudiant. Indiquez clairement sur les axes les valeurs nécessaires à la construction de la courbe.

d) L'étudiant décide d'acheter vingt leçons au prix de 220 $. Étant donné cette information, dessinez sur le même graphique une courbe de demande cohérente avec ce choix. Expliquez.

8- Un monopoleur sert deux marchés géographiquement distincts.

La demande du marché 1 est donnée par :

$$P_1 = 100 - Q_1 / 2.$$

La demande du marché 2 est donnée par :

$$P_2 = 100 - Q_2.$$

La fonction de coût du monopoleur dépend de la production totale $Q = Q_1 + Q_2$ et est donnée par $C(Q) = Q^2$.

a) Calculez les quantités qui maximisent les profits du monopoleur pour les deux marchés. Quel est le profit total?

b) Supposons que la firme puisse réorganiser son mode de production en développant deux usines locales plus petites avec les fonctions de coûts $C(Q_1) = (Q_1)^2$ et $C(Q_2) = (Q_2)^2$. Cette réorganisation a un coût fixe, F. Chaque usine ne produit que pour son marché local. Calculez les quantités qui maximisent les profits sur les deux marchés, et le profit total associé.

c) Est-ce une bonne stratégie? Quelle raison économique justifie cette stratégie?

9- **Considérons une firme qui détient un monopole sur le transport en autobus dans un petit village. Elle sert deux types de clients : les étudiants et les autres.**

Le coût marginal est le même pour les deux segments de marchés. Les prix sont $P_E = 4$ \$ pour les étudiants et $P_A = 6$ \$ pour les autres. Les élasticités-prix sont $E_E = -2,5$ pour les étudiants et $E_A = -2$ pour les autres.

Avec cette information, est-il possible de dire si le monopoleur maximise ses profits?

10- **La vente groupée comme stratégie de tarification**

Considérons la stratégie de prix de l'Opéra de Montréal. L'Opéra programme deux spectacles cet automne (un opéra de Mozart et un de Wagner) et fait face à trois types de consommateurs dont les goûts en opéra diffèrent. Les valorisations pour les deux types de concert sont données par le tableau suivant :

	Valorisation	
Type de Consommateur	Wagner	Mozart
A	50 \$	5 \$
B	40 \$	40 \$
C	5 \$	50 \$

a) Supposons que l'Opéra ne puisse demander qu'un prix unique pour ses billets. Quel serait alors le prix optimal pour chaque opéra? Quels seraient les profits de l'Opéra? (Considérez que le coût marginal est nul, qu'il y a un coût fixe de F et qu'il se trouve 100 consommateurs de chaque type.)

b) Supposons maintenant que l'Opéra puisse offrir un abonnement de saison pour deux spectacles (stratégie de regroupement) en plus d'offrir des billets individuels comme auparavant. Quels seraient alors les prix optimaux pour l'abonnement de saison et pour un billet individuel? Comparez les profits de cette nouvelle stratégie à ceux de la stratégie de prix unique. À quel type de discrimination l'Opéra fait-il appel dans cet exemple?

8 L'incertitude et la valeur de l'information

APERÇU DU CHAPITRE

INTRODUCTION

Jusqu'à maintenant, nous avons analysé la prise de décisions dans un contexte de certitude. Les consommateurs connaissaient d'avance leur satisfaction future, et les producteurs étaient capables de parfaitement anticiper la demande pour leur produit. Malheureusement pour les décideurs, le monde est généralement incertain ou, ce qui revient au même, trop peu d'information est disponible pour permettre de prédire parfaitement l'avenir. Par conséquent, il est crucial de tenir compte de l'incertitude pour prendre de meilleures décisions.

Ce chapitre définira d'abord des *attitudes face au risque*. Ces attitudes traduisent le fait que des individus différents puissent se comporter différemment en présence d'incertitude. Nous analyserons les conséquences de ces attitudes face au risque, l'aversion au risque en particulier, et présenterons quelques stratégies pour réduire l'exposition au risque. Nous aborderons ensuite l'investissement en présence d'incertitude, à l'aide d'arbres de décision. Enfin, nous introduirons une méthode, basée sur les arbres de décision, permettant d'évaluer la valeur de l'acquisition d'information supplémentaire avant la prise de décision.

L'ATTITUDE FACE AU RISQUE

Les gens se comportent différemment en présence de risque : tout le monde n'est pas prêt à accepter la même loterie. Par exemple, supposons que quelqu'un vous propose de payer 100 $ pour lancer une pièce avec une chance sur deux de gagner 200 $. Le feriez-vous? Certaines personnes seront tentées par cette loterie, d'autres non. Il n'y a pas de bonne ou de mauvaise réponse; il s'agit seulement d'une question de préférence. En effet, tout comme ils affichent des préférences pour différents biens, les consommateurs ont des préférences quant à la quantité de risque qu'ils sont prêts à accepter. Nous appelons ces préférences leur *attitude face au risque*. Nous distinguons trois types d'attitudes face au risque : l'aversion au risque (riscophobie), la neutralité face au risque, et la préférence pour le risque (riscophilie).

DÉFINITION

Le **gain espéré** d'une loterie est la moyenne des différents gains possibles, pondérés par leur probabilité d'occurrence respective.[1]

L'aversion au risque

La plupart des gens sont *averses au risque* : ils ne sont pas prêts à s'exposer à un risque à moins que le *gain espéré* ne soit suffisamment élevé. En particulier, les individus averses au risque ne sont pas prêts à s'exposer à un *risque pur*.

1 Les termes « résultat espéré » et « valeur espérée » sont définis de la même façon.

Par exemple, si vous payez 100 $ pour avoir une chance (50 %) de gagner 200 $, vous pourriez vous retrouver avec un résultat de –100 $ si vous perdez, ou avec un résultat de +100 $ si vous gagnez – les 200 $ gagnés moins le coût de 100 $ pour participer. Le gain espéré de cette loterie est de 0,5 × (100 $) + 0,5 × (–100 $) = 0 $. Puisque cette loterie a un gain espéré de zéro, nous l'appelons *risque pur*.

DÉFINITION

Un individu est **averse au risque** (ou **riscophobe**[2]) s'il n'est pas prêt à s'exposer à un risque pur.

La définition ci-dessus ne veut pas dire que les individus averses au risque n'acceptent aucun pari, simplement qu'ils accepteront seulement ceux qui rapportent un gain espéré suffisamment élevé. D'ailleurs, deux personnes riscophobes peuvent avoir des degrés d'aversion au risque différents : il se peut que l'une d'elles accepte de payer 80 $ pour une chance de gagner 200 $ sur un pile ou face, tandis que l'autre n'accepterait pas de payer plus de 50 $ pour la même loterie. Ces deux personnes sont averses au risque – aucune n'accepte de payer 100 $ – mais celle qui accepte de payer 80 $ est moins averse au risque que l'autre.

L'aversion au risque peut être utile au-delà de l'analyse des loteries et des situations de jeu. Les décisions financières constituent un aspect de notre vie quotidienne dans lequel l'incertitude joue un rôle central.

Par exemple, vous envisagez d'investir dans un produit financier et vous savez que vous avez autant de chances d'obtenir un rendement de r = 2 % qu'un rendement de r = 10 %. Si vous investissez 1 000 $, la valeur espérée de cet investissement est, par définition, la somme des gains possibles, pondérée par leur probabilité respective, nette du montant investi :

$$E[V] = 0{,}5 \times (1{,}02 \times 1\,000\,\$) + 0{,}5 \times (1{,}10 \times 1\,000\,\$) - 1\,000\,\$ = 60\,\$.$$

Plus généralement, si les rendements possibles sont r_1 et r_2, avec des probabilités p_1 et p_2 respectivement (telles que $p_1 + p_2 = 1$), la valeur espérée d'un investissement de 1 000 $ s'obtient comme suit :

$$E[V] = (p_1 \times r_1 + p_2 \times r_2) \times 1\,000\,\$.$$

Cette expression se généralise à tout nombre de résultats possibles. Par exemple, en présence de trois rendements possibles, nous aurions :

$$E[V] = (p_1 \times r_1 + p_2 \times r_2 + p_3 \times r_3) \times 1\,000\,\$.$$

Bien entendu, la somme des probabilités doit valoir un : $p_1 + p_2 + p_3 = 1$. Pour alléger les notations, nous dénoterons simplement la valeur espérée par VE au lieu de E[V].

2 L'orthographe « risquophobe » est parfois employée.

L'utilité espérée

Tandis que la valeur espérée, VE, est la même pour tous les investisseurs, il est possible qu'ils ne partagent pas tous le désir d'investir 1 000 $ dans ce produit financier, puisqu'ils peuvent avoir des attitudes différentes face au risque. Pour tenir compte de ces différences, nous devons revenir à la notion d'utilité introduite au chapitre 1. Rappelez-vous que l'utilité est une expression numérique de la satisfaction d'un consommateur, qui est à la fois subjective et sans dimensions (en particulier, l'utilité ne s'exprime pas en unités monétaires). Ce sont ces caractéristiques qui la rendent appropriée pour l'évaluation subjective des situations risquées[3]. Pour ce faire, nous définissons l'*utilité espérée*.

DÉFINITION

L'**utilité espérée** d'un individu à la suite d'une décision (par exemple, détenir des actions d'une entreprise) est la moyenne de l'utilité de tous les résultats possibles, pondérés par leur probabilité d'occurrence respective.

En reprenant notre exemple précédent, si un investisseur attribue une utilité de 200 au fait d'obtenir un rendement de 2 % sur un investissement de 1 000 $ (c'est-à-dire un gain de 20 $) et une utilité de 800 à un rendement de 10 % (un gain de 100 $), son utilité espérée pour l'investissement sera de :

$$UE = 0,5 \times 200 + 0,5 \times 800 = 500.$$

De manière générale, si les rendements possibles sont r_1 et r_2, avec des probabilités p_1 et p_2 respectivement (telles que $p_1 + p_2 = 1$), l'utilité espérée associée à un investissement de 1 000 $ dans ce produit financier s'écrit comme suit :

$$UE = p_1 \times U(r_1 \times 1\,000\,\$) + p_2 \times U(r_2 \times 1\,000\,\$).$$

Tout comme dans le cas de la valeur espérée, cette expression se généralise à tout nombre de résultats possibles.

Graphiquement, l'utilité espérée s'obtient en traçant un segment de droite entre les points correspondant aux scénarios possibles. En figure 8.1, le segment entre les deux résultats possibles est noté AA', BB' et CC' dans les panneaux (a), (b) et (c), respectivement. Lorsque les deux résultats sont équiprobables, l'utilité espérée correspond à la hauteur du point situé au milieu du segment de droite.

3 Remarquez qu'on ne peut pas utiliser la valorisation dans ce cas-ci. Cela est dû au fait que les différences d'attitude face au risque proviennent de différences de perceptions de la « valeur » de montants monétaires (cet aspect sera clarifié plus loin). Tel que nous l'avons vu au chapitre 1, comme la valorisation s'exprime en unités monétaires, tous les individus accordent la même valorisation à un montant donné, qu'ils soient riches ou pauvres. Ce n'est pas le cas avec l'utilité.

FIGURE 8.1 Courbes d'utilités pour un individu riscophobe, un individu neutre au risque et un individu riscophile

(a) Individu riscophobe

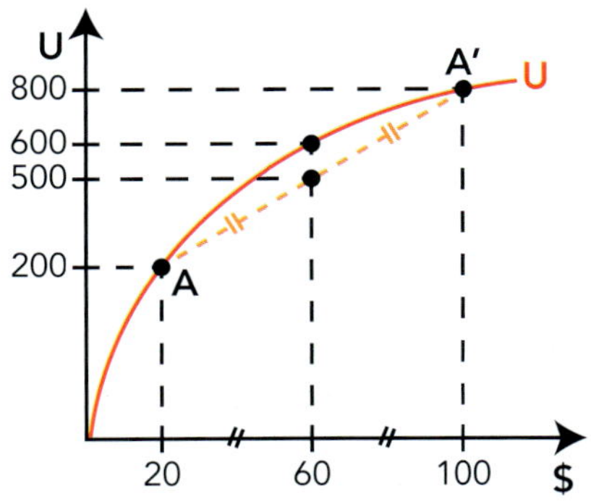

(b) Individu neutre au risque

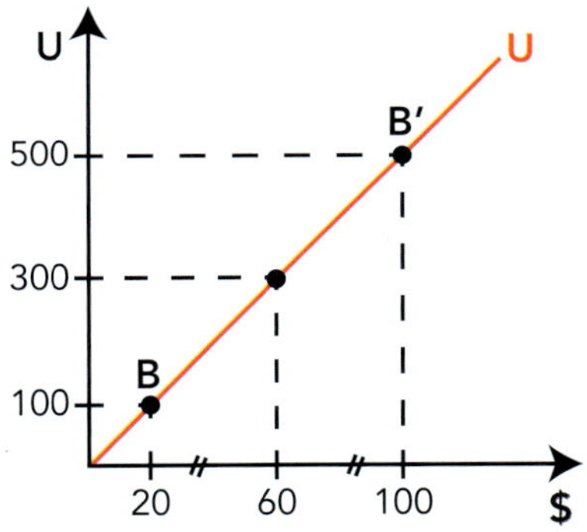

(c) Individu riscophile

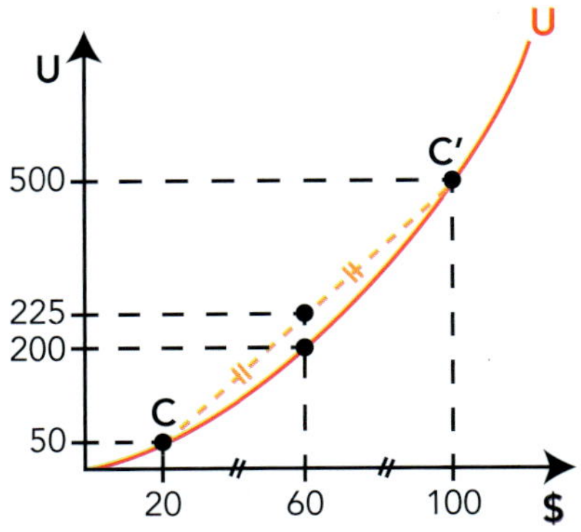

Par exemple, à la figure 8.1(a), l'utilité de l'agent passe de 200 à 800 lorsque le gain augmente de 20 $ à 100 $. Il s'ensuit – géométriquement, d'après le théorème de Thalès, pour les curieux – que le point milieu du segment AA' se situe directement au-dessus du point milieu entre 20 $ et 100 $ et directement à l'horizontale du point milieu entre U(20 $) = 200 et U(100 $) = 800. Par conséquent, le point milieu correspond à VE = 60 $ en abscisse et à l'utilité espérée UE = 500 en ordonnée.

Toujours dans la figure 8.1(a), comparons maintenant la hauteur de la courbe d'utilité à 60 $, U(60 $) = 600, avec la hauteur du point correspondant sur le segment AA', UE = 500. Le fait que U(60 $) = 600 > 500 = UE nous indique que l'investisseur préférerait investir dans un actif générant un gain certain (sans risque ni variance) de 60 $ plutôt que dans un actif risqué avec le même gain espéré, VE = 60 $, mais avec des retours sur investissements variant entre 20 $ et 100 $. En d'autres termes, **l'investisseur est averse au risque : il préfère un rendement certain à un actif risqué ayant le même résultat espéré**.

Formellement, nous dirons qu'un individu est averse au risque si :

$$UE < U(VE).$$

ENCADRÉ 8.1

UN PEU DE GÉOMÉTRIE

Même si les probabilités n'étaient pas de 50-50, de sorte que VE ne serait plus le point milieu entre 20 $ et 100 $, **la hauteur du point situé sur AA' et se trouvant directement au-dessus de VE serait encore précisément égale à UE**.

Par exemple, supposons un scénario où r = 2 % avec une probabilité de p_1 = 0,75 et r = 10 % avec une probabilité p_2 = 0,25. Il s'ensuit que VE = 0,75 × 20 $ + 0,25 × 100 $ = 40 $. Puisque r = 2 % est maintenant trois fois plus probable que r = 10 %, il s'ensuit que VE est trois fois plus proche de 20 $ que de 100 $: VE – 20 $ = 20 $, tandis que 100 $ – VE = 60 $. Il s'avère – d'après le théorème de Thalès – que la hauteur de la projection verticale de VE sur le segment AA' préserve ces proportions, de sorte que UE sera trois fois plus proche de U(20 $) = 200 que de U(100 $) = 800 (voir la figure 8.2). En d'autres termes, cette projection est égale à 0,75 × 200 + 0,25 × 800 = UE = 350.

FIGURE 8.2 Utilité espérée avec $p_1 = 0{,}75$ et $p_2 = 0{,}25$

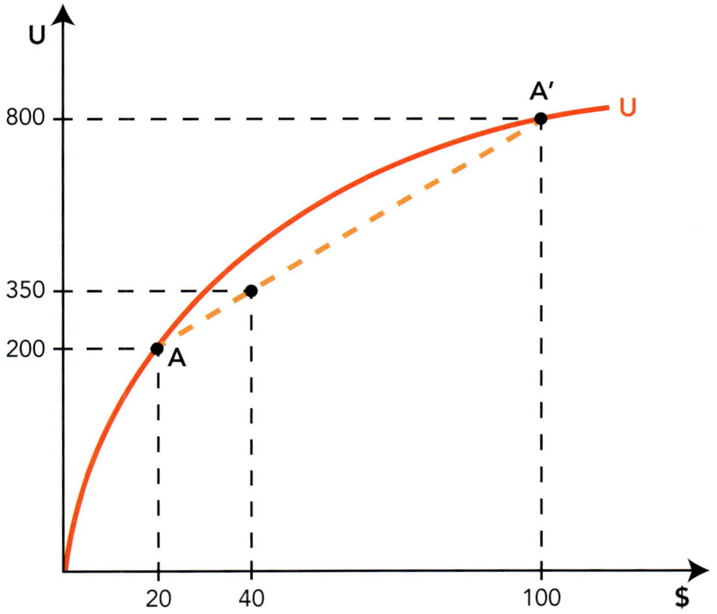

En résumé, lorsque les probabilités changent, VE « voyage » entre 20 $ et 100 $. Il s'ensuit que UE voyage sur AA' entre U(20 $) et U(100 $) en respectant le même ratio.

Aversion au risque et utilité marginale décroissante

Comme nous l'avons vu, l'aversion au risque est étroitement liée à la forme de la courbe d'utilité, ce qui permet une analyse géométrique. La courbe d'utilité de la figure 8.1(a) illustre une utilité marginale décroissante : l'impact d'un petit accroissement de gain diminue au fur et à mesure que l'individu s'enrichit.

Graphiquement, cette condition assure que la courbe d'utilité se situe toujours entièrement au-dessus du segment AA', impliquant que l'individu préfère un résultat certain à une moyenne des différentes possibilités.

Les autres attitudes face au risque : la neutralité face au risque et le goût pour le risque

L'aversion au risque n'est qu'une des trois attitudes possibles face au risque. Bien que ce soit moins courant, un individu peut aussi être *neutre au risque* ou bien *riscophile*[4]. Les individus neutres au risque sont des gens qui ne sont pas affectés par la présence de risque : **seul le gain espéré importe à leurs yeux**. Par exemple, un individu neutre au risque est indifférent entre le fait d'obtenir un gain de 60 $ avec certitude et le fait d'investir dans un actif qui donnerait un gain équiprobable de 20 $ ou de 100 $.

Formellement, un individu est neutre au risque si :

$$UE = U(VE).$$

Graphiquement, la neutralité au risque implique que la courbe d'utilité coïncide avec le segment qui relie les deux résultats possibles, BB'. La courbe d'utilité est donc une ligne droite (voir la figure 8.1(b)).

Pour les individus riscophiles, le risque est un élément recherché au point où ils sont prêts à accepter un gain espéré plus faible si cela conduit à une prise de risque. Dans notre exemple précédent du lancer de la pièce de monnaie avec la chance de gagner 200 $, un individu riscophile serait prêt à payer *plus* de 100 $ pour cette loterie. Dans un contexte d'investissement, un individu riscophile *préférerait* investir dans un actif qui donnerait des gains équiprobables de 20 $ ou de 100 $ que d'obtenir un rendement certain de 60 $.

4 De même que pour « risquophobe », l'orthographe « risquophile » est parfois rencontrée.

ENCADRÉ 8.2

POURQUOI LES PARIEURS CHOISISSENT-ILS DE S'ASSURER ?

Nous avons défini trois catégories d'attitudes face au risque, avec l'hypothèse implicite qu'un individu se trouvait dans une seule des trois catégories : vous êtes soit averse au risque, soit neutre au risque, soit riscophile. Toutefois, cette vision est trop simpliste. En effet, un même individu peut à la fois se comporter en riscophobe – par exemple, lorsqu'il achète une police d'assurance sur sa maison – et s'exposer volontairement au risque, comme le ferait un riscophile – en achetant un billet de loterie, par exemple. En fait, l'attitude face au risque d'un individu dépend du contexte et des enjeux : vous êtes probablement plus averse au risque lorsque vous risquez de perdre votre maison que lorsque vous risquez simplement de perdre le prix d'un billet de loterie.*

Les économistes reconnaissent la multiplicité de l'individu et modélisent l'attitude face au risque en conséquence. Typiquement, le directeur d'une firme sera considéré comme neutre au risque – en raison de l'accès de la firme à des portefeuilles diversifiés et à la responsabilité limitée – alors qu'un consommateur – peut-être le même individu ! – démontrera une aversion au risque en assurant sa maison.

* Pour plus d'information sur la psychologie des attitudes face au risque, voir Kahneman, Slovic et Tversky *Judgment Under Uncertainty: Heuristics and Biases*, Cambridge University Press, 1982.

La figure 8.1(c) représente la courbe d'utilité d'un individu riscophile. Remarquez que la hauteur de la courbe d'utilité (200) est inférieure à celle du segment de droite CC' (225) correspondant à un gain de 60 $. Cela implique que l'utilité marginale pour l'argent – c'est-à-dire la pente de la courbe d'utilité – doit être croissante : le millionième dollar est plus important pour cet individu que son premier dollar. Bien que ce ne soit pas un type de préférence couramment rencontré, cette attitude peut décrire le comportement d'un joueur qui est principalement intéressé par un gain important mais se soucie peu des petits gains (« Le gros lot ou rien! »). (Pour plus d'information sur la façon dont le contexte affecte l'attitude face au risque, voir l'encadré 8.2.)

Formellement, pour les individus riscophiles :

$$UE > U(VE).$$

Réduire son exposition au risque

Le fait que le risque soit omniprésent ne veut pas dire que les personnes averses au risque soient sans recours. Il existe des façons de réduire son exposition au risque. Nous en présenterons deux : l'assurance et la diversification.

L'assurance

L'assurance est une façon de réduire son exposition au risque en payant aujourd'hui pour se garantir une compensation monétaire future en cas d'incident. Par exemple, supposons que vous possédiez une maison valant 200 000 $, qui a 1 % de chances de subir un incendie chaque année. En l'absence d'assurance, la valeur de votre maison sera de 200 000 $ s'il n'y a pas de feu (99 % de chances) et 0 $ en cas de feu (1 % de chances). Par conséquent, la valeur espérée de votre maison est :

$$VE = 0{,}99 \times 200\,000\,\$ + 0{,}01 \times 0\,\$ = 198\,000\,\$.$$

Comparativement à la valeur de votre maison, la diminution espérée de la valeur suite à un feu est de 2 000 $ (= 200 000 $ – 198 000 $). Si vous êtes averse au risque, vous êtes prêt à payer plus de 2 000 $ pour vous débarrasser du risque de perdre la totalité de la valeur de votre maison (200 000 $) en cas d'incendie.

La figure 8.3 illustre la courbe d'utilité d'un individu averse au risque. Puisqu'il est averse au risque, cette courbe se situe au-dessus de AA'. Cette préférence pour la certitude implique qu'il sera prêt à accepter une réduction (certaine) de sa richesse pour éliminer le risque d'une perte plus importante. Sur le graphique, on peut voir que l'utilité d'avoir une richesse de 195 000 $ avec certitude est égale à l'utilité espérée sans assurance.

FIGURE 8.3 **Le propriétaire averse au risque est prêt à débourser jusqu'à 5 000 $ pour s'assurer contre le risque (1 %) de perdre sa maison (200 000 $) dans un incendie.**

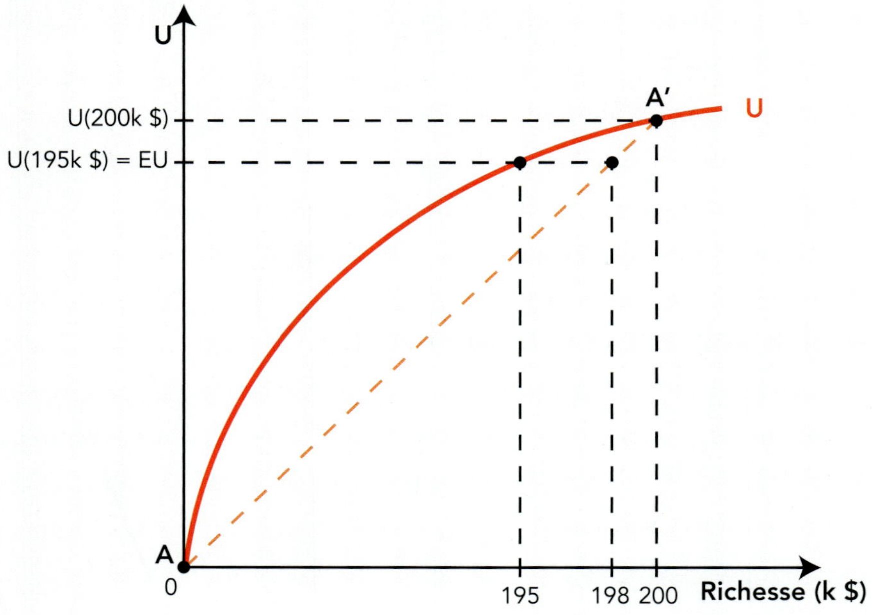

Une compagnie d'assurances sera prête à fournir une police d'assurance pour la maison – c'est-à-dire verser 200 000 $ au propriétaire en cas de feu – en échange d'un paiement (certain) en début d'année. Ce paiement est appelé *prime d'assurance*, et équivaut simplement au prix de la police d'assurance. Si la prime d'assurance, P, est exactement égale à la perte espérée – 2 000 $ dans notre exemple – nous dirons que la prime est *actuariellement neutre* ou encore *actuarielle*. Toutefois, les compagnies d'assurances ont besoin de couvrir certains coûts et d'enregistrer un profit (comptable) pour survivre. Par conséquent, leur prime est généralement supérieure à la prime actuariellement neutre. Dans notre exemple, tant que P < 5 000 $, le propriétaire de la maison acceptera de souscrire à la police d'assurance.

Le but d'une police d'assurance est de réduire la différence de richesse entre les différents événements possibles. En particulier, **lorsqu'une maison est assurée pour la totalité de sa valeur, la richesse du propriétaire reste la même peu importe ce qui arrive**, comme l'illustre l'exemple 8.1.

EXEMPLE **8.1**

Si P = 3 000 $, la richesse du propriétaire assuré est égale à 200 000 $ – 3 000 $ = 197 000 $ dans le cas où il n'y a pas d'incendie, et est égale à :

0 $	(maison détruite)
– 3 000 $	(prime d'assurance)
+200 000 $	(compensation de la compagnie d'assurances)
197 000 $	

en cas d'incendie. Par conséquent, en assurant pleinement sa maison, le propriétaire s'assure d'une richesse égale à 197 000 $, qu'il y ait un feu ou non.

ENCADRÉ 8.3

CONSENTEMENT À PAYER POUR L'ASSURANCE

La figure 8.3 décrivait l'attitude face au risque d'un propriétaire prêt à payer jusqu'à 5 000 $ pour assurer totalement sa maison contre le risque d'incendie. Ce consentement à payer était déterminé graphiquement, mais peut aussi être retrouvé algébriquement. Supposons que l'utilité du propriétaire liée à sa richesse soit donnée par :

$$U(X) = X^{0,4},$$

où X est la richesse du propriétaire liée à la valeur de sa maison – incluant aussi la prime d'assurance et les éventuelles indemnisations – exprimée en milliers de dollars.

En l'absence d'assurance, l'utilité espérée du propriétaire est égale à :

$$UE = 0,99 \times 200^{0,4} + 0,01 \times 0^{0,4} = 8,242.$$

La valeur espérée de sa maison étant de 198 000 $, l'utilité (certaine) du propriétaire en l'absence de risque serait de :

$$U(VE) = 198^{0,4} = 8,292.$$

Puisque U(VE) > UE, ce propriétaire est effectivement averse au risque lorsqu'il s'agit de ses biens immobiliers. Par conséquent, il est prêt à payer un montant supérieur à la perte espérée afin d'éliminer totalement le risque. Rappelons que lorsqu'une maison est assurée pour la totalité de sa valeur, la richesse du propriétaire n'est plus incertaine, et est égale à 200 000 $ moins la prime d'assurance. La prime maximale que le propriétaire est prêt à payer, notons-la M, est le montant qui rend celui-ci tout juste indifférent entre le fait d'assurer la totalité de la valeur de sa maison à ce prix, et le fait de ne pas l'assurer du tout :

$$U(200 - M) = UE.$$

On peut résoudre l'équation algébriquement comme suit :

$$(200 - M)^{0,4} = 8,242,$$

d'où

$$M = 200 - 8,242^{1/0,4} = 4\ 979,$$

ce qui est presque 5 000 $, comme en figure 8.3.

La diversification

La diversification est une façon de rendre la richesse future moins incertaine en répartissant le risque entre différents investissements indépendants. Par exemple, au lieu d'acheter uniquement des actions d'Apple Inc., vous pourriez vouloir acheter aussi des actions de Bombardier Inc. Puisque les deux entreprises font partie d'industries différentes, les chances que les valeurs des deux titres baissent simultanément sont inférieures aux chances que l'action d'Apple Inc. ou celle de Bombardier Inc. baissent individuellement. Évidemment, les chances que les deux titres affichent simultanément des résultats élevés sont également réduites. En résumé, la diversification réduit la variabilité des rendements, les rendant plus prévisibles.

Remarquez que la diversification est précisément la raison pour laquelle les compagnies d'assurances existent. En regroupant le risque de plusieurs individus, une compagnie d'assurance peut limiter sa propre exposition au risque. Si 1 % des maisons assurées brûlent, en moyenne, il se peut que dans une année donnée, un peu plus ou un peu moins de 1 % des maisons brûlent, mais il serait très étonnant que toutes les maisons brûlent la même année, par exemple.[5] Cette prévisibilité relative permet aux consommateurs d'être confiants quant à la capacité de la compagnie d'assurances de les dédommager en cas de feu, ce qui en retour assure une solide base de consommateurs à la compagnie d'assurances, lui permettant à son tour une meilleure diversification. Et ainsi de suite...

INVESTIR EN AVENIR INCERTAIN

Maintenant que nous avons détaillé les différentes attitudes face au risque, tournons notre attention vers le processus décisionnel d'un investisseur donné. Cela servira aussi d'introduction aux arbres de décision.

La décision d'investissement en utilisant les arbres de décisions

Considérons le cas d'un individu neutre au risque qui envisage d'investir 100 000$ dans un nouveau projet d'entreprise. Le succès du projet est incertain et est lié à la demande pour le produit novateur que cette entreprise va commercialiser; cette demande peut être faible ou élevée. Les chances de réussite – c'est-à-dire les chances d'avoir une demande élevée – sont estimées à 75 %. En cas de succès, l'investisseur enregistrera un gain de 300 000$. En cas d'échec – faible demande – l'investisseur perdra ses 100 000$. La figure 8.4(a) représente cette situation sous la forme d'un *arbre de décision*. Les *branches* de l'arbre correspondent à des décisions prises par les individus (incluant la

5 Si les risques d'incendie sont indépendants, la probabilité que cinq brûlent la même année est de 10^{-10}, soit 0,00000001 %.

« nature », qui « choisit » si la demande est élevée ou faible). Les *nœuds* résument les gains le long des *branches* choisies. Les extrémités des branches indiquent le gain obtenu lorsque toutes les décisions, ou tous les événements, ont eu lieu le long du chemin en question.

FIGURE 8.4 **Décisions d'investissement d'un investisseur**

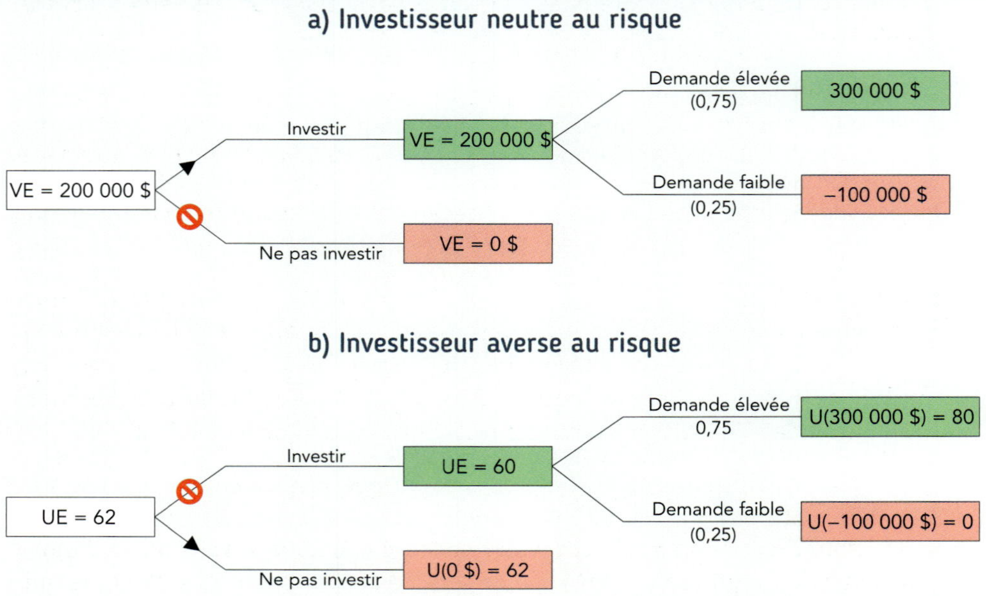

L'individu devrait-il investir ou ne pas investir dans l'entreprise? En lisant de gauche à droite, nous constatons que s'il n'investit pas, il choisit la branche du bas et obtient le gain certain de 0 $. Toutefois, s'il décide d'investir, il choisira la branche du haut. Dans ce cas, la nature « déciderait » si la demande est élevée ou faible. Sachant les probabilités d'occurrence, le gain espéré de l'investisseur au nœud du haut est de 0,75 × 300 000$ + 0,25 × (−100 000$) = 200 000$ > 0 $. Étant neutre au risque, l'investisseur ne considère que le gain espéré et choisira donc d'investir dans le projet.

LES ARBRES DE DÉCISION SE RÉSOLVENT À L'ENVERS

ENCADRÉ 8.4

La façon la plus simple de « résoudre » un arbre de décision, c'est-à-dire de déterminer le meilleur choix de l'individu, est de commencer par la fin, ce que nous appelons *induction à rebours*. L'induction à rebours consiste simplement à commencer l'analyse aux extrémités de l'arbre et à revenir progressivement vers la racine, en identifiant au passage les valeurs à chaque nœud.

Par exemple, dans le panneau supérieur de la figure 8.4, nous avons remplacé le nœud suivant la décision « investir » par le gain espéré de l'investisseur s'il devait atteindre ce nœud. Du point de vue de l'investisseur, ce nœud contient maintenant toute l'information nécessaire, et les branches qui en émergent peuvent maintenant être ignorées. L'utilisation de l'induction à rebours simplifie grandement l'analyse.

Supposons maintenant que notre investisseur soit averse au risque, si bien que l'information sur les gains n'est plus suffisante pour déterminer s'il investira ou non. Nous avons maintenant besoin d'information sur son utilité pour tous les résultats possibles. Il n'en existe que trois : –100 000$, 0 $ et 300 000$. Supposons que l'utilité de l'investisseur pour ces trois possibilités corresponde à :

$$U(-100\ 000\$) = 0;\ U(0\ \$) = 62;\ \text{et}\ U(300\ 000\$) = 80.$$ [6]

En utilisant l'induction à rebours (voir l'encadré 8.4) nous voyons que si l'individu venait à investir, son utilité espérée serait de $0{,}75 \times 80 + 0{,}25 \times 0 = 60$, ce qui est inférieur à $U(0\ \$) = 62$. Par conséquent, il préfère ne pas investir. Remarquez que ce ne sont pas tous les investisseurs averses au risque qui choisiront de ne pas investir. Il s'avère que cet investisseur est particulièrement averse au risque. L'exercice suivant vous demande d'identifier les investisseurs averses au risque qui choisiraient d'investir.

EXERCICE 8.1

Étant donné $U(-100\ 000\$) = 0$ et $U(0\ \$) = 62$, identifiez tous les investisseurs averses au risque qui choisiraient d'investir dans le projet d'entreprise. **Indice :** Quelles sont les valeurs minimale et maximale de U(300 000$) qui font qu'un investisseur est à la fois averse au risque et décide d'investir?

// ***Réponse :*** Pour que l'investisseur accepte d'investir, son utilité espérée doit être au moins égale à 62. Par conséquent, il faut que $0{,}75 \times U(300\ 000\$) + 0{,}25 \times 0 \geq 62$, ce qui est équivalent à $U(300\ 000\$) \geq 82{,}67$. Donc, tout investisseur

6 Rappelez-vous que la valeur de l'utilité ne correspond à aucune unité de mesure concrète. Par conséquent, le choix de l'origine, ici $U(-100\ 000\$) = 0$, est purement arbitraire. En revanche, ce qui importe est la différence relative entre les niveaux d'utilité : si nous avions choisi l'origine comme étant $U(0\ \$) = 0$, alors nous aurions eu $U(-100\ 000\$) = -62$ et $U(300\ 000\$) = 18$. La décision de l'investisseur serait inchangée.

avec U(300 000\$) ≥ 82,67 choisira d'investir. Cependant, nous cherchons les investisseurs *averses au risque* seulement. Nous savons qu'un investisseur est averse au risque si sa courbe d'utilité est caractérisée par une utilité marginale décroissante face à l'argent. En comparant la pente entre 0 \$ et 300 000\$ avec celle entre –100 000\$ et 0 \$, on obtient qu'elle est décroissante si :

$$1 / 300 \times [U(300\,000\$) - U(0\,\$)] < 1 / 100 \times [U(0\,\$) - U(-100\,000\$)],$$

$$\text{c'est-à-dire si } 1 / 300 \times [U(300\,000\$) - 62] < 1 / 100 \times [62 - 0],$$

$$\text{c'est-à-dire si } U(300\,000\$) < 4 \times 62 = 248.$$

Par conséquent, tout investisseur avec U(300 000\$) < 248 est un investisseur averse au risque. (Le cas où U(300 000\$) = 248 correspond à un investisseur neutre au risque.) En résumé, tous les investisseurs qui ont des préférences telles que **82,67 ≤ U(300 000\$) < 248** sont averses au risque et sont prêts à investir dans le projet.

LA VALEUR DE L'INFORMATION[7]

Nous conclurons ce chapitre en considérant l'acquisition d'information, par exemple en consultant un expert, avant de prendre une décision d'investissement ou d'affaires. En général, l'acquisition d'information est coûteuse, si bien que le choix d'acquérir de l'information est en soi une décision d'affaires. L'objectif de cette section est de fournir des outils permettant de déterminer si l'obtention d'information en vaut la peine.

Nous considérerons deux situations. Tout d'abord, nous examinerons le cas où l'information à acquérir est « parfaite », ce qui signifie qu'elle élimine toute l'incertitude entourant votre décision d'affaires. Ensuite, nous analyserons le cas plus réaliste d'information « imparfaite », ce qui signifie que l'incertitude n'est que partiellement éliminée.

Les deux cas seront illustrés à l'aide de l'exemple suivant. Vous devez choisir le design d'un nouveau produit pour votre entreprise. Vous avez trois options : créer un produit novateur, mettre en marché un produit au design plus classique ou encore quitter le marché (en vendant l'entreprise). Le produit novateur coûte plus cher à la conception, mais peut être très rentable s'il se vend bien. Le produit classique a un design plus abordable, mais générera moins de profits s'il se vend bien. Les gains correspondant à la vente de l'entreprise ne sont pas affectés par la demande pour le produit. Toutefois, vous ignorez si la demande pour ce type de produit sera élevée ou faible.

7 Cette section est inspirée du Chapitre 12 dans Clemen, *Making Hard Decisions: An Introduction to Decision Analysis*, Duxbury Press, 2e édition.

FIGURE 8.5 Choix du design d'un produit novateur, d'un produit classique ou de quitter le marché

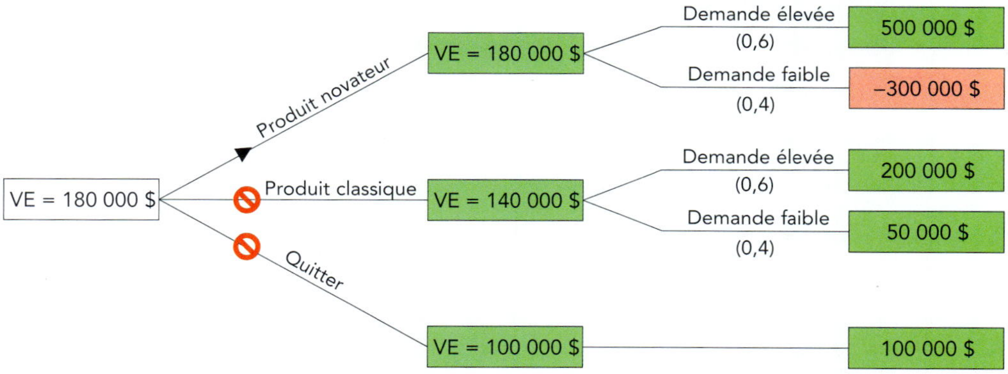

En quittant le marché et en vendant votre entreprise, vous obtiendrez 100 000 $ avec certitude. En décidant de mettre un produit en marché, que son design soit novateur ou classique, votre gain dépendra de la demande. Si la demande est élevée, et si vous avez choisi le design novateur (respectivement, le design classique) votre gain sera de 500 000 $ (respectivement, de 200 000 $). Si la demande est faible, vous subirez une perte de 300 000 $ si vous avez choisi le design novateur, et votre gain sera de 50 000 $ avec le design classique. Les probabilités que la demande soit élevée ou faible sont de 0,6 et 0,4 respectivement. Les probabilités et les gains sont donnés par la figure 8.5.

On peut calculer les gains espérés de chaque décision : « Produit novateur », « Produit classique » et « Quitter », ce qui donne :

$$VE_{\text{Produit novateur}} = 0{,}6 \times 500\ 000\ \$ + 0{,}4 \times (-300\ 000\ \$) = 180\ 000\ \$,$$

$$VE_{\text{Produit classique}} = 0{,}6 \times 200\ 000\ \$ + 0{,}4 \times 50\ 000\ \$ = 140\ 000\ \$,$$

$$VE_{\text{Quitter}} = 100\ 000\ \$.$$

Par conséquent, un décideur neutre au risque choisirait de mettre en marché un produit novateur pour obtenir un gain espéré de 180 000 $. Autrement dit, la situation actuelle vaut 180 000 $ pour un décideur neutre au risque, ce que nous notons $VE_{\text{PasInfo}} = 180\ 000\ \$$. Dans les prochaines sections, nous examinerons deux situations dans lesquelles de l'information, plus ou moins bonne, peut être obtenue. Dans chaque situation, nous comparerons la valeur espérée à la valeur sans information afin d'évaluer la valeur de cette information :

$$\text{Valeur de l'information} = VE_{\text{Info}} - VE_{\text{PasInfo}}$$

La valeur de l'information ainsi obtenue représente le montant qu'un décideur neutre au risque est prêt à payer pour obtenir l'information avant que celle-ci ne lui soit révélée. Par exemple, cela permet de savoir quelle valeur on accorde aux services d'un consultant avant de l'engager.

La valeur espérée de l'information parfaite

Supposons que vous ayez la possibilité de consulter quelqu'un capable de parfaitement prédire le futur : un devin. Combien seriez-vous prêt à payer pour ses services?

Comme toujours, pour déterminer le consentement à payer d'un individu pour un service, nous devons comparer les valorisations avec et sans le service en question. Nous savons déjà, de l'introduction, que la valeur espérée de la situation originale – c'est-à-dire sans recours aux services du devin – est de 180 000 $. Il ne reste qu'à déterminer le gain que l'on peut espérer en utilisant les services du devin.

Savoir d'avance ce que l'avenir réserve vous permet d'investir en conséquence. Bien que cette affirmation soit assez évidente, il est important de s'en souvenir lorsqu'on tente de déterminer la valeur de l'information. En effet, pour que l'information ait une quelconque valeur, il faut que votre choix en dépende. Par exemple, si vous savez d'avance que vous allez choisir le produit novateur peu importe ce que le devin vous dira, son information n'a aucune valeur à vos yeux.

Dans notre exemple, votre décision dépendra des prédictions du devin. S'il prédit une demande élevée, vous devriez choisir le produit novateur, générant ainsi 500 000 $, au lieu de 200 000 $ ou 100 000 $ (voir la figure 8.6). S'il prédit une demande faible, vous devriez vendre l'entreprise, gagnant ainsi 100 000 $, au lieu de 50 000 $ ou encore de perdre 300 000 $.

FIGURE 8.6 **Arbre de décision résumant les décisions disponibles : consulter ou non un devin, et comment agir conditionnellement à ses prédictions**

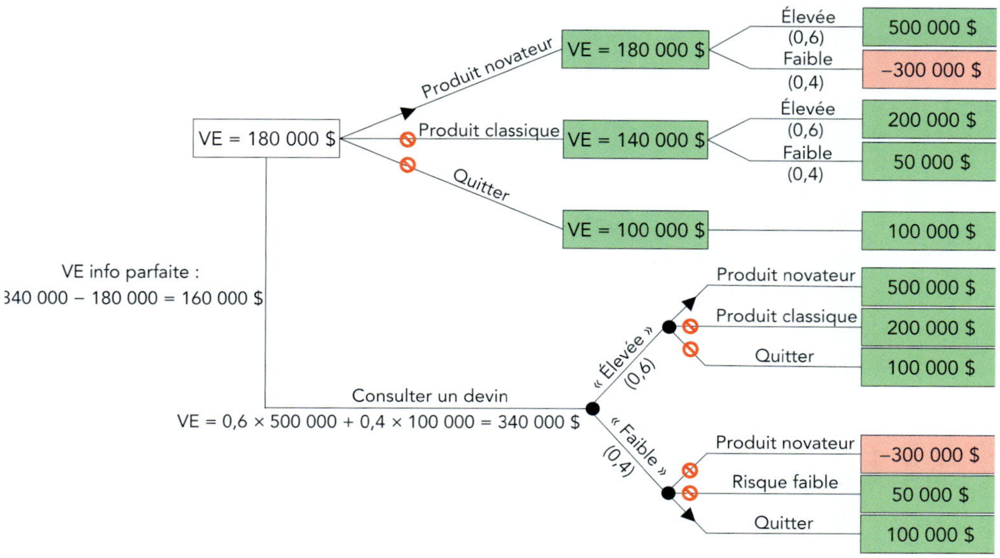

Par conséquent, l'information du devin a de la valeur. Il nous reste à déterminer à combien s'élève cette valeur. Pour ce faire, nous devons calculer le gain espéré *avant* de consulter le devin. Puisque ses prédictions sont parfaites, nous savons qu'il dira « demande élevée » avec une probabilité de 0,6 et « demande faible » avec une probabilité de 0,4. Nous venons de déterminer que si la prédiction indique « demande élevée », votre gain sera de 500 000 $ puisque vous aurez choisi le produit novateur. Dans le cas contraire, votre gain sera de 100 000 $, ce qui correspond à la vente de l'entreprise.

Sachant le comportement optimal pour chacune des prédictions possibles, le sous-arbre associé à l'action de consulter le devin se simplifie en deux branches (voir la figure 8.7). Le gain espéré lorsque vous consultez le devin se calcule donc facilement :

$$VE_{Devin} = 0{,}6 \times 500\,000\,\$ + 0{,}4 \times 100\,000\,\$ = 340\,000\,\$.$$

FIGURE 8.7 **Sous-arbre simplifié sachant le comportement optimal après consultation du devin**

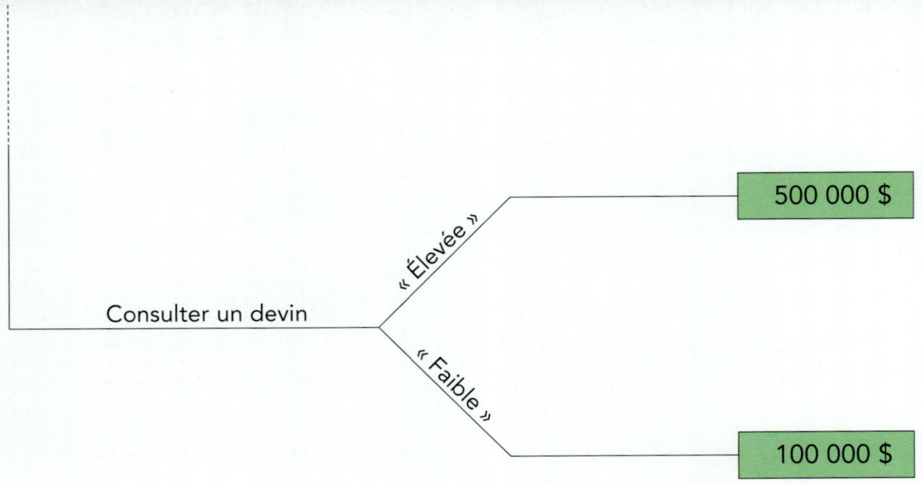

Enfin, nous sommes en mesure de calculer la valeur espérée de l'information parfaite du devin :

$$\text{Valeur de l'information parfaite} = VE_{\text{Devin}} - VE_{\text{PasInfo}} = 340\,000\,\$ - 180\,000\,\$ = \underline{160\,000\,\$}.$$

Par conséquent, si le devin demande plus de 160 000 $ pour ses services, un décideur neutre au risque ne devrait pas le consulter et s'en tirerait mieux en tentant sa chance sans information.

La valeur espérée de l'information imparfaite

En réalité, personne ne peut prédire l'avenir avec une précision parfaite. Sinon, cela se saurait. La meilleure option est donc de se fier à l'avis d'experts, par exemple les économistes. Les économistes n'ont pas toujours raison – cela, en revanche, est bien connu! – mais cela ne veut pas dire que leurs prédictions n'ont aucune valeur. Dans cette section, nous déterminerons la valeur (espérée) de l'information imparfaite.

Cette tâche est légèrement plus complexe que dans le cas de l'information parfaite, puisqu'il faut tenir compte du degré de précision des prédictions. Supposons, par exemple, que l'économiste que vous envisagez de consulter a raison 90 % du temps lorsqu'il prédit une demande élevée, mais seulement 70 % lorsqu'il prédit une demande faible. Le tableau suivant illustre ces probabilités :

TABLEAU 8.1 Probabilités d'occurrence sachant les prédictions de l'économiste

		Demande pour le produit	
		Élevée	**Faible**
Prédictions de l'économiste	« Élevée »	0,9	0,1
	« Faible »	0,3	0,7

Cela implique que si l'économiste prédit « Faible », il y a quand même 30 % de chances que la demande soit élevée. Par conséquent, le fait de consulter l'économiste n'élimine pas toute l'incertitude. Cependant, la prédiction de l'économiste peut tout de même être suffisamment informative pour avoir de la valeur : elle peut vous mener à prendre des décisions différentes suivant sa prédiction.

Revenons à notre exemple d'investissement et calculons le gain espéré de choisir le produit novateur lorsque l'économiste prédit « Élevée » :

$$VE_{\text{Produit novateur}|\text{« Élevée »}} = 0{,}9 \times 500\,000\,\$ + 0{,}1 \times (-300\,000\,\$) = 420\,000\,\$.$$

De même, on obtient les gains espérés suivants :

$$VE_{\text{Produit classique}|\text{« Élevée »}} = 0{,}9 \times 200\,000\,\$ + 0{,}1 \times 50\,000\,\$ = 185\,000\,\$;$$

$$VE_{\text{Produit novateur}|\text{« Faible »}} = 0{,}3 \times 500\,000\,\$ + 0{,}7 \times (-300\,000\,\$) = -60\,000\,\$;$$

$$VE_{\text{Produit classique}|\text{« Faible »}} = 0{,}3 \times 200\,000\,\$ + 0{,}7 \times 50\,000\,\$ = 95\,000\,\$.$$

Évidemment, dans tous les cas, le fait de quitter le marché vous permet de gagner 100 000 $ avec certitude. En tenant compte de toute cette information, il s'ensuit que la meilleure décision à prendre est de mettre en marché le produit novateur si l'économiste prédit une demande élevée – pour obtenir un gain espéré de 420 000 $ – et de vendre l'entreprise si l'économiste prédit une demande faible – pour obtenir un gain certain de 100 000 $. La figure 8.8 représente l'arbre de décision.

FIGURE 8.8 Arbre de décision en présence d'information imparfaite

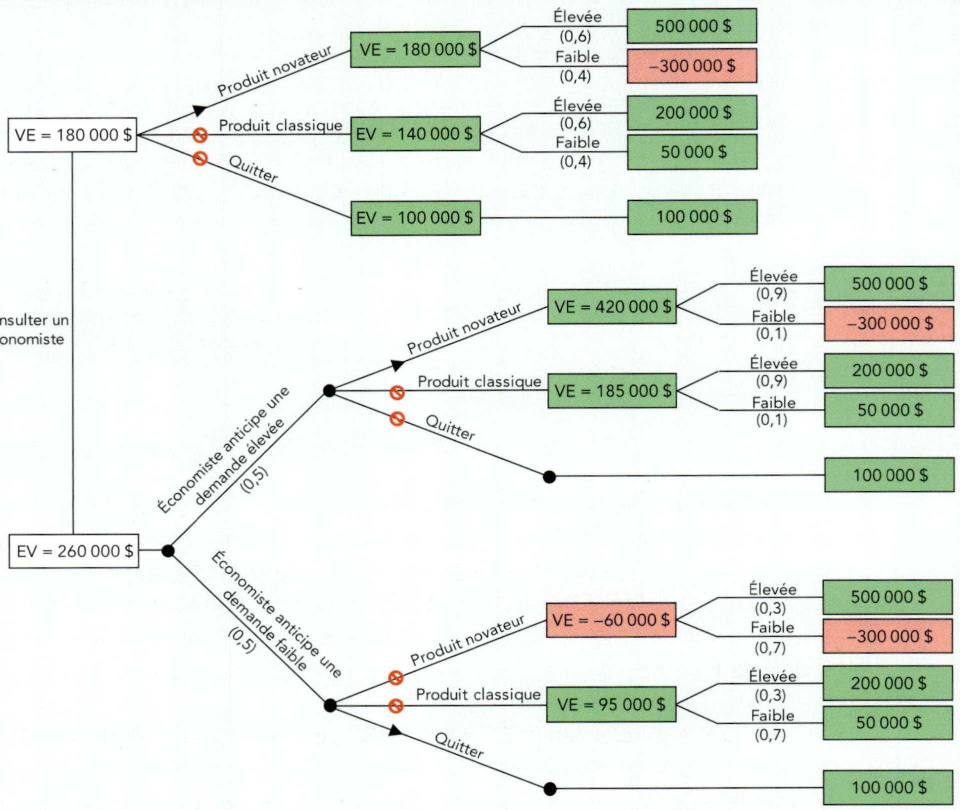

Afin de déterminer le gain espéré lorsque vous consultez un économiste, nous devons savoir à quelle fréquence nous pouvons nous attendre à ce qu'il prédise une demande élevée ou faible. Nous possédons déjà l'information nécessaire au calcul de ces probabilités. Il s'avère que, dans notre exemple, les chiffres font en sorte que l'économiste prédira une demande élevée avec une probabilité de 0,5 et une demande faible avec une probabilité de 0,5 (voir l'encadré 8.4). Le gain espéré suite à la consultation de l'économiste est alors :

$$VE_{\text{Économiste}} = 0{,}5 \times 420\ 000\ \$ + 0{,}5 \times 100\ 000\ \$ = 260\ 000\ \$.$$

Enfin, en comparant ce gain espéré à celui obtenu sans information, nous obtenons la valeur suivante pour l'information imparfaite :

$$\text{Valeur de l'information imparfaite} = VE_{\text{Économiste}} - VE_{\text{PasInfo}} = 260\ 000\ \$ - 180\ 000\ \$ = \underline{80\ 000\ \$}.$$

Certains aspects méritent d'être soulignés. Tout d'abord, la valeur de l'information est positive, de telle sorte que la prédiction de l'économiste, bien qu'imprécise, peut quand même aider à la prise de décision. Ensuite, la valeur de l'information imparfaite est inférieure à celle de l'information parfaite, ce qui était à prévoir. Si l'économiste demande plus de 80 000 $ pour ses services, un décideur neutre au risque préférera tenter sa chance sans information supplémentaire.

ENCADRÉ 8.5

AVEC QUELLE FRÉQUENCE L'ÉCONOMISTE PRÉDIT-IL UNE DEMANDE ÉLEVÉE ?

L'information dont nous disposons correspond aux probabilités que la demande soit élevée ou faible *sachant la prédiction* de l'économiste : P[Élevée | « Élevée »] = 0,9; P[Faible | « Élevée »] = 0,1; P[Élevée | « Faible »] = 0,3 ; P[Faible | « Faible »] = 0,7. Cependant, nous avons besoin de connaître les probabilités inconditionnelles : P[« Élevée »] et P[« Faible »].

Nous devrons utiliser la règle de Bayes pour obtenir ces probabilités*. Nous savons que l'économiste prédira toujours quelque chose, soit une demande élevée soit une demande faible, lorsque la demande sera réellement élevée, ce qui se traduit par l'identité suivante :

P[« Élevée » | Élevée] + P[« Faible » | Élevée] = 1

En appliquant la règle de Bayes, nous obtenons :

P[Élevée | « Élevée »] × P[« Élevée »] / P[Élevée] +
P[Élevée | « Faible »] × P[« Faible »] / P[Élevée] = 1.

C'est-à-dire

0,9 × P[« Élevée »] / 0,6 × 0,3 × P[« Faible »] / 0,6 = 1. **(Équation 1)**

De manière analogue, en intégrant le fait que l'économiste se prononcera toujours lorsque la demande sera faible, on obtient :

P[« Élevée » | Faible] + P[« Faible » | Faible] = 1.

La règle de Bayes nous donne :

P[Faible | « Élevée »] × P[« Élevée »] / P[Faible] +
P[Faible | « Faible »] × P[« Faible »] / P[Faible] = 1.

C'est-à-dire

0,1 × P[« Élevée »] / 0,4 + 0,7 × P[« Faible »] / 0,4 = 1. **(Équation 2)**

Les équations **1** et **2** forment un système à deux équations et deux inconnues, P[« Élevée »] et P[« Faible »], qui se résout pour obtenir **P[« Élevée »] = P[« Faible »] = 0,5**.

*La règle de Bayes : P[A | B] × P[B] = P[B | A] × P[A]

CONCLUSION

Ce chapitre a introduit la notion de risque et ses implications pour la prise de décision. Nous avons défini trois attitudes face au risque : l'aversion au risque, la neutralité au risque et le goût pour le risque. Nous avons énoncé pourquoi la plupart des individus étaient averses au risque, tandis que les entreprises pouvaient être considérées comme neutres au risque en raison de leur accès à des portefeuilles diversifiés. Nous avons vu que la diversification, tout comme l'assurance, était une façon de réduire l'exposition au risque.

Nous avons ensuite examiné comment tenir compte du risque dans la prise de décision. Avec l'introduction des arbres de décision, nous avons été en mesure de déterminer les décisions optimales pour un investisseur en utilisant l'induction à rebours. Ainsi, les arbres de décision nous ont permis de déterminer la valeur de l'information sur l'avenir, qu'elle soit parfaite ou non.

Les arbres de décision et l'induction à rebours nous seront utiles dans les chapitres suivants lorsque plusieurs individus seront conduits à se faire concurrence en tenant compte des stratégies de leurs rivaux.

RÉSUMÉ DU CHAPITRE 8

- Les individus averses au risque préfèrent un résultat certain à un projet risqué avec le même gain espéré : $UE < U(VE)$.
- Les individus neutres au risque ne considèrent que le gain espéré : $UE = U(VE)$.
- Les individus averses au risque sont prêts à payer plus que la prime actuariellement neutre pour assurer leur richesse.
- Les arbres de décision se résolvent en utilisant l'induction à rebours.
- La valeur de l'information est donnée par : $VE_{Info} - VE_{PasInfo}$.

CHAPITRE 8

EXERCICES

1- « Une personne averse au risque n'acceptera jamais de jouer au loto. » Expliquez pourquoi cette affirmation est fausse et donnez un contre-exemple.

2- Pourquoi un marché de l'assurance est-il possible?

3- **La valeur de la confirmation.** Du point de vue du processus de décision, quelle est la valeur d'une nouvelle information confirmant que vous êtes sur le point de prendre la bonne décision d'investissement?

4- Considérons les trois possibilités d'investissement suivantes :

- Investissement A : gain certain de 12 000 $ (sans risque);
- Investissement B : gain de 20 000 $ avec une probabilité de 0,4 et 8 000 $ sinon;
- Investissement C : gain de 26 000 $ avec une probabilité de 0,2, gain de 11 000 $ avec une probabilité de 0,6 et gain de 4 000 $ sinon.

a) Calculez la valeur espérée de chaque investissement.

b) Quel investissement sera choisi par un agent neutre au risque? Par un agent averse au risque? Par un agent riscophile?

5- Considérons une fois de plus les investissements A, B et C de l'exercice précédent. Trois investisseurs, Xavier, Yvonne et Zoé, doivent choisir un des trois investissements :

- la fonction d'utilité de Xavier est : $U_x(w) = 15w$;
- la fonction d'utilité d'Yvonne est : $U_y(w) = 3w^{1/4}$;
- la fonction d'utilité de Zoé est : $U_z(w) = 20w^3$;

où w représente le gain monétaire, exprimé en dollars.

a) Calculez pour les trois investisseurs l'utilité espérée de chaque investissement. Quel investissement (A, B ou C) sera choisi par chacun d'eux?

b) Décrivez l'attitude face au risque de Xavier, Yvonne et Zoé.

6- Construisez un arbre de décision qui illustre comment un plaignant décide d'aller au tribunal ou d'accepter un règlement hors cour pour une poursuite judiciaire. L'accusé offre 40 000 $ pour régler la poursuite immédiatement. Si le plaignant choisit d'aller au tribunal, il croit que ses chances de gagner le procès sont de 60 %. S'il l'emporte, il gagnera un montant de X $. S'il perd, il n'obtiendra rien. Quel est le montant X_{max} en deçà duquel le plaignant choisira le règlement amiable (hors cour)? Comment l'attitude face au risque du plaignant affecte-t-elle la valeur de X_{max}?

7- Claire a deux bijoux valant chacun 100 $. Elle veut les envoyer à sa sœur en Ouganda. Elle croit qu'il y a une probabilité **p** qu'un colis n'arrivera pas à destination. Elle se demande si elle doit envoyer les bijoux séparément ou dans un seul colis.

a) Quelle est la valeur espérée des bijoux reçus par sa sœur si elle utilise un seul colis? Deux colis séparés?

b) Si Claire est averse au risque, quelle méthode d'envoi choisira-t-elle? Répondez en comparant l'utilité espérée pour les deux méthodes. Ensuite, expliquez intuitivement votre réponse.

8- Gaston possède une statuette dont la valeur est, à ses yeux, de 2 000 $. La probabilité de se faire voler cette statuette est de 10 %, auquel cas sa valeur devient nulle pour Gaston. La fonction d'utilité de Gaston est donnée par :

$$U(R) = (R^2) / 10\,000,$$

où R est la valeur de sa statuette (richesse).

a) Si Gaston ne peut s'assurer contre le vol, quelle est la valeur espérée de cette situation risquée?

b) Quelle est l'utilité espérée de Gaston pour cette statuette? Qu'en déduisez-vous concernant son attitude face au risque?

c) Gaston serait-il prêt à considérer l'achat d'une **assurance intégrale** contre le vol de cette statuette? (**Nota bene** : une assurance intégrale dédommage Gaston de l'intégralité de la valeur de la statuette, soit 2 000 $, en cas de vol). Si oui, quel montant maximum Gaston serait-il prêt à débourser pour une telle assurance?

d) Représentez graphiquement l'attitude face au risque de Gaston par sa courbe d'utilité. Prenez soin d'indiquer la valeur espérée de la statuette, l'utilité espérée de Gaston, ainsi que la prime de risque maximale qu'il serait prêt à payer pour une assurance intégrale.

e) Une compagnie d'assurance lui offre de lui rembourser 1 900 $ en cas de vol. Le prix de cette police est de 100 $ (qui devront être payés, qu'il y ait vol ou non). Gaston choisira-t-il d'acheter cette police d'assurance si c'est la seule qu'on lui propose? Justifiez votre réponse.

f) À la lumière de vos réponses aux questions **b)** et **c)**, discutez de la validité de l'affirmation suivante : « Les personnes riscophobes refusent de payer pour s'assurer contre le vol ».

9- Vous êtes en charge du design d'un nouveau produit pour votre entreprise, qui fait partie de l'industrie du divertissement. Vous avez deux options : créer un produit novateur ou un produit plus générique. Le produit novateur coûte plus cher à concevoir, mais peut être très profitable s'il se vend bien. Le produit générique a un design plus abordable, mais générera moins de profits s'il se vend bien. Toutefois, les conditions économiques actuelles sont incertaines, et vous ne savez pas si les consommateurs auront un budget élevé à consacrer aux produits de votre industrie. Étant donné l'incertitude économique actuelle, vous pensez qu'il y a 20 % de chances que la demande soit forte pour votre produit (peu importe le produit choisi), et que la probabilité que les consommateurs ne soient pas intéressés par votre produit est de 80 %.

L'arbre de décision illustrant la situation est le suivant :

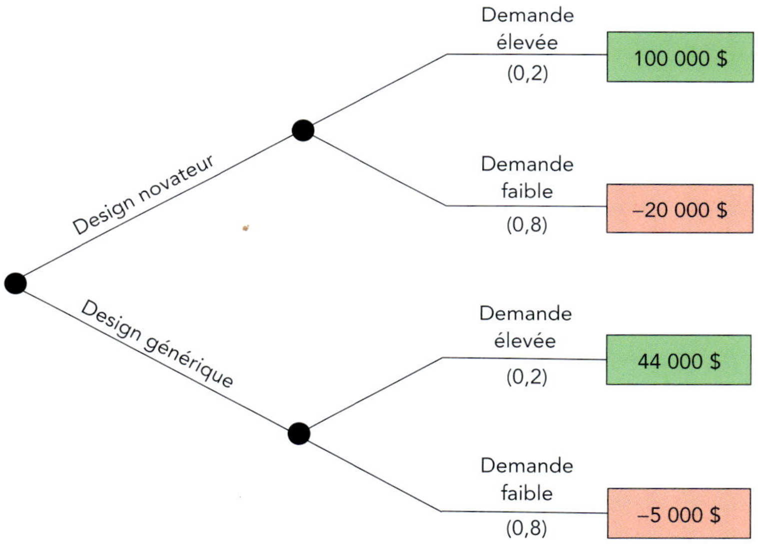

a) Si vous êtes neutre au risque, choisirez-vous le produit novateur ou le produit générique? Pourquoi? Illustrez votre réponse sur l'arbre de décision.

Pour le reste de la question, supposez que vous pouvez consulter un oracle, qui prédira parfaitement la demande future (élevée ou faible).

b) Construisez le nouvel arbre de décision reflétant le fait que vous pouvez maintenant consulter l'oracle. Prenez soin d'indiquer clairement les probabilités associées à chaque branche.

c) Supposons que vous êtes neutre au risque, quelle sera votre décision conditionnellement à l'annonce de l'oracle?

d) Supposons que vous êtes neutre au risque, quelle valeur attribuez-vous à la possibilité de consulter l'oracle?

10- Considérons le même problème qu'à l'exercice précédent. Supposons que vous n'ayez pas accès à un oracle, mais seulement à un économiste qui peut vous donner sa meilleure prédiction de la demande des consommateurs : « Demande faible » ou « Demande élevée ». Contrairement à l'oracle, la prédiction de l'économiste n'est pas parfaite : lorsqu'il prédit une demande élevée, il a raison 50 % du temps et lorsqu'il prédit une demande faible, il a raison 90 % du temps. L'arbre de décision correspondant est le suivant :

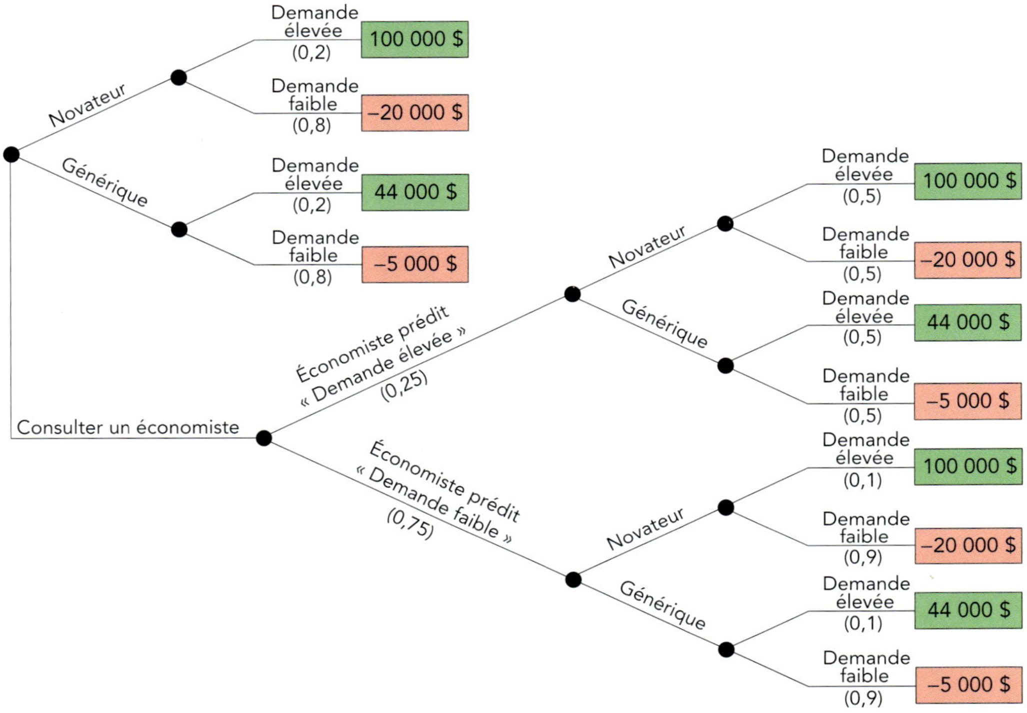

Répondez aux questions suivantes en supposant que vous êtes neutre au risque.

a) Quelle sera votre décision si l'économiste prédit une demande élevée? Quel sera votre gain espéré sachant cette prédiction?

b) Quelle sera votre décision si l'économiste prédit une demande faible? Quel sera votre gain espéré sachant cette prédiction?

c) Quelle valeur attribuez-vous aux services de l'économiste?

9 La théorie des jeux et les interactions stratégiques

APERÇU DU CHAPITRE

- Introduction
- La théorie des jeux : penser de manière stratégique
- Le dilemme du prisonnier
- Autres exemples de jeux simultanés
- Les jeux séquentiels
- Conclusion
- Exercices

INTRODUCTION

Jusqu'à maintenant, dans notre analyse des comportements économiques, nous avons fait l'hypothèse implicite que les agents prenaient leurs décisions indépendamment de celles des autres. L'environnement économique était donné et les actions des autres agents économiques n'avaient aucun impact sur cet environnement. Nous allons maintenant analyser des situations dans lesquelles le résultat pour un agent ne dépend pas seulement de ses propres actions mais aussi de celles des autres agents.

La différence principale est donc que les agents ne peuvent pas prendre leurs décisions indépendamment des autres. Ce sont des situations d'*interaction stratégique* ou plus simplement des *jeux*. Les outils utilisés pour examiner ces situations constituent la *théorie des jeux*. Un joueur comprend l'interdépendance des actions et des résultats qui en découlent. Il doit donc tenir compte du fait que les autres joueurs vont faire et agir en fonction de ses anticipations des actions des autres joueurs. Évidemment, les autres joueurs sont également rationnels et agissent selon leurs meilleurs intérêts, tenant compte à leur tour de leurs anticipations des actions des autres, et ainsi de suite. Tout cela doit être incorporé dans le processus de réflexion afin de concevoir une stratégie. Ce raisonnement stratégique est central à l'étude de la théorie des jeux. Le but de ce chapitre est de vous initier à la pensée stratégique dans les situations d'affaires.

LA THÉORIE DES JEUX : PENSER DE MANIÈRE STRATÉGIQUE

La pensée stratégique est importante dans de nombreux environnements économiques et d'affaires. En voici quelques exemples :

- Oligopole : deux firmes doivent décider du prix ou des quantités à produire;
- Politique commerciale : deux pays doivent s'entendre sur les tarifs à l'importation;
- Changement technologique : deux entreprises doivent décider d'adopter ou non un nouveau standard technologique.

ENCADRÉ 9.1

JEUX

Jeu stratégique : un scénario dans lequel deux décideurs, ou plus, interagissent.

Joueurs : les participants au jeu.

Stratégie : le plan d'action d'un joueur pour le jeu.

Gains : le gain de chaque joueur pour tous les résultats possibles du jeu.

Meilleure réponse : la stratégie qui maximise le gain d'un joueur considérant les stratégies des autres joueurs.

Équilibre : la « solution » du jeu; ce que les joueurs devraient faire s'ils se comportaient tous rationnellement.

La première étape pour utiliser les outils de la théorie des jeux consiste à décrire l'interaction stratégique que nous étudions sous forme de jeu. La description complète d'un jeu spécifie trois éléments : les joueurs, les actions possibles des joueurs et les gains des joueurs pour tous les résultats possibles du jeu. Les gains des joueurs sont donnés soit en termes d'utilité, soit en termes d'équivalent monétaire.

Une fois ces éléments spécifiés, nous pouvons étudier le jeu et analyser les stratégies que les joueurs devraient utiliser et le résultat attendu.

Pour étudier un jeu, il faut d'abord faire quelques hypothèses. La principale est que les joueurs sont *rationnels* : ils choisissent leurs stratégies afin de maximiser leurs gains. Cela ne veut pas dire que les joueurs sont cupides et ne pensent qu'à l'argent. Les gains peuvent inclure d'autres objectifs, surtout lorsqu'ils sont formulés en termes d'utilité.[1]

La nouveauté de la théorie des jeux provient de l'interdépendance des décisions des joueurs. Pour maximiser ses gains, un joueur doit anticiper les stratégies des autres joueurs. La stratégie qui apporte le meilleur gain à un joueur face aux stratégies jouées par les autres joueurs est appelée *meilleure réponse*. Lorsque tous les joueurs jouent une stratégie qui est une meilleure réponse aux stratégies des autres, nous avons un *équilibre de Nash* du jeu. Un équilibre de Nash est la prédiction donnée par la théorie des jeux sur le résultat le plus probable du jeu. Les stratégies d'équilibre sont les stratégies que l'on pense que chaque joueur rationnel devrait choisir.

Appliquons ces notions au jeu « Golden Ball » (voir l'encadré 9.2).

---

1 Voir les chapitres 1 et 8 pour la distinction entre gains monétaires et utilité.

ENCADRÉ 9.2

« GOLDEN BALL »

Regardez cette vidéo : http://www.youtube.com/watch?v=p3Uos2fzIJ0

- Décrivez le jeu.
- Qui sont les joueurs ?
- Quelles sont les stratégies disponibles ?
- Quels sont les gains possibles ?
- Quelle serait votre stratégie ? Pourquoi ?

Chacun des deux joueurs doit choisir l'une des deux balles. L'une est étiquetée « Voler » et l'autre est étiquetée « Partager ». Les règles sont que si les deux joueurs choisissent « Partager », ils se partageront un montant d'argent, disons 20 000 $, donc 10 000 $ pour chaque joueur. Si un joueur choisit « Partager » et que l'autre choisit « Voler », le joueur qui a choisi « Voler » empoche la totalité des 20 000 $. Si les deux joueurs choisissent « Voler », l'argent est perdu.

Les joueurs sont faciles à identifier. Chacun d'entre eux dispose de deux stratégies : Voler et Partager. Les gains sont donnés par le montant d'argent empoché selon les balles choisies.

Une manière simple de représenter les gains est d'utiliser la forme matricielle.

La matrice suivante illustre le jeu selon la perspective du Joueur 1. Les deux rangées représentent les deux stratégies qui lui sont disponibles. Les deux colonnes correspondent aux deux stratégies du Joueur 2. Les nombres représentent les gains possibles du Joueur 1 pour les quatre combinaisons possibles de stratégies.

		Joueur 2	
		Partager	Voler
Joueur 1	Partager	10 000 $	0 $
	Voler	20 000 $	0 $

Le deuxième tableau représente les gains du Joueur 2.

		Joueur 2	
		Partager	Voler
Joueur 1	Partager	10 000 $	20 000 $
	Voler	0 $	0 $

Pour représenter le jeu, nous pouvons utiliser une matrice dans laquelle les gains des deux joueurs sont indiqués côte à côte. Dans chaque case, le premier nombre correspond au gain du Joueur 1, et le deuxième au gain du Joueur 2.

		Joueur 2	
		Partager	Voler
Joueur 1	Partager	10 000 $; 10 000 $	0 $; 20 000 $
	Voler	20 000 $; 0 $	0 $; 0 $

Il est facile de voir que les deux joueurs ont intérêt à voler : quel que soit le choix de l'autre joueur, voler rapporte plus que partager. On devrait donc s'attendre à ce que les joueurs choisissent de voler, étant donné que le jeu a été conçu pour cela. Bien sûr, d'autres considérations non monétaires peuvent entrer en ligne de compte et changer le choix de stratégie.

LE DILEMME DU PRISONNIER

Le « dilemme du prisonnier » est probablement le jeu le plus célèbre de la théorie des jeux. De nombreuses versions du jeu existent; en voici une.

Bonnie et Clyde sont arrêtés par la police pour un vol de voiture. Un corps est trouvé dans le coffre de la voiture. La police a assez de preuves pour les inculper de vol, mais pas de meurtre : une confession est nécessaire.

Le shérif interroge Bonnie et Clyde dans des cellules séparées et fait la proposition suivante à chacun d'entre eux :

- Si vous vous dénoncez l'un l'autre, vous irez tous les deux en prison pour 15 ans.
- Si vous gardez tous les deux le silence, on ne pourra pas vous inculper pour le crime et vous irez en prison pour 2 ans pour vol.
- Si l'un d'entre vous parle alors que l'autre garde le silence, le délateur n'ira pas en prison alors que l'autre purgera une peine de 30 ans.

Le shérif annonce à chacun que la même entente a été offerte à l'autre suspect.

Le dilemme pour le prisonnier réside en ce que si l'un d'entre eux parle et que l'autre se tait, celui qui a parlé recevra une sentence beaucoup plus courte, en récompense pour avoir collaboré à l'enquête. La matrice des gains du jeu, avec les « gains » exprimés en nombre d'années de prison, est donnée par :

TABLEAU **9.1** **Matrice des gains pour le dilemme du prisonnier**

		Clyde	
		Parler	**Silence**
Bonnie	**Parler**	–15 ; –15	0 ; –30
	Silence	–30 ; 0	–2 ; –2

Si nous appliquons la méthodologie que nous venons d'apprendre, nous constatons que l'équilibre et les stratégies correspondantes ne sont pas très difficiles à trouver.

Examinons les meilleures réponses des joueurs. Si Clyde parle, Bonnie devrait parler puisqu'elle ne purgerait que 15 ans de prison, plutôt que 30 si elle garde le silence. Si Clyde garde le silence, Bonnie a encore une fois intérêt à parler pour ne pas aller en prison (0), plutôt que d'y passer 2 ans si elle gardait le silence. La meilleure stratégie pour Bonnie est donc de parler peu importe ses croyances sur les actions de Clyde. Parler est alors la meilleure stratégie pour Bonnie : il s'agit d'une *stratégie dominante***.**

DÉFINITION

Une **stratégie dominante** donne des gains plus élevés que les autres stratégies, quelles que soient les stratégies choisies par les autres joueurs.

Étant donné que Clyde a aussi « Parler » comme stratégie dominante (le jeu est symétrique), l'équilibre du jeu est atteint lorsque les deux joueurs parlent. Le résultat est donc qu'ils sont tous les deux condamnés à 15 ans de prison. Le dilemme est d'autant plus évident maintenant que nous connaissons la prédiction de la théorie. Les deux joueurs vont parler même s'ils se rendent compte qu'il ne s'agit pas d'un résultat efficace; ils s'en tireraient mieux en gardant tous les deux le silence. En effet, (Silence, Silence) conduit au résultat efficace au sens où il minimise la somme des années de prison pour les deux joueurs. Cependant, la seule chose rationnelle à faire au niveau individuel est de parler. C'est ce paradoxe qui rend le dilemme du prisonnier intéressant : la nature de l'interaction stratégique peut empêcher l'obtention du résultat efficace. Pire encore, la communication entre les deux joueurs ne les aiderait même pas. Une entente entre Bonnie et Clyde ne changerait pas le résultat à moins que celle-ci ne modifie les gains du jeu – par exemple, si l'un des deux peut faire une menace crédible de vengeance si l'autre parle.

La prédiction théorique du jeu se produit pour une combinaison de stratégies de laquelle aucun joueur ne veut s'écarter. Il s'agit d'un équilibre de Nash, nommé en l'honneur du mathématicien John Nash (1928-2015), inventeur du concept, lequel lui a valu le Prix Nobel d'économie en 1994.

ENCADRÉ 9.3

COMMENT TROUVER UN ÉQUILIBRE DE NASH

Il existe une manière simple de trouver un équilibre de Nash pour un jeu sous forme matricielle.

Tout d'abord, il faut déterminer les meilleures réponses d'un joueur pour toutes les stratégies possibles de l'autre joueur. Pour chaque stratégie jouée par l'autre joueur nous pouvons indiquer dans la matrice la meilleure réponse en soulignant le plus grand gain qu'il est possible d'obtenir (le gain de la meilleure réponse).

Après avoir répété cette étape pour toutes les stratégies et pour tous les joueurs, nous pouvons alors identifier les cases de la matrice où les deux gains sont soulignés. Si c'est le cas, nous avons alors trouvé un équilibre de Nash puisque, par construction, les stratégies sont des meilleures réponses l'une à l'autre.

DÉFINITION

Un **équilibre de Nash (ÉN)** est une situation où chaque joueur joue sa *meilleure réponse* face à la stratégie de l'autre. Aucun joueur ne peut donc bénéficier d'une déviation unilatérale.

Appliquons cette méthode au dilemme du prisonnier :

TABLEAU 9.2 **Équilibre de Nash pour le dilemme du prisonnier**

		Clyde	
		Parler	Silence
Bonnie	Parler	**<u>–15</u> ; <u>–15</u>**	<u>0</u> ; –30
	Silence	–30 ; <u>0</u>	–2 ; –2

AUTRES EXEMPLES DE JEUX SIMULTANÉS

Les applications du dilemme du prisonnier

Le dilemme du prisonnier est un jeu classique qui est analysé dans tout cours de théorie des jeux. Sa renommée dépasse les manuels de référence et la plupart des gens en ont entendu parler. Non pas que l'histoire des deux prisonniers soit particulièrement intéressante, mais le raisonnement stratégique du dilemme du prisonnier peut être appliqué à bien d'autres situations.

La tragédie des communs

La *tragédie des communs* est l'exploitation d'une ressource commune par des individus qui n'agissent que selon leurs propres intérêts. Malgré le fait que la surexploitation d'une ressource commune est contraire au bien-être à long terme du groupe, l'intérêt personnel d'un individu l'emporte souvent et conduit à un résultat qui est mauvais pour tous.

Les exemples de « communs » pour lesquels la surexploitation est un problème sont nombreux : la surpêche dans les océans, l'émission de gaz à effet de serre dans l'atmosphère qui conduit aux dérèglements climatiques, la pollution des rivières et des ruisseaux, ou encore la surexploitation des pâturages communs.

Examinons l'exemple d'un stock de poisson dans la mer et voyons comment des rivalités entre pays peuvent entraîner une surpêche. Supposons que les deux joueurs soient deux pays qui envoient leurs chalutiers dans la même zone de l'océan. Ils peuvent utiliser deux stratégies de pêche : la pêche restreinte ou la pêche non restreinte. Les gains représentent les profits exprimés en millions de dollars.

TABLEAU **9.3** Matrice des gains pour la tragédie des communs

		Pays B	
		Pêche restreinte	**Pêche non restreinte**
Pays A	**Pêche restreinte**	10 ; 10	2 ; 15
	Pêche non restreinte	15 ; 2	3 ; 3

Tout comme dans le dilemme du prisonnier, il existe une stratégie dominante, ici « pêche non restreinte » est le seul équilibre de Nash du jeu et est atteint lorsque les deux pays adoptent cette stratégie dominante (voir le tableau 9.4). Cela entraîne une surpêche et un épuisement des stocks de poisson, ce qui est dommageable pour les deux pays. Ainsi, la tragédie des communs est le résultat d'une interaction stratégique menant à un résultat économique inefficace. Ainsi, lorsque l'interaction stratégique est importante, le libre marché et le laissez-faire ne conduisent pas nécessairement à une allocation efficace des ressources. Comparativement à la concurrence parfaite, nous voyons que lorsqu'un petit nombre de joueurs ont un impact sur le résultat du jeu, celui-ci ne sera souvent pas efficace.

TABLEAU **9.4** Équilibre de Nash pour la tragédie des communs

		Pays B	
		Pêche restreinte	Pêche non restreinte
Pays A	Pêche restreinte	10 ; 10	2 ; 15
	Pêche non restreinte	15 ; 2	**3 ; 3**

Le jeu de fixation des prix

Le raisonnement stratégique des gestionnaires de firmes en oligopole peut être modélisé en utilisant la théorie des jeux. Par exemple, supposons qu'il y ait deux entreprises sur le marché. Deux stratégies sont à la disposition du gestionnaire de chacune d'elles :

1. Une stratégie de collusion avec prix élevés;
2. Une stratégie de guerre des prix avec prix bas.

Dans un marché oligopolistique avec produits différenciés, les firmes s'en tirent mieux si les deux proposent un prix élevé plutôt qu'un prix bas. Toutefois, si l'une des deux firmes établit son prix en dessous de celui de l'autre firme, elle peut capturer une forte part de marché et augmenter ses profits. Le jeu est représenté par la matrice suivante, dans laquelle les gains sont exprimés en millions de dollars.

TABLEAU **9.5** Matrice de gains pour le jeu de fixation des prix

		Firme 2	
		Collusion (prix élevé)	Guerre des prix (prix bas)
Firme 1	Collusion (prix élevé)	10 ; 10	4 ; 14
	Guerre des prix (prix faible)	14 ; 4	6 ; 6

Avec les gains donnés par le tableau ci-dessus, les firmes parviendront-elles à établir une collusion? Notre analyse précédente suggère que cela est peu probable. L'équilibre de Nash du jeu correspond à une stratégie de guerre des prix pour les deux firmes, et donc à des prix bas.

TABLEAU **9.6** **Équilibre de Nash pour le jeu de fixation des prix**

		Firme 2	
		Collusion (prix élevé)	**Guerre des prix (prix bas)**
Firme 1	**Collusion (prix élevé)**	10 ; 10	4 ; 14
	Guerre des prix (prix faible)	14 ; 4	**6 ; 6**

Nous étudierons les interactions stratégiques dans les oligopoles de manière plus approfondie au prochain chapitre.

Autres jeux simultanés

Un jeu de coordination : la chasse au cerf

Dans le jeu suivant, les joueurs conviennent qu'il est mieux de coopérer que de ne pas coopérer. Deux chasseurs doivent décider d'aller chasser soit le cerf, soit le lapin. Pour attraper le cerf, les deux chasseurs doivent être présents. Les gains sont exprimés en termes d'utilité.

TABLEAU **9.7** **Matrice de gains pour le jeu de chasse au cerf**

		Chasseur 2	
		Cerf	**Lapin**
Chasseur 1	**Cerf**	3 ; 3	0 ; 2
	Lapin	2 ; 0	1 ; 1

Nous voyons qu'il y a deux équilibres de Nash : (Cerf ; Cerf) et (Lapin ; Lapin). La coopération permet un meilleur résultat, mais si vous ne croyez pas que l'autre joueur choisira de coopérer, vous vous en tirerez mieux en chassant le lapin.

TABLEAU **9.8** **Les deux équilibres de Nash du jeu de chasse au cerf**

		Chasseur 2	
		Cerf	**Lapin**
Chasseur 1	**Cerf**	**3 ; 3**	0 ; 2
	Lapin	2 ; 0	**1 ; 1**

La bataille des sexes

Dans le jeu classique suivant, les joueurs conviennent qu'il est mieux de coopérer mais ne s'entendent pas sur l'issue souhaitable. Deux personnes veulent passer une soirée ensemble. Deux activités sont disponibles : un match de hockey du Canadien, et un concert de Céline Dion. Une personne (le mari) préfère le match de hockey, l'autre (la femme) préfère le concert. S'ils choisissent des activités différentes, ils sont tous les deux malheureux, peu importe l'activité. La matrice suivante illustre cette interaction avec des gains exprimés sous forme d'utilité.

TABLEAU 9.9 Matrice de gains de la bataille des sexes

		Femme	
		Concert	Match de hockey
Mari	Concert	1 ; 2	0 ; 0
	Match de hockey	0 ; 0	2 ; 1

Là aussi, il y a deux équilibres de Nash, dans lesquels les deux personnes choisissent la même activité. Ce jeu modélise une situation où la coopération et le conflit sont présents de manière simultanée.

TABLEAU 9.10 Les deux équilibres de Nash de la bataille des sexes

		Femme	
		Concert	Match de hockey
Mari	Concert	**1 ; 2**	0 ; 0
	Match de hockey	0 ; 0	**2 ; 1**

Le jeu de la poule mouillée

Ce jeu modélise la décision de deux pilotes qui conduisent leur voiture l'une vers l'autre selon une trajectoire de collision. Celui qui se retire de la route perd le jeu au profit du conducteur qui a maintenu sa trajectoire, mais si les deux se défient, l'accident est inévitable. La matrice suivante illustre cette interaction avec des gains exprimés sous forme d'utilité.

TABLEAU **9.11** Matrice de gains du jeu de la poule mouillée

		Joueur 2	
		Se retirer	**Défier**
Joueur 1	**Se retirer**	2 ; 2	0 ; 5
	Défier	5 ; 0	–50 ; –50

Il y a deux équilibres de Nash dans lesquels un des conducteurs se retire et l'autre poursuit sa route.

TABLEAU **9.12** Les deux équilibres de Nash du jeu de la poule mouillée

		Joueur 2	
		Se retirer	**Défier**
Joueur 1	**Se retirer**	2 ; 2	**0 ; 5**
	Défier	**5 ; 0**	–50 ; –50

LES JEUX SÉQUENTIELS

Dans les jeux que nous avons analysés jusqu'à présent, tous les joueurs choisissaient leurs actions simultanément. Les joueurs agissaient donc sans savoir ce que les autres joueurs avaient choisi de faire. Dans cette section, nous verrons que les interactions stratégiques peuvent aussi être de nature séquentielle, lorsque les joueurs choisissent leurs actions à tour de rôle. Dans ce cas, le premier joueur doit anticiper l'impact de ses actions sur les stratégies disponibles aux autres joueurs.

Voyons maintenant comment le fait de jouer séquentiellement peut changer l'interaction stratégique dans « Golden Ball ».

ENCADRÉ 9.4

« GOLDEN BALL » REVISITÉ : CHANGER LE JEU

Regardez cette vidéo : http://www.youtube.com/watch?v=S0qjK3TWZE8

En choisissant « Voler » en premier et en avertissant l'autre joueur, le premier joueur change le jeu et la nature de l'interaction stratégique. En volant en premier, le deuxième joueur perd toute chance d'obtenir l'argent à moins qu'il ne fasse confiance à l'autre joueur et à sa promesse de partage de l'argent.

Les jeux séquentiels sont représentés par des arbres de décision, comme ceux du chapitre 8. La principale différence est que les joueurs peuvent choisir différentes actions le long de l'arbre.

Prenons un exemple simple. Il y a deux firmes dans le jeu, l'entrant potentiel (Joueur 1) et une entreprise en place (Joueur 2). L'entrant doit décider s'il entre ou non sur le marché occupé par le Joueur 2. Si le Joueur 1 n'entre pas sur le marché, le Joueur 2 obtient un profit substantiel alors que le Joueur 1 n'obtient rien. Si l'entrant potentiel décide d'entrer sur le marché, l'entreprise en place doit décider si elle engage une guerre des prix. Si elle choisit la guerre des prix, les deux firmes en subissent les conséquences, tandis que si elle décide d'accommoder la nouvelle entreprise, les deux firmes obtiennent un profit modeste.

Nous pouvons représenter le jeu par l'arbre suivant :

FIGURE 9.1 Jeu d'entrée sur un marché

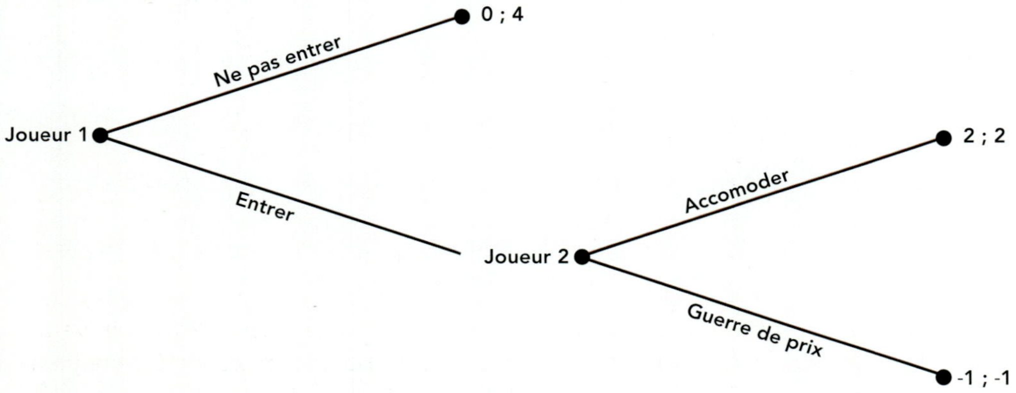

Remarquez que le jeu peut aussi être représenté sous forme matricielle, en laissant de côté l'aspect séquentiel. La matrice du jeu serait alors représentée comme suit :

TABLEAU 9.13 Jeu d'entrée sous forme matricielle

		Joueur 2	
		Accommoder	Guerre des prix
Joueur 1	Entrer	2 ; 2	–1 ; –1
	Ne pas entrer	0 ; 4	0 ; 4

Remarquez qu'il y a deux équilibres de Nash, le premier, dans lequel le Joueur 1 entre sur le marché où le Joueur 2 l'accommode, et le deuxième, dans lequel le Joueur 1 n'entre pas sous la menace d'une guerre des prix. Toutefois, ce dernier équilibre est peu probable puisqu'il est basé sur une menace qui n'est pas crédible.

En effet, si nous étudions le jeu sous forme d'arbre, nous voyons qu'en commençant par la dernière branche de l'arbre, l'entreprise en place doit choisir entre « Accommoder » et « Guerre des prix ». Puisque les gains associés à la stratégie « Accommoder » sont plus élevés que ceux correspondant à « Guerre des prix », le Joueur 2 choisira l'accommodement.

FIGURE **9.2** **Jeu d'entrée – réponse optimale du joueur 2**

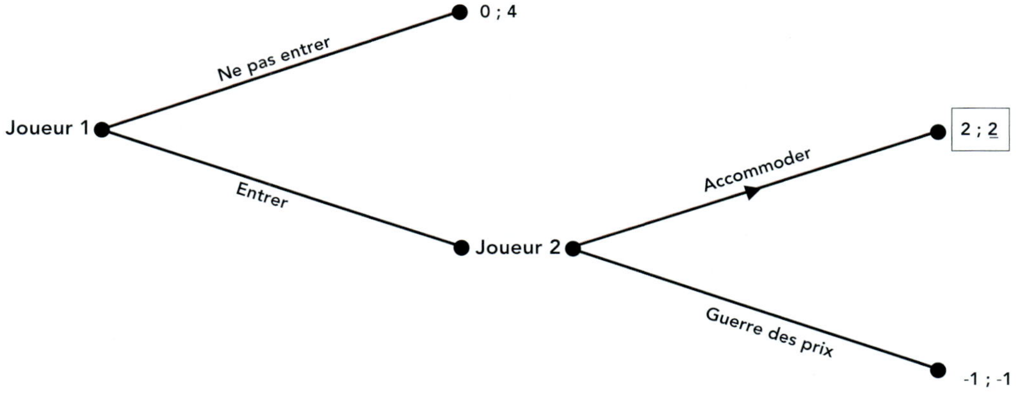

L'entrant potentiel, en analysant la situation de l'autre joueur, devrait en venir à la conclusion que l'entreprise en place accommodera son entrée. L'arbre peut donc être simplifié, comme l'illustre la figure 9.3. La meilleure décision pour le Joueur 1 est maintenant d'entrer sur le marché.

FIGURE **9.3** **Arbre réduit**

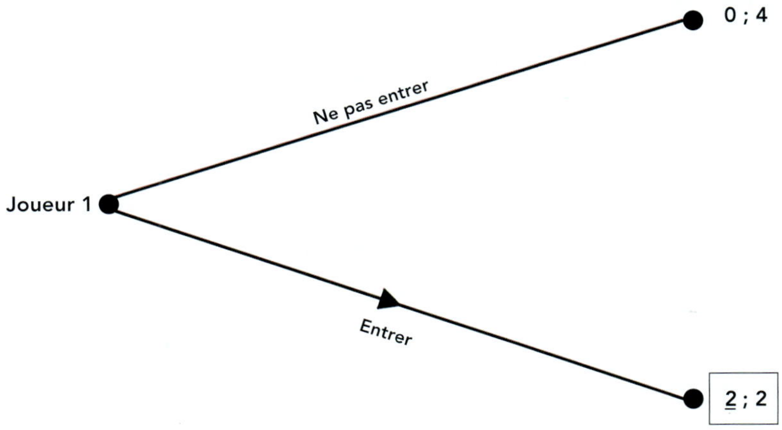

Le processus consistant à commencer à la fin de l'arbre pour trouver la solution est appelé *l'induction à rebours*. En utilisant cette méthode, nous trouvons l'équilibre du jeu. Il s'agit d'un équilibre de Nash, mais il tient aussi compte de la nature dynamique du jeu.

Nous constatons donc que la représentation sous forme d'arbre est utile pour comprendre les jeux séquentiels. La leçon principale est qu'il faut anticiper les actions des autres joueurs pour pouvoir initialement choisir la meilleure stratégie.

Passons à un autre exemple, le jeu de l'ultimatum. Un joueur (joueur 1) se voit attribuer une certaine somme d'argent (disons 1 million de dollars), et doit décider quelle part garder pour lui et quelle part attribuer à un second joueur (joueur 2). Le deuxième joueur décide alors s'il accepte ou refuse cette offre. S'il accepte l'offre, les deux joueurs se partagent le million comme décidé. S'il refuse, aucun des deux joueurs ne reçoit d'argent. L'arbre de jeu est représenté dans la figure qui suit. Le joueur 1 choisit la part qu'il garde pour lui, x_1 et donc la part qu'il propose au joueur 2, $1\text{-}x_1$. Le joueur 2 doit alors décider s'il accepte ou rejette cette offre. En utilisant l'induction à rebours, on voit que le joueur 2 devrait accepter toutes les offres du joueur 1 puisque obtenir même un dollar vaut mieux que de refuser et de ne rien obtenir du tout. Si le joueur 1 anticipe cette décision, sa proposition sera de proposer la somme minimale au joueur 2 et donc de tout garder (ou presque) pour lui.

FIGURE 9.4 **Le jeu de l'ultimatum**

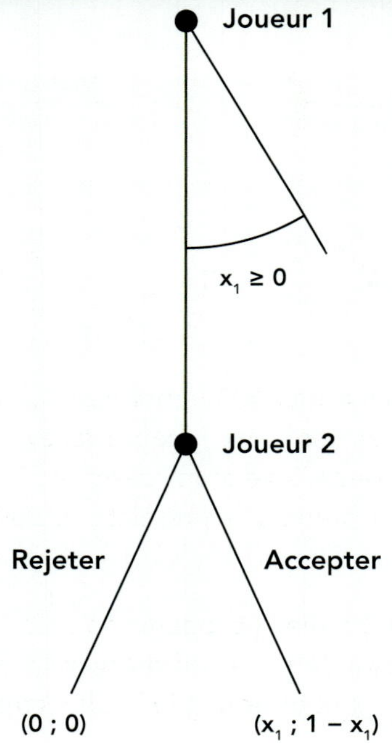

Ces prédictions sur le comportement des joueurs sont rarement observées dans les diverses expériences conduites pour tester la validité de la théorie des jeux. Les économistes du comportement et les psychologues observent en effet que le deuxième joueur a tendance à refuser toute offre qui n'est pas substantielle et que le premier joueur offre souvent plus que le minimum. Des raisons psychologiques basées sur la notion de justice, de réciprocité ou de vengeance, sont souvent avancées pour expliquer ces phénomènes. Notez que cela ne remet pas forcément en cause la validité de l'induction à rebours. Les gains finaux que l'on a utilisés dans l'arbre reflètent des préférences égoïstes qui correspondent seulement aux gains monétaires. On pourrait changer ces gains pour refléter d'autres objectifs de la part des joueurs, en particulier un composant psychologique pourrait être ajouté.

Un autre exemple de jeu séquentiel est le jeu du mille-pattes. Nous en présentons ici une version simplifiée. Deux joueurs se partagent deux piles de pièces de monnaie qui augmentent au fur et à mesure que le temps passe. À tour de rôle, chaque joueur a la possibilité de se saisir de la plus grosse des deux piles ou de passer leur tour. Dans ce dernier cas, la valeur des deux piles augmente mais c'est à l'autre joueur de décider. Si un joueur décide de prendre une pile de pièces, le jeu s'arrête et le deuxième joueur obtient l'autre pile de pièces. Le jeu continue pour un nombre déterminé de tours, ou jusqu'à ce qu'un joueur décide de mettre fin au jeu en prenant une pile. L'arbre suivant représente une version du jeu sur 4 périodes.

FIGURE 9.5 Le jeu du mille-pattes

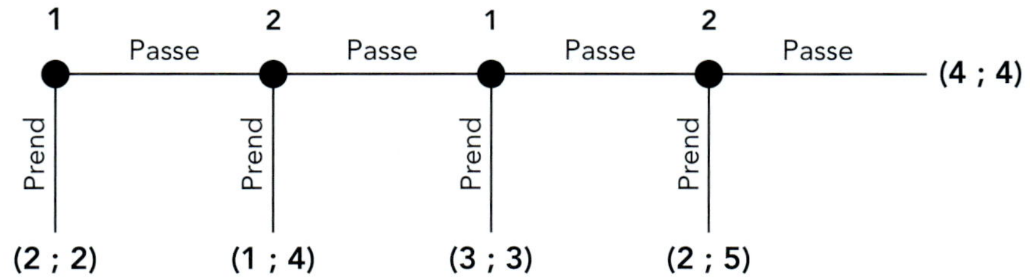

La version originale du jeu durait 100 périodes, ce qui a donné son nom au jeu (*centipede game* en anglais). Les deux joueurs recevaient 100 chacun s'ils passaient à chaque période. Dans la version présentée ici, ils obtiennent 4 chacun. En revanche si le joueur 1 prend à la première période, les deux joueurs n'obtiennent que 2.

Le jeu est intéressant car il mêle la coopération et la compétition. En effet, plus les joueurs attendent, plus le pot total d'argent à partager est grand. Mais, le joueur qui a la main peut obtenir la pile la plus grosse. Il est donc dangereux de passer la main.

L'équilibre de Nash s'obtient de nouveau en utilisant l'induction à rebours, c'est-à-dire en commençant par analyser la décision à la dernière période puis en revenant en arrière en faisant l'hypothèse que les joueurs s'attendent que les décisions qui suivront seront prises de manière rationnelle. A la dernière période, le joueur 2 préfère prendre et obtenir 5 plutôt que de passer et obtenir 4. A la période précédente, le joueur 1 qui anticipe que le joueur 2 prendra les 5 pièces, préfèrera prendre 3 pièces plutôt que de passer et recevoir 2 pièces. On voit qu'à chaque étape, il est préférable de prendre la pile plutôt que de passer la main. Au final, la prédiction de l'équilibre de Nash est donc que le joueur 1 prendra la pile de 2 pièces dès le début du jeu.

FIGURE 9.6 Résolution par induction à rebours

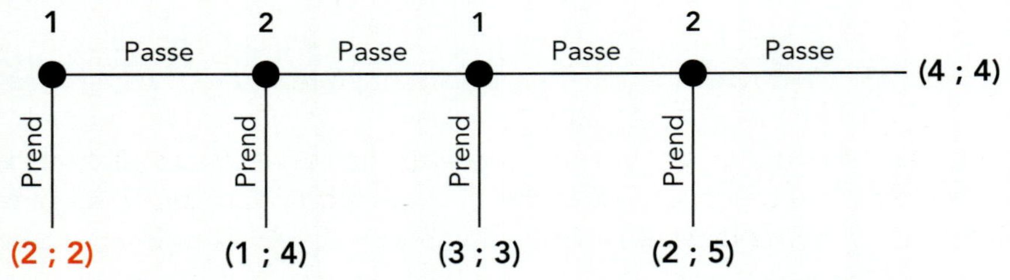

Le résultat du jeu ne dépend pas du nombre de périodes considéré. Même si le jeu durait 100 périodes, le joueur 1 prendrait les deux pièces au début du jeu et, à l'équilibre de Nash, les deux joueurs obtiendraient un gain de 2 plutôt que le gain de 100 qu'ils auraient pu obtenir en passant jusqu'à la fin.

Ce jeu a été la source de nombreuses expériences en laboratoire pour tester si les gens utilisaient l'induction à rebours. En général, la stratégie préconisée par l'équilibre de Nash est rarement observée. Les sujets choisissent souvent la coopération partielle, et passent plusieurs tours avant de prendre l'argent. Pour autant, il est aussi assez rare que les sujets de l'expérience coopèrent jusqu'au bout. Plusieurs explications ont été proposées. Les joueurs peuvent être altruistes et prennent en compte non seulement leurs gains personnels mais aussi ceux des autres joueurs. Les joueurs peuvent aussi ne pas être aussi rationnels que la théorie des jeux le suppose. Des expériences récentes dans lesquelles les sujets étaient des joueurs d'échecs professionnels semblent faire pencher la balance vers la deuxième explication. En effet, les joueurs d'échecs, qui ont l'habitude du raisonnement stratégique et qui utilisent régulièrement l'induction à rebours pour anticiper les mouvements de leurs adversaire, ont en moyenne arrêté le jeu plus rapidement que d'autres sujets moins expérimentés.

CONCLUSION

Les interactions stratégiques constituent un phénomène très important, qui se retrouve dans de nombreux environnements économiques et de nombreuses situations d'affaires. Pour comprendre et prédire le comportement d'un agent économique, nous avons introduit les outils de base de la théorie des jeux. Un jeu est caractérisé par une liste de joueurs, des stratégies possibles ainsi que des gains potentiels. L'équilibre de Nash permet de prédire le comportement des joueurs puisque chaque joueur utilise une stratégie de meilleure réponse aux stratégies des autres. Ces outils seront utilisés dans le prochain chapitre pour analyser le comportement des entreprises dans des marchés oligopolistiques.

RÉSUMÉ DU CHAPITRE 9

- Un jeu stratégique est une situation avec deux, ou plus, individus dans laquelle les actions choisies par un joueur ont un impact sur le résultat des autres joueurs.
- Pour décrire un jeu, il faut mentionner les joueurs, leurs stratégies possibles et les gains pour tous les résultats possibles du jeu.
- Les jeux simultanés sont habituellement représentés sous forme matricielle.
- L'équilibre de Nash correspond à un ensemble de stratégies où tous les joueurs jouent une stratégie qui est une meilleure réponse aux stratégies des autres joueurs.
- Les jeux séquentiels sont habituellement représentés sous forme d'arbre. On utilise l'induction à rebours pour les résoudre en éliminant les menaces non crédibles.

CHAPITRE 9

EXERCICES

1- Vrai ou Faux? Dans un dilemme du prisonnier, les joueurs pourraient atteindre l'équilibre optimal (silence, silence) s'ils pouvaient communiquer entre eux avant de prendre leur décision.

2- Supposons que votre firme soit en concurrence avec une autre firme et que chacune tente d'attirer les consommateurs avec de la publicité. Dans cette industrie, la publicité incite les consommateurs à passer d'une entreprise à l'autre mais n'affecte pas la demande totale. Si les deux firmes font de la publicité, les deux campagnes vont s'annuler et chaque firme fera un profit de 5 millions $. Si aucune des deux firmes ne fait de publicité, toutes deux économiseront les coûts correspondants et chacune fera un profit de 10 millions $. Si une seule firme fait de la publicité, elle sera en mesure de s'emparer de la majorité du marché et réalisera un profit de 13 millions $, tandis que l'autre firme ne fera qu'un profit de 2 millions $.

   Représentez cette interaction stratégique dans un tableau.

   Quelle est votre meilleure stratégie? Quel profit vous attendez-vous à réaliser?

3- Le dilemme du voyageur

   Une compagnie aérienne perd deux valises appartenant à deux voyageurs différents. Les deux valises sont identiques et ont des contenus semblables. Un responsable de la compagnie, chargé de régler le problème des deux voyageurs, leur explique que la firme n'est responsable qu'à hauteur de 100 $ par bagage (il est impossible de connaître la valeur exacte du contenu). Afin d'obtenir une estimation honnête de la valeur des biens perdus, ils séparent les voyageurs et leur demandent d'inscrire la valeur de leurs biens, montant qui doit être compris entre 2 $ et 100 $. Il ajoute aussi que si les deux inscrivent le même montant, il interprètera la somme comme étant la valeur réelle des biens perdus et remboursera donc ce montant à chaque voyageur. Toutefois si l'un d'eux inscrit une valeur inférieure à celle de l'autre, cette valeur inférieure sera considérée comme la valeur réelle des biens, et chaque voyageur recevra cette somme en plus d'une prime ou d'une pénalité : 2 $ supplémentaires seront remis à celui avec la valeur la plus faible et 2 $ seront déduits du remboursement du voyageur avec la valeur la plus élevée. Quelle stratégie adopteront les voyageurs afin d'évaluer la valeur de leurs biens?

   Écrivez ce jeu dans un tableau où, au lieu de 100 $, le montant maximum est 5 $. Ainsi, chaque voyageur dispose de quatre stratégies possibles : 2 $, 3 $, 4 $, 5 $. Quel est l'équilibre de Nash de ce jeu? Utilisez votre résultat pour trouver la meilleure stratégie dans le jeu décrit ici.

4- **Jusqu'à récemment, les médecins et les avocats ne pouvaient pas utiliser la publicité pour se faire concurrence. Si la logique du dilemme du prisonnier s'applique à cette situation, alors la présence de cette interdiction aura pour effet :**

a) d'augmenter les profits des individus pratiquant ces professions.

b) de réduire les profits des individus pratiquant ces professions.

c) de ne pas influencer les profits des individus pratiquant ces professions.

d) d'augmenter les profits de certains et de réduire les profits d'autres professionnels.

5- **Considérons le tableau suivant, qui représente un jeu entre deux individus :**

		Joueur 2	
		A	B
Joueur 1	A	1 ; 4 – x	2 ; 2
	B	2 ; 2	4 – x ; 3

a) Quelle valeur de x rend la stratégie B dominante pour le Joueur 1?

b) Quelle valeur de x rend la stratégie B dominante pour le Joueur 2?

c) Quelle valeur doit avoir x pour que (B ; B) soit le seul équilibre de Nash du jeu?

6- **Le dopage comme dilemme du prisonnier**

Considérons le dilemme auquel font face les athlètes de haut niveau lorsqu'ils choisissent d'utiliser, ou non, des produits dopants. Pour simplifier, supposons qu'il y ait deux athlètes aux capacités comparables et une drogue : l'EPO. Si aucun des deux athlètes n'utilise de l'EPO, chacun a 50 % de chances de gagner la compétition et le prix W associé. Si un athlète utilise de l'EPO, ou si les deux en font usage, il subit un coût sur sa santé H (faible comparativement à W : H < W / 4). Si l'un des deux athlètes utilise de l'EPO alors que l'autre n'en utilise pas, il augmente ses chances de gagner à 75 %.

Écrivez la matrice des gains de ce jeu. Vous devez calculer les gains espérés de chaque athlète pour chaque scénario possible. Quel est l'équilibre de Nash de ce jeu? Que peut-on faire pour résoudre ce dilemme?

7- **Expliquez pourquoi le fait de diviser également la facture induit les clients à dépenser plus au restaurant.**

8- Subventionner le développement d'un nouveau produit

Considérons le marché des avions de ligne long-courriers.. Deux firmes coexistent dans cette industrie et ont deux options : développer un avion gros porteur ou ne pas le développer.

Les gains (en millions de dollars) pour les quatre scénarios possibles sont indiqués dans le tableau suivant :

		Airbus	
		Développer	Ne pas développer
Boeing	Développer	−10 ; −10	50 ; 0
	Ne pas développer	0 ; 50	0 ; 0

Déterminez l'équilibre de Nash de ce jeu.

Supposons que l'Union européenne subventionne Airbus en lui attribuant 15 millions $ pour le développement d'un nouvel avion. Quels sont les nouveaux gains? Quel est l'équilibre de Nash?

9- Le dilemme de l'épargne et la sécurité sociale

Considérons l'interaction entre différentes générations d'un même pays. Les membres de la vieille génération peuvent économiser pendant leur jeunesse, ou bien avoir un comportement dépensier. La nouvelle génération peut alors aider la vieille génération, ou ne pas l'aider.

Les gains de ce jeu sont donnés par la matrice suivante :

		Nouvelle génération	
		Aider	Ne pas aider
Vieille génération	Économiser	3 ; −1	1 ; 1
	Dépenser	2 ; −1	−2 ; −2

Quel est l'équilibre de Nash de ce jeu? Que se passe-t-il si le jeu est joué de façon séquentielle, la vieille génération jouant en premier? Discutez.

10- Gagner la bataille des sexes

Reconsidérons le jeu analysé précédemment.

		Femme	
		Concert	Match de hockey
Mari	Concert	1 ; 2	0 ; 0
	Match de hockey	0 ; 0	2 ; 1

Supposons que vous pouvez laisser un message sur le téléphone de l'autre joueur disant que vous irez à l'une ou l'autre des activités. Représentez ce jeu sous forme d'arbre. Quel serait le résultat de ce jeu séquentiel? Expliquez.

10 L'oligopole

APERÇU DU CHAPITRE

INTRODUCTION

Dans ce chapitre, nous examinerons des structures de marché, autres que le monopole, pour lesquelles les firmes disposent d'un pouvoir de marché. Dans un oligopole, seules quelques firmes se font concurrence et l'entrée du marché est restreinte. Le pouvoir de marché et la profitabilité de chaque firme dépendent des interactions stratégiques qu'elles ont entre elles. Lorsque les firmes réussissent à coopérer, elles peuvent fixer leur prix unitaire au-dessus de leur coût marginal et obtenir des profits importants. Lorsque les firmes sont plus agressives, leur pouvoir de marché est plus faible et les profits aussi.

Pour comprendre dans quels marchés oligopolistiques il existe un pouvoir de marché important pour les firmes, nous devons d'abord comprendre comment celles-ci prennent leurs décisions de production et fixent leurs prix. Les décisions optimales sont plus complexes qu'en concurrence parfaite ou en monopole puisqu'elles dépendent des actions des autres firmes présentes sur le marché. Les marchés oligopolistiques sont donc un exemple d'interaction stratégique, et nous utiliserons les outils de la théorie des jeux introduits au chapitre 9 pour analyser les décisions optimales des firmes.

Il est important de comprendre que la caractéristique importante d'un marché oligopolistique n'est pas la taille des firmes, mais bien leur nombre. Dans une petite ville, deux épiceries forment un oligopole au même titre que Boeing et Airbus en forment un pour l'industrie aéronautique. Ce sont les interactions stratégiques et le pouvoir de marché qui sont importants.

QU'EST-CE QU'UN OLIGOPOLE?

DÉFINITION

Un **oligopole** est un marché comptant un petit nombre de producteurs. Une firme dans un marché oligopolistique est appelée *oligopoleur*.

Les exemples d'oligopoles sont faciles à trouver, il en existe de nombreux autour de nous. Deux grandes entreprises dominent le marché des avions de ligne : Boeing et Airbus. Il s'agit d'un *duopole*. Au Canada, trois firmes se partagent l'essentiel du marché de la téléphonie cellulaire : Bell, Telus et Rogers. Le marché de l'automobile est aussi un oligopole, avec une dizaine de firmes contrôlant l'essentiel du marché.

Les oligopoleurs se font concurrence pour vendre leurs produits sur un même marché. Cependant, chaque firme sait que ses décisions affecteront les prix en vigueur. Les entreprises en oligopole détiennent donc un pouvoir de marché. Ce type de marché est un exemple de *concurrence imparfaite*.

Les raisons de l'existence d'un oligopole sont très similaires à celles qui conduisent à l'existence d'un monopole. Notamment, les économies d'échelle sont un facteur majeur favorisant l'émergence d'un oligopole. Elles donnent un avantage de coût substantiel aux grandes firmes, par rapport aux petites firmes, et constituent une barrière à l'entrée. Lorsque ces économies d'échelle sont très importantes, elles ne laissent de la place que pour une seule firme active sur le marché, conduisant à la formation d'un monopole. Lorsqu'elles sont moins importantes, une certaine forme de concurrence persiste avec la présence d'un petit nombre de firmes sur le marché : ce que nous appelons *oligopole*.

Comment déterminer si un marché est oligopolistique

Il n'est pas toujours facile de déterminer la structure d'un marché en comptant simplement le nombre de firmes qui y opèrent. Il peut y avoir un grand nombre de petits vendeurs qui occupent des « niches » et qui ne font pas concurrence aux gros joueurs du marché. Pour se faire une meilleure idée de la concentration du marché, il est utile d'avoir recours à l'indice d'Herfindahl. Cet indice est calculé en additionnant le carré des parts de marché de toutes les firmes présentes sur le marché en considération.

$$H = \sum_{i=1}^{n} S_i^2.$$

La valeur de H varie entre 0 (concentration minimale ou concurrence parfaite) et 10 000 (concentration maximale ou monopole), lorsque les parts de marché sont exprimées en pourcentage.

Par exemple, supposons qu'il y ait trois firmes sur le marché, une grande avec 70 % des parts de marché et deux firmes identiques se partageant les 30 % restants.

L'indice H vaut alors : $H = 70^2 + 15^2 + 15^2 = 5\,350$.

Supposons maintenant que nous ayons un duopole avec deux firmes possédant chacune 50 % des parts de marché. L'indice H pour ce marché est de : $H = 50^2 + 50^2 = 5\,000$.

Selon cet indice, le premier marché est plus concentré que le deuxième, malgré la présence d'une firme supplémentaire.

En général, un marché avec un indice supérieur à 1 000 est considéré comme un oligopole.

LE COMPORTEMENT OPTIMAL EN OLIGOPOLE

L'exemple du jeu de fixation des prix

Rappelons le jeu de fixation des prix du chapitre 9 :

		Firme 2	
		Prix élevé	**Prix faible**
Firme 1	**Prix élevé**	10 ; 10	4 ; 14
	Prix faible	14 ; 4	6 ; 6

À l'équilibre de Nash de ce jeu, les deux firmes fixent des prix bas. Le résultat n'est pas souhaitable pour les entreprises, qui récoltent alors des profits faibles.

Le modèle de duopole de Cournot

En réalité, dans un oligopole, l'interaction stratégique entre firmes est beaucoup plus complexe. En particulier, le choix de stratégie est plus riche, avec de nombreuses possibilités pour chaque firme. Nous allons maintenant étudier un tel environnement. Pour ce faire, nous utiliserons le *modèle de duopole de Cournot*.

Dans un duopole de Cournot, deux firmes se font concurrence sur un marché en vendant des produits identiques. Les deux firmes connaissent la courbe de demande et doivent décider de leur niveau de production. Les deux firmes prennent leurs décisions simultanément.

Lorsque les décisions de production ont été prises, les deux firmes rivalisent pour vendre leurs produits. Il en résulte un prix de marché unique déterminé par la demande : le prix de marché est tel que la quantité demandée est égale à la quantité offerte, cette dernière correspondant à la production totale des deux firmes.

Supposons pour simplifier que les deux firmes ont le même coût marginal, égal à 1, qu'elles n'ont aucun coût fixe, et que la demande de marché est donnée par :

$$P = 13 - Q,$$

où $Q = q_1 + q_2$ est la somme des quantités produites par les deux firmes.

La demande et le coût marginal sont illustrés à la figure 10.1.

FIGURE **10.1** Modèle de Cournot, courbe de demande et de coût marginal

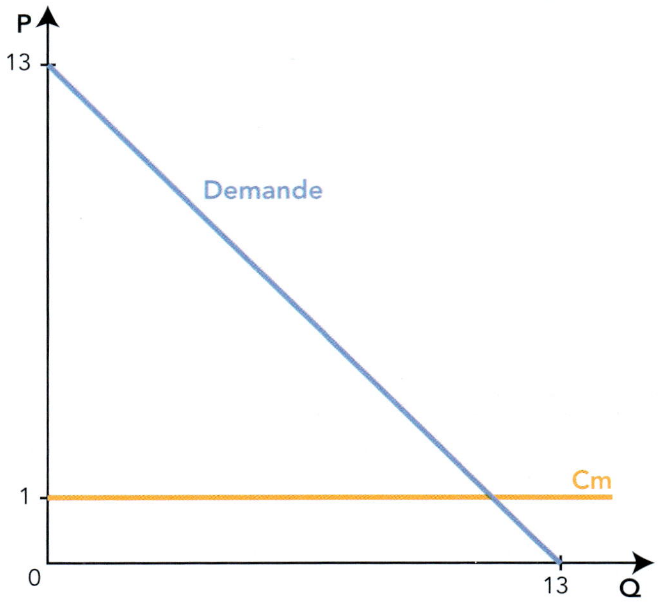

Meilleure réponse

Combien d'unités la Firme 1 devrait-elle produire? Cela dépend clairement de ses croyances sur le niveau de production de la Firme 2. Si, par exemple, la Firme 1 pense que la Firme 2 va produire deux unités, alors le problème de la Firme 1 est équivalent au problème d'un monopole avec une demande de marché équivalente à :

$$\mathbf{P = (13 - 2) - q_1 = 11 - q_1.}$$

Cette demande correspond à la *demande résiduelle* pour la Firme 1, une fois que celle-ci a pris en compte la production de la Firme 2.

La décision optimale pour la Firme 1, lorsqu'elle anticipe que la Firme 2 produira deux unités, peut être facilement calculée en utilisant la condition de maximisation du profit, Rm = Cm.

En calculant $Rm = 11 - 2q_1 = Cm = 1$, on obtient $q_1^* = 5$.

Donc, lorsque la Firme 2 vend deux unités, la Firme 1 maximise ses profits en produisant cinq unités. C'est la meilleure réponse de la Firme 1 à la stratégie choisie par la Firme 2 (produire deux unités).

Cependant, si la Firme 1 croit que la Firme 2 produit trois unités, produire cinq unités n'est plus optimal. La quantité qui maximise les profits pour la Firme 1 est alors de 4,5 unités.

Nous pouvons facilement déterminer la meilleure réponse de la Firme 1 à tout niveau de production de la Firme 2. On obtient ainsi la courbe de meilleure réponse de la Firme 1.

Nous savons maintenant que la demande résiduelle, pour une valeur de q_2, est donnée par $P = (13 - q_2) - q_1$.

En utilisant la condition de maximisation du profit, Rm = Cm, on obtient la meilleure réponse de la Firme 1 en fonction de la quantité produite par la Firme 2 :

$$(13 - q_2) - 2q_1 = 1,$$

ou encore

$$q_1^*(q_2) = 6 - q_2 / 2.$$

La meilleure réponse de la Firme 1 est illustrée à la figure 10.2.

FIGURE **10.2** **Réponse optimale de la Firme 1**

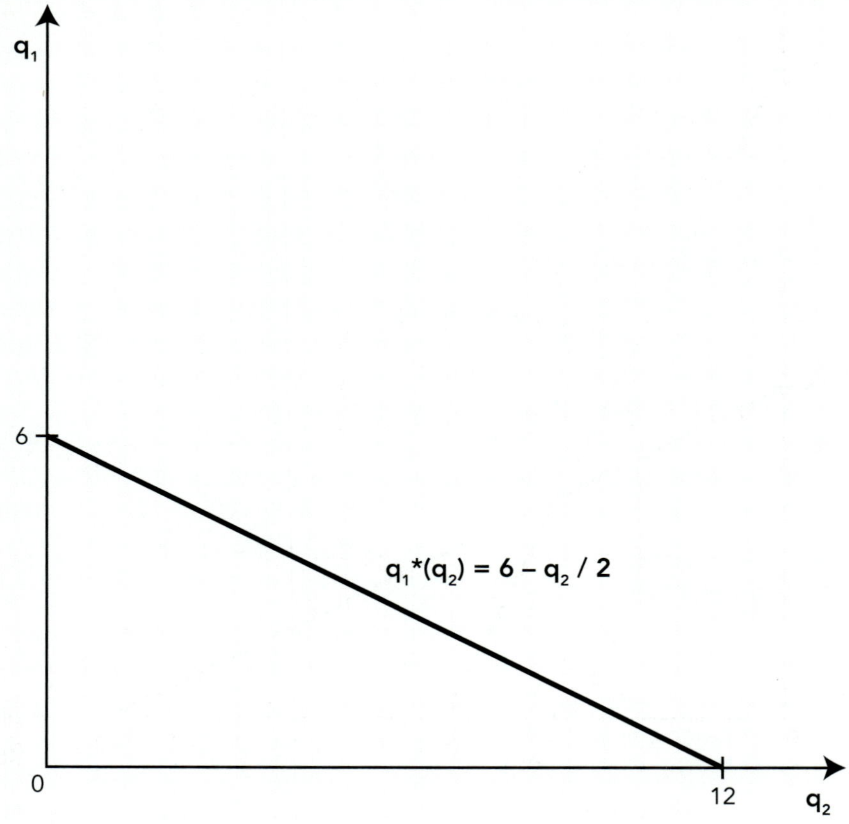

La principale question est maintenant de déterminer quelle serait une bonne estimation, pour la Firme 1, de la production de la Firme 2. Évidemment, anticiper que la Firme 2 produira deux unités n'est pas très satisfaisant. La raison en est que si la Firme 2 produisait deux unités, nous avons vu que la Firme 1 répondrait en produisant cinq unités. Cependant, considérant la production de la Firme 1 (cinq unités), produire deux unités ne serait plus optimal pour la Firme 2. Celle-ci tente aussi de maximiser ses profits et ajusterait donc son niveau de production en réponse à une production de cinq unités par la Firme 1.

Tout comme dans le cas de la Firme 1, nous pouvons calculer la meilleure réponse de la Firme 2, et nous obtenons :

$$q_2^*(q_1) = 6 - q_1 / 2.$$

Les deux courbes de meilleures réponses sont représentées à la figure 10.3. À l'équilibre, les deux firmes font de leur mieux (en jouant une meilleure réponse à la décision de production de l'autre firme) et n'ont aucune raison de modifier leur comportement.

FIGURE 10.3 **Courbes de réponse optimale**

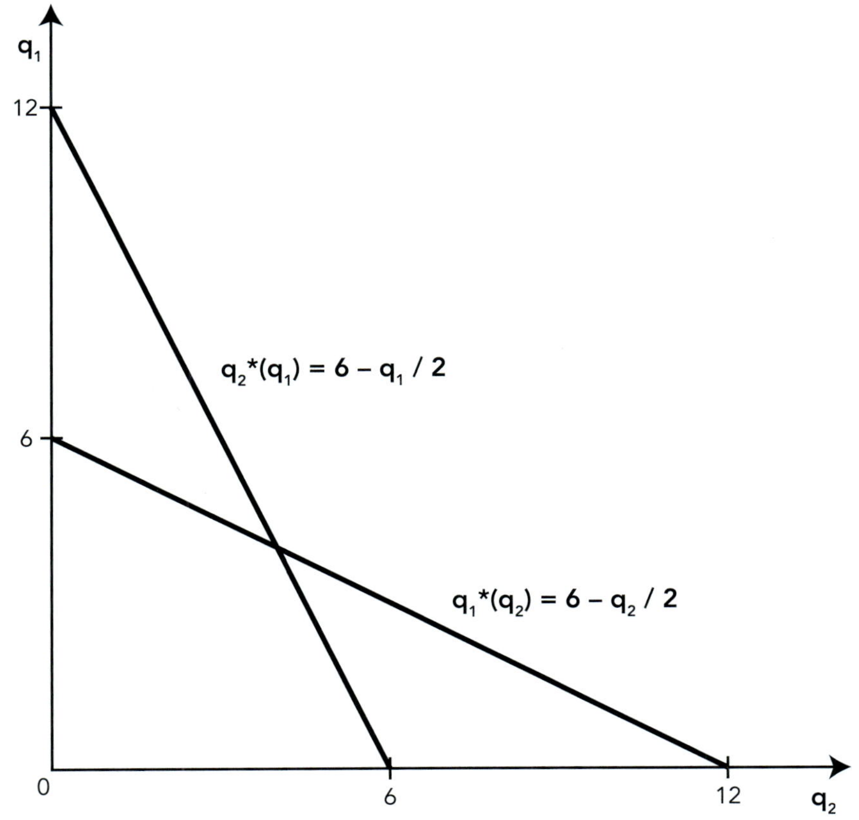

DÉFINITION

À l'**équilibre de Nash** du modèle de duopole de Cournot, les firmes anticipent correctement la décision de production de l'autre firme et choisissent comme production la meilleure réponse à la production de l'autre firme.

L'équilibre de Nash

Avec cette information, nous pouvons appliquer le concept d'équilibre de Nash tel qu'étudié au chapitre précédent. L'équilibre dans le modèle de duopole de Cournot est caractérisé dans la définition ci-contre.

Graphiquement, l'équilibre correspond au point d'intersection des deux courbes illustrées à la figure 10.4.

Algébriquement, il est assez simple de calculer les décisions de production d'équilibre. En effet, nous avons que :

$$q_1^C = 6 - q_2^C / 2 \text{ et } q_2^C = 6 - q_1^C / 2.$$

On peut résoudre ces équations et ainsi obtenir $q_1^C = q_2^C = 4$.

Le prix de marché peut alors être déterminé à l'aide de l'équation de la courbe de demande. On obtient $P = 13 - (4 + 4) = 5$. Les profits de chaque firme sont alors de $\pi_1 = \pi_2 = q_2^C \times (P - CM) = 4 \times (5 - 1) = 16$ \$.[1]

FIGURE **10.4** L'équilibre de Cournot

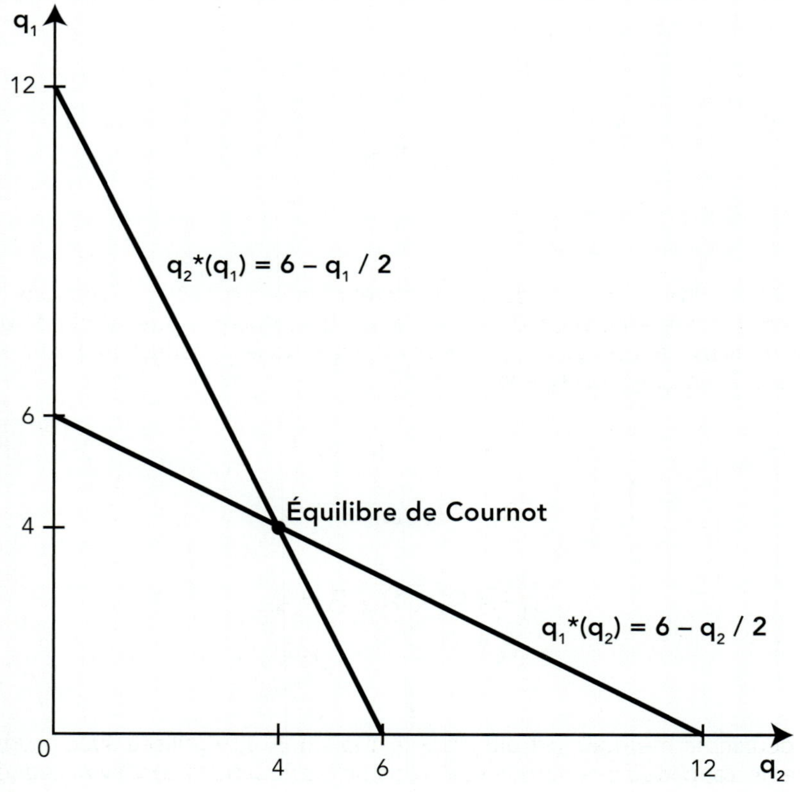

1 Nota bene : CM = Cm lorsque Cm est constant et les coûts fixes nuls.

ENCADRÉ 10.1

POINT MÉTHODOLOGIQUE – TROUVER L'ÉQUILIBRE DE COURNOT

Après avoir déterminé les fonctions de réponse des deux firmes, l'équilibre de Cournot s'obtient en résolvant un système de deux équations à deux inconnues. Par exemple :

$$\begin{cases} q_1^C = 6 - q_2^C / 2, \\ q_2^C = 6 - q_1^C / 2. \end{cases}$$

On peut résoudre ce système de plusieurs manières :

- La méthode la plus sûre, mais aussi la plus longue, consiste à remplacer la deuxième équation dans la première :

$$q_1^C = 6 - (6 - q_1^C / 2) / 2 = 6 - 3 + q_1^C / 4,$$

ce qui donne

$$(3 / 4)q_1^C = 3,$$

puis

$$q_1^C = 4.$$

- Plus rapidement, on peut remarquer que les deux équations sont symétriques : elles sont identiques à ceci près que q_1^C joue le rôle de q_2^C, et vice versa. Par conséquent, on aura $\mathbf{q_1^C = q_2^C}$. Après substitution dans une des deux équations, on obtient :

$$q_1^C = 6 - q_1^C / 2,$$

et donc

$$q_1^C = 6 \times 2 / 3 = 4.$$

Cette deuxième méthode est plus rapide, mais doit être utilisée avec prudence, car elle ne s'applique que dans le cas précis où les équations sont symétriques. En particulier, elle s'applique dès que les firmes ont les mêmes structures de coûts. En revanche, si les firmes ont des coûts marginaux différents, la première méthode est à utiliser.

L'avantage du premier joueur – le modèle de Stackelberg

Jusqu'à maintenant, dans l'exemple du duopole de Cournot, nous avons supposé que les deux firmes prenaient leurs décisions simultanément. Cet environnement correspond à une situation dans laquelle aucune firme n'a d'avantage concurrentiel particulier sur l'autre firme. Ces situations existent, mais tous les marchés oligopolistiques ne sont pas toujours aussi équilibrés. Dans certains cas, une firme jouit d'une position clairement dominante et a le pouvoir d'influencer la direction que va prendre le marché.

La version séquentielle du modèle de Cournot, avec la Firme 1 qui choisit sa production en premier, est appelée *modèle de Stackelberg*. Après avoir observé le niveau de production de la Firme 1, la Firme 2 prend sa décision en réaction au choix de la Firme 1.

Afin de trouver l'équilibre de ce jeu séquentiel, nous utiliserons la même méthode qu'au chapitre 9 : l'induction à rebours. Nous considérerons d'abord la décision de la Firme 2 pour tous les niveaux de production possibles de la Firme 1. Une fois que nous aurons déterminé la meilleure réponse de la Firme 2, nous pourrons analyser la décision de la Firme 1. Celle-ci anticipera que la Firme 2 choisira une meilleure réponse à son niveau de production.

Nous utiliserons le même exemple que pour le modèle de Cournot. Sachant que la Firme 2 observe le niveau de production de la Firme 1, sa meilleure réponse est la même que dans le modèle de Cournot :

$$q_2^*(q_1) = 6 - q_1 / 2.$$

Voyons maintenant la décision de la Firme 1. La Firme 1 anticipe la réaction de la Firme 2 et croit donc qu'elle produira une quantité donnée par la fonction de meilleure réponse ci-dessus. Cela implique que la Firme 1 anticipe les recettes suivantes, pour toute quantité q_1 :

$$R_1 = (13 - q_1 - (6 - q_1 / 2))\ q_1 = 7q_1 - q_1^2 / 2.$$

Sa recette marginale est donc $Rm_1 = 7 - q_1$.

La Firme 1 maximise ses profits en choisissant q1 de sorte que sa recette marginale est égale à son coût marginal. Nous obtenons donc $q_1^S = 6$. Par substitution dans la fonction de meilleure réponse de la Firme 2, on trouve $q_2^S = 3$. Le prix d'équilibre du modèle de Stackelberg est donc égal à 4 $/unité.

La Firme 1 produit plus que la Firme 2 et obtient donc des profits plus élevés. Cela est dû au fait qu'en décidant en premier, la Firme 1 s'engage à produire à un niveau plus élevé, forçant ainsi la Firme 2 à s'ajuster[2].

Les modèles de Cournot et de Stackelberg correspondent à différents points de vue d'un marché oligopolistique. Dans le modèle de Cournot, les firmes sont considérées identiques et décident en même temps. Dans le modèle de Stackelberg, une firme est dominante et décide en premier, alors que les autres firmes, plus petites, réagissent à la décision du premier joueur. Selon l'industrie, l'un ou l'autre de ces deux modèles sera plus approprié pour l'analyse.

Comparaison entre oligopole, monopole et concurrence parfaite

L'oligopole est une structure de marché se situant entre le monopole et la concurrence parfaite. Les firmes en oligopole ont moins de pouvoir de marché qu'un monopoleur mais réussissent à dégager un profit économique. Dans un oligopole, les quantités produites sont supérieures à celles produites par un monopoleur mais inférieures à celles produites en concurrence parfaite. Le prix est le plus faible dans un marché concurrentiel (égal au coût marginal), le plus élevé dans un monopole, et est intermédiaire dans un oligopole. Les profits économiques sont à leur plus bas en concurrence parfaite (égaux à 0) et à leur plus haut en monopole, tandis que les profits de l'ensemble des firmes en oligopole se trouvent entre les deux. Le surplus du consommateur et le surplus total sont maximisés dans un marché concurrentiel, minimisés dans un monopole, et intermédiaires dans un oligopole.

La structure de marché oligopolistique remplit l'espace entre la concurrence parfaite et le monopole. Quand les firmes possèdent des parts de marché comparables, le nombre de firmes dans un marché oligopolistique est un bon indicateur de la proximité du marché au monopole ou à la concurrence. Dans un duopole, les firmes ont un pouvoir de marché important et dégagent un profit important. Les firmes en oligopole perdent de leur pouvoir de marché et leurs profits diminuent lorsque le nombre de firmes augmente.

Où se situe le modèle de Stackelberg? Nous avons vu que la firme qui produisait en premier choisissait une quantité plus élevée que dans le modèle de Cournot, mais que la firme qui produisait en second produisait moins. Il faut donc comparer les quantités totales produites. On constate alors que la structure de Stackelberg est plus concurrentielle que celle de Cournot. Cela est confirmé par un prix plus faible et des profits totaux plus faibles.

2 Être le premier à jouer ne procure pas forcément un avantage. En fait, dans certaines situations, il peut être avantageux d'attendre et d'observer la décision de l'autre firme avant de choisir sa stratégie.

ENCADRÉ 10.2

RÉCAPITULATIF DES STRUCTURES DE MARCHÉ

Production de la firme q_1, q_2	c	$S_{suiveur}$	C	S_{leader}	M
Profit de la firme π_1, π_2	c	$S_{suiveur}$	C	S_{leader}	M

Ordre croissant →

Production totale $Q = q_1 + q_2$	M	C	S	c
Prix P	c	S	C	M
Surplus total W	M	C	S	c
Profits totaux $\pi_1 + \pi_2$	c	S	C	M

Légende : c : concurrence, C : Cournot, M : Monopole, S : Stackelberg.

LA COLLUSION ET LES CARTELS

L'équilibre de Nash correspond à une situation dans laquelle les joueurs choisissent leur stratégie individuellement afin de maximiser leur profit individuel. Nous avons vu dans l'exemple du dilemme du prisonnier (au chapitre 9) que le résultat d'un équilibre de Nash n'est pas toujours efficace pour les joueurs impliqués. Dans un marché oligopolistique, l'équilibre de Cournot est lui aussi inefficace pour les firmes. Comme nous l'avons vu, la quantité totale produite est plus grande que celle que produirait un monopole dans les mêmes conditions et, par conséquent, le prix unitaire est inférieur au prix de monopole. Le total des profits des firmes est donc inférieur au profit qu'un monopoleur dégagerait sur le même marché.

Dans notre exemple numérique, nous avons déterminé que l'équilibre de Cournot menait à une production de quatre unités pour chaque firme, soit un total de huit unités. Avec la même demande, un monopoleur ne produirait que six unités. Rappelons que cette quantité maximise le profit total sur le marché. Donc, les firmes en oligopole s'en tireraient mieux si elles étaient en mesure de coopérer pour produire trois unités chacune. Ce niveau de production maximiserait la somme de leurs profits et elles se comporteraient collectivement comme un monopole.

Une telle stratégie correspond à une *stratégie collusive* ou, pour faire court, à de la *collusion*. Malheureusement pour les firmes, cette stratégie n'est pas facile à maintenir puisque chaque firme a un incitatif à augmenter son niveau de production et ainsi augmenter ses profits. Les firmes sont-elles condamnées à se concurrencer agressivement ou peuvent-elles trouver une façon d'échapper au dilemme du prisonnier? En pratique, il y a une grande différence entre les deux prisonniers et des firmes en oligopole. Notamment, les firmes interagissent de manière répétée, ce qui leur permet d'observer les actions des autres firmes et d'adapter leur stratégie à ce que les autres firmes font. De plus, les interactions répétées permettent aux firmes de développer une réputation et une confiance envers les autres firmes, ce qui peut conduire à une meilleure coopération que ce que l'équilibre de Nash statique prédit.

En particulier, les firmes sont en mesure de développer des stratégies collusives qui se fondent sur un système de récompenses et de sanctions. Par exemple, les deux firmes de notre exemple de duopole pourraient décider de produire le niveau de production du monopole (trois unités chacune) étant entendu qu'un bon comportement permettra une coopération future, alors qu'un mauvais comportement (produire plus de trois unités) mettrait fin à la coopération. De telles stratégies collusives sont très efficaces et peuvent permettre aux firmes d'accroître substantiellement leurs profits. Il existe évidemment certaines limites à une telle collusion tacite. Les firmes doivent faire un arbitrage entre l'augmentation immédiate potentielle des profits et la perte potentielle de profits futurs.

Lorsque la collusion tacite n'est pas possible ou pas assez efficace, les firmes peuvent être tentées de coopérer de manière plus explicite. Elles peuvent se rencontrer pour organiser une coopération, pour décider des quantités à produire, ou encore de la façon de se diviser le marché. Évidemment, un cartel efficace est une mauvaise nouvelle pour la société et pour les consommateurs sachant qu'en général un cartel réussi remplace un oligopole par un monopole avec toutes les conséquences négatives en termes de production, de prix et de bien-être que nous connaissons. C'est pour cette raison que les cartels sont illégaux et que les *lois antitrust* existent. Discuter de prix et de production avec ses concurrents est un acte illégal. La *politique de la concurrence* est un outil important que le gouvernement utilise afin d'améliorer l'efficacité économique et de maintenir des marchés aussi concurrentiels que possible.

CONCLUSION

La plupart des marchés ne sont ni purement concurrentiels ni purement monopolistiques. En oligopole, quelques firmes se font concurrence tout en possédant un certain pouvoir de marché. La présence de barrières à l'entrée permet à ces firmes de maintenir des profits économiques positifs à long terme.

Les décisions économiques en oligopole sont complexes en raison de l'importance des interactions stratégiques entre les firmes. Les entreprises doivent tenir compte du comportement de leurs concurrents et anticiper leurs stratégies.

RÉSUMÉ DU CHAPITRE 10

- Un marché oligopolistique est caractérisé par la présence d'un petit nombre de firmes possédant un pouvoir de marché.
- Le raisonnement stratégique est central à la compréhension du comportement des firmes en oligopole.
- Dans le modèle de Cournot, les firmes décident simultanément. À l'équilibre de Nash, les firmes anticipent correctement les décisions de production de leurs rivales et choisissent leurs niveaux de production en fonction de leurs croyances.
- Dans le modèle de Stackelberg, une des firmes jouit d'une position dominante qui lui permet d'agir en premier.
- Les résultats des équilibres de Cournot et de Stackelberg sont situés entre ceux de la concurrence parfaite et ceux du monopole.
- Dans l'équilibre de Cournot, les firmes font face à une situation se rapprochant du dilemme du prisonnier. Il existe une marge de manœuvre afin d'accroître la coopération et ainsi accroître les profits totaux. Une telle coopération peut prendre la forme de collusion tacite ou, plus explicitement, d'un cartel.

EXERCICES

CHAPITRE 10

1- **a)** L'industrie A est composée de deux firmes, chacune possédant une part égale du marché. Calculez l'indice d'Herfindahl pour cette industrie.

b) L'industrie B est composée de trois firmes, chacune possédant une part égale du marché. Calculez l'indice d'Herfindahl pour cette industrie et comparez-le avec le résultat de l'industrie A.

c) Supposons maintenant qu'il y a cent firmes dans une industrie, chacune possédant une part égale du marché. Quel est l'indice d'Herfindahl pour cette industrie?

d) Quelle est la relation générale entre l'indice d'Herfindahl et le niveau de concurrence d'une industrie?

2- Vrai ou Faux? Dans un duopole de Cournot, les deux firmes s'entendent pour produire une quantité égale à la moitié de la production d'un monopole, et se partagent les profits correspondants. Étant donné que les profits de monopole sont maximums, les deux firmes ont intérêt à respecter cette entente.

3- Vrai ou Faux? Dans une industrie pouvant être décrite par le modèle de Cournot, la quantité totale produite est équivalente à celle d'une industrie parfaitement concurrentielle. Cependant, le prix unitaire sera plus élevé.

4- Dans un duopole de Stackelberg, les profits de la firme dominante (premier joueur) :

a) sont supérieurs à ceux du deuxième joueur.

b) sont égaux à ceux du deuxième joueur.

c) sont inférieurs à ceux du deuxième joueur.

d) sont supérieurs à ceux d'une firme dans un duopole de Cournot.

e) réponses **a)** et **b)**.

5- Deux firmes dominent le marché du tourisme spatial : Nerd Voyages et Geek Tours. Chaque firme peut offrir un ou deux vols par mois. Chaque vol coûte un million de dollars à produire et il n'y a aucun coût fixe. La demande totale du marché est donnée par le tableau suivant :

Prix (en M$ par vol)	6	4	3
Quantité totale demandée (en vols par mois)	2	3	4

a) Remplissez la matrice de gains suivante en calculant les profits de chaque firme pour les quatre situations possibles. Les profits de Nerd Voyages et Geek Tours sont désignés par π_N et π_G, respectivement.

		Geek Tours			
		1 vol		2 vols	
Nerd Voyages	1 vol	$\pi_N =$	$\pi_G =$	$\pi_N =$	$\pi_G =$
	2 vols	$\pi_N =$	$\pi_G =$	$\pi_N =$	$\pi_G =$

b) Identifiez l'équilibre de Nash pour ce jeu. Expliquez en quoi il s'agit d'un équilibre de Nash et commentez l'efficacité du résultat.

c) Si Nerd Voyages et Geek Tours pouvaient former un cartel et coordonner leurs activités, quel serait le résultat de l'interaction? D'après vous, Nerd Voyages et Geek Tours seraient-ils en mesure de maintenir une telle entente?

6- Considérons le marché de l'aluminium. La demande est donnée par : $P = 200 - 3Q$. Deux firmes sont présentes sur ce marché. Leur coût marginal est constant et égal à 20.

a) Si la Firme 1 anticipe que la Firme 2 produira $q_2 = 10$, quelle quantité maximisera les profits de la Firme 1? Et si l'anticipation est de $q_2 = 20$? $q_2 = 30$?

b) Tracez la courbe de meilleure réponse de la Firme 1 et celle de la Firme 2 sur un même graphique.

c) Quel est l'équilibre de Nash de ce jeu? Quelle est la production totale d'aluminium? Quel est le prix de l'aluminium? Quels sont les profits de chaque firme?

7- Considérons à nouveau le marché de l'aluminium de l'exercice précédent. Supposons que vous êtes le PDG de la Firme 1 et que vous avez l'opportunité de moderniser votre usine. Vous pouvez investir 200 $ pour abaisser votre coût marginal à $Cm = 8$. Est-ce un bon investissement?

a) Calculez la meilleure réponse de la Firme 1 pour tout niveau de production de la Firme 2 lorsque vous investissez pour moderniser votre usine.

b) Sachant que la fonction de meilleure réponse de la Firme 2 n'a pas changé, trouvez l'équilibre de Nash de ce jeu. Quels sont les profits de la Firme 1?

c) Comparez les profits avec et sans la modernisation de l'usine. L'investissement s'est-il avéré rentable?

8- **Pouvoir de marché et structure de marché**

Considérons une industrie où la demande est de $P = 13 - Q$ et où le coût marginal est égal à $Cm = 1$. Comparez le pouvoir de marché d'un monopoleur à celui d'un duopoleur (Cournot) pour ce marché. Pour ce faire, vous devrez calculer l'indice de Lerner associé à chaque scénario.

9- **Comparaison entre structures de marché**

Considérons un marché où la demande est donnée par $P = 27 - Q$. Toutes les firmes sont identiques, le coût marginal $Cm = 3$ est constant et il n'y a pas de coûts fixes.

a) Si le marché est concurrentiel, quel serait le prix unitaire? Combien d'unités seraient produites? Quel serait le surplus total?

b) Supposons maintenant qu'il n'y a qu'une seule firme sur le marché (monopole). Combien d'unités sont produites? Quel en est le prix? Quel est le surplus total?

c) Supposons maintenant qu'il y a deux firmes sur le marché (duopole) et qu'elles choisissent leur niveau de production simultanément (modèle de Cournot). Quelle est la production de chaque firme? Quel est le prix d'équilibre et le surplus total?

d) Toujours en situation de duopole, supposons qu'une firme est dominante et qu'elle peut choisir son niveau de production en premier (modèle de Stackelberg). Calculez les quantités, le prix unitaire et le surplus d'équilibre.

10- **Dans quelle mesure peut-on comparer la collusion entre firmes au dilemme du prisonnier?**

11 L'asymétrie d'information

APERÇU DU CHAPITRE

- Introduction
- La sélection adverse
- Les marchés avec sélection adverse – le marché des « citrons »
- Les solutions au problème de sélection adverse
- Conclusion
- Exercices

INTRODUCTION

DÉFINITION

Nous sommes en présence d'**asymétrie d'information** lorsqu'une personne a accès à de l'information importante qui n'est pas connue de tous.

Ce chapitre poursuit l'analyse de situations où l'information joue un rôle central. Jusqu'au chapitre 8, les agents économiques cherchaient à prendre la meilleure décision possible dans un environnement sans incertitude : il s'agissait d'un univers d'*information parfaite*. Au chapitre 8, nous avons introduit la notion d'incertitude et examiné la prise de décision en présence de risque. Cependant, les décisions prises en présence de risque sont beaucoup plus simples lorsque tous les agents ont la même information. C'est ce que nous appelons l'*information incomplète symétrique*. Dans ce chapitre, nous allons étendre le cadre d'analyse aux situations où un agent est mieux informé que l'autre. Par exemple, un mécanicien qui examine une voiture endommagée connaîtra généralement mieux que son propriétaire le problème, les réparations nécessaires et le coût réels de celles-ci. De même, lorsque vous souscrivez à une police d'assurance, vous connaissez mieux le risque associé à votre comportement que la compagnie d'assurances : pour une assurance automobile, vous connaissez mieux vos habiletés de conduite; pour une assurance santé, vous connaissez mieux votre état de santé, etc. Nous appellerons ces situations – où un agent est mieux informé que les autres – des situations d'*asymétrie d'information*.

L'information est un actif : il est possible pour un individu de l'utiliser à son profit en modifiant ses actions et ses choix. Cette rente informationnelle aura un impact sur les transactions et nous verrons que les résultats sur l'efficacité des marchés concurrentiels, obtenus au chapitre 5, méritent d'être revus. Nous verrons aussi que les agents économiques doivent être conscients du fait qu'ils font parfois face à des individus mieux informés qu'eux, et qu'ils ont besoin de se montrer stratégiques lorsque c'est le cas. Les actions révèlent de l'information, et l'on se doit de porter attention aux actions des autres afin de comprendre les décisions des agents économiques.

La théorie économique a développé deux concepts relatifs à l'asymétrie d'information. On distingue les situations dans lesquelles l'asymétrie d'information est due à de l'information cachée – la *sélection adverse* – de celles où l'asymétrie d'information est due à une action cachée – l'*aléa moral*.

Dans ce chapitre, nous nous concentrerons sur la sélection adverse. Le prochain chapitre sera consacré à l'aléa moral.

LA SÉLECTION ADVERSE

Commençons avec un exemple simple, qui reprend la situation analysée au chapitre 1. Considérons un propriétaire qui cherche à vendre son entreprise. La valeur de la firme est incertaine : elle peut être élevée, auquel cas elle vaut 500 000 $, ou faible, ne valant alors que 100 000 $. Le vendeur connaît la valeur de sa firme tandis que l'acheteur potentiel sait seulement que les deux valeurs sont équiprobables. On est donc bien dans une situation d'information asymétrique. Cependant, l'acheteur sait qu'il sera en mesure de gérer la firme plus efficacement et que, sous sa direction, la valeur de la firme sera de 50 % supérieure à ce qu'elle vaut avec le propriétaire actuel (soit 150 000 $ et 750 000 $, respectivement).

Du point de vue du vendeur, la situation est la même que celle analysée au chapitre 1. Le vendeur connaît la valeur de la firme et est prêt à la vendre à ce prix, au minimum.

Du point de vue de l'acheteur, la décision est plus complexe. L'acheteur ne connaît pas la véritable valeur de la firme. De plus, il sait que le vendeur connaît la valeur de la firme et tentera de tirer avantage de son information.

Un acheteur naïf (et neutre au risque) penserait que, puisque les deux valorisations sont équiprobables, sa volonté de payer devrait correspondre à la valeur espérée de la firme. Il serait alors prêt à débourser $V = (0,5 \times 150\ 000\ \$ + 0,5 \times 750\ 000\ \$) = 450\ 000\ \$$, pour faire l'acquisition de l'entreprise.

Par conséquent, l'acheteur devrait-il faire une offre de 400 000 $ au vendeur, par exemple?

Pour répondre à cette question, il faut comprendre comment le vendeur va utiliser stratégiquement son information. En effet, le vendeur n'acceptera cette offre de 400 000 $ que si la valeur de la firme est faible (le prix offert étant alors supérieur à la valorisation du vendeur), et il la refusera si la valeur de la firme est élevée (le prix offert étant inférieur à la valorisation du vendeur). Par conséquent, en faisant une offre de 400 000 $, l'acheteur ne peut qu'obtenir une entreprise de faible valeur, à un prix beaucoup trop élevé! Il serait donc mal avisé de faire une offre à 400 000 $[1].

Le consentement à payer 450 000 $ a été calculé sous l'hypothèse que les deux valeurs de la firme étaient équiprobables, mais ce n'est le cas que si le vendeur accepte de vendre à ce prix peu importe la valeur réelle de la firme. Or, à ce prix, nous rencontrons le problème que le propriétaire d'une firme à valeur élevée refusera de vendre. La sélection adverse se produit lorsqu'un agent avec un bien à valeur élevée choisit de s'exclure de la transaction, abaissant ainsi la valeur

---

1 Un raisonnement identique permet de montrer que faire une offre à 450 000 $ serait également une mauvaise idée.

espérée de l'échange, conditionnellement à ce qu'il ait lieu. Une sélection des types de propriétaires prêts à vendre a alors lieu, avec les propriétaires ayant les valorisations les plus basses.

ENCADRÉ 11.1

UN PHÉNOMÈNE CONNEXE : LA « MALÉDICTION DU VAINQUEUR » DANS LES ENCHÈRES

Le terme « malédiction du vainqueur » a été utilisé pour la première fois dans la cadre d'enchères pour des gisements pétroliers *offshore*. Il n'existait pas de méthode précise pour évaluer la valeur d'un gisement pétrolier situé en mer. Donc, si le gisement représentait une valeur réelle de 20 millions de dollars, les pétrolières pouvaient penser que la valeur se situait quelque part entre 10 millions et 30 millions de dollars. L'entreprise avec l'évaluation la plus élevée faisait l'offre la plus élevée et gagnait l'enchère. Cependant, le gagnant se rendait rapidement compte qu'il avait payé trop cher pour le gisement.

Il faut donc être très prudent dans les marchés où l'information est asymétrique. Si les autres acheteurs ne sont pas prêts à payer autant que vous, cela veut dire que leur information est probablement moins favorable que la vôtre. Vous devriez alors inclure cet élément dans votre réflexion avant d'enchérir dans un marché avec information asymétrique.

LES MARCHÉS AVEC SÉLECTION ADVERSE – LE MARCHÉ DES « CITRONS »

Comme nous l'avons vu dans l'exemple précédent, l'asymétrie d'information peut avoir des conséquences néfastes sur l'efficacité économique : certaines transactions qui créent du surplus n'ont pas lieu. L'importance de ce phénomène s'applique également aux marchés plus complexes avec de nombreux acheteurs et vendeurs. George Akerlof, prix Nobel d'économie en 2001, a démontré dans son célèbre article *The Markets for Lemons*[2] qu'un marché sans réglementation externe pouvait être très inefficace en présence d'asymétrie d'information.

DÉFINITION

Un **citron** est une voiture usagée qui a l'air d'être de bonne qualité mais qui tombe toujours en panne.

Un « citron » (*lemon*) est un terme familier désignant une voiture usagée de mauvaise qualité. En effet, le marché des voitures usagées est un exemple de marché dans lequel l'asymétrie d'information est importante. Les vendeurs connaissent plutôt bien la qualité et la valeur de leur véhicule, tandis que les acheteurs potentiels n'ont que très peu d'information.

En pratique, on observe couramment qu'aussitôt qu'une voiture neuve a été achetée, sa valeur de revente baisse instantanément de 10 % à 20 %. Ce phénomène ne peut pas s'expliquer par une perte immédiate de valeur, mais bien par

2 Akerlof, George A., « The Market for "Lemons": Quality Uncertainty and the Market Mechanism », *Quarterly Journal of Economics* (The MIT Press) 84 (3), 1970, 488–500.

l'asymétrie d'information. En effet, un acheteur potentiel se demandera pourquoi le vendeur désire se départir de son automobile si tôt. Évoquera-t-il une « bonne » raison, comme le fait de déménager à l'étranger, d'acheter une plus grande voiture pour la famille, etc. ? Ou bien la vend-il parce qu'elle est de mauvaise qualité, qu'il y a un problème avec le moteur, que certains accessoires ne fonctionnent pas correctement etc. ? Cette incertitude rend généralement les acheteurs vigilants quant à la valeur de la voiture.

Afin de simplifier l'analyse, supposons que le marché est composé de 1 000 vendeurs de bonnes voitures, de 1 000 vendeurs de citrons et de nombreux acheteurs potentiels.

Supposons que les acheteurs sont chacun prêts à payer 1 000 $ pour un citron et 2 000 $ pour une bonne voiture. Les vendeurs, quant à eux, sont prêts à céder un citron pour 750 $ et une bonne voiture pour 1 750 $.

Le fait que la valorisation des acheteurs soit plus élevée que le prix de réserve des vendeurs implique que des gains à l'échange peuvent être réalisés *sur chaque voiture*. Nous commencerons par analyser ce qui se passe sur ce marché lorsque l'information est parfaite et que tous les agents savent si une voiture est de bonne qualité ou s'il s'agit d'un citron. Cette situation servira de référence. Nous examinerons ensuite la situation où l'information est symétrique mais imparfaite, c'est-à-dire où ni l'acheteur ni le vendeur ne connaissent avec certitude la qualité de la voiture. Finalement, nous analyserons la situation où l'information est asymétrique, et nous comparerons les résultats des trois scénarios.

L'information parfaite

Cette situation ressemble aux exemples analysés au chapitre 1. Sachant que la valorisation de l'acheteur est supérieure au prix de réserve du vendeur pour les deux types de voitures, l'échange est efficace quand toutes les voitures sont vendues. Pour caractériser un équilibre de marché, nous devons déterminer un prix pour les bonnes voitures ainsi qu'un prix pour les citrons, prix auquel la quantité offerte sera égale à la quantité demandée.

Dans une situation de négociation bilatérale, il n'existe pas de prix unique. Pour une bonne voiture, n'importe quel prix entre 1 750 $ et 2 000 $ permettra à l'échange entre un acheteur et un vendeur d'avoir lieu. Pour un citron, tout prix se situant entre 750 $ et 1 000 $ rendra la transaction possible. Pour ces prix, l'échange crée un surplus que l'acheteur et le vendeur se partagent, augmentant ainsi leur bien-être par rapport à une situation sans échange.

Du point de vue du marché, le surplus de l'acheteur doit être identique pour les deux types de voitures, sinon il préférerait acheter le type qui rapporte le surplus le plus élevé.

Peu importe les prix du marché, il est facile de calculer le surplus total créé par l'échange des 2 000 voitures vendues. Chaque vente crée un surplus de 250 $ (2 000 $ – 1 750 $ = 250 $ pour une bonne voiture et 1 000 $ – 750 $ = 250 $ pour les citrons). Le surplus total créé par les échanges est donc de 500 000 $.

L'information imparfaite symétrique – ignorance totale

Si un vendeur ne connaît pas la qualité de sa voiture, quel sera son prix de réserve? Nous supposons qu'il connaît la proportion de bonnes voitures et de citrons dans le marché. En d'autres termes, il sait qu'il a autant de chances de posséder une voiture de bonne qualité qu'un citron. La valeur moyenne d'une voiture pour un vendeur est donc de 0,5 × 750 $ + 0,5 × 1 750 $ = 1 250 $. Pour un acheteur, la valorisation moyenne est de 0,5 × 1 000 $ + 0,5 × 2 000 $ = 1 500 $.

Puisque la valorisation moyenne des acheteurs est supérieure au prix de réserve des vendeurs, l'échange aura lieu à un prix situé entre 1 250 $ et 1 500 $. Comme avant, chaque transaction générera un surplus total de 250 $. Le surplus total issu des 2 000 transactions sera donc le même que dans le scénario précédent, soit 500 000 $. La différence est que les vendeurs et les acheteurs prennent un risque.

L'échange sera bon pour l'une des parties, et mauvais pour l'autre. En effet, si un acheteur obtient une bonne voiture, il fait une bonne affaire. Il paie entre 1 250 $ et 1 500 $ pour une voiture qui vaut 2 000 $. Son surplus se situe alors entre 500 $ et 750 $. Cependant, s'il achète un citron, son surplus est négatif, entre –500 $ et –250 $. Dans ce cas, il aurait préféré ne pas acheter de voiture, et c'est le vendeur qui réalise un gain important.

Si les acheteurs et les vendeurs sont neutres au risque, le surplus créé sur le marché est identique à celui créé dans une situation d'information parfaite. Avec des agents averses au risque, le résultat ne serait pas le même en raison du risque inhérent à la transaction.

L'information asymétrique

La valorisation des acheteurs sera en moyenne de 1 500 $ si tous les vendeurs mettent leurs voitures en vente. Cependant, comme les vendeurs sont informés de la valeur de leur voiture, tous les vendeurs n'accepteront pas de vendre à ce prix. Notamment, les propriétaires de bonnes voitures n'accepteront pas de vendre à un prix de 1 500 $, puisque leur prix de réserve est de 1 750 $ pour une bonne voiture.

Ne pouvant pas obtenir leur prix de réserve, tous les vendeurs de bonnes voitures sortiront du marché. Les acheteurs réaliseront que le marché n'est maintenant constitué que de citrons et modifieront leur valorisation espérée en conséquence. C'est le phénomène qu'on appelle *sélection adverse*, un problème identifié par Akerlof : les vendeurs de bonnes voitures, connaissant la valeur de leur bien, ont un prix de réserve supérieur à la valorisation espérée des acheteurs, qui ne connaissent pas la qualité de la voiture qu'ils tentent d'acheter.

Par conséquent, à l'équilibre de marché, seuls les citrons sont vendus (à un prix situé entre 750 $ et 1 000 $) et aucune bonne voiture ne sera échangée. Le surplus total créé correspond donc à la vente des 1 000 citrons : 1 000 × 250 $ = 250 000 $.

L'information asymétrique a fait disparaître la moitié des transactions et a détruit une bonne partie du surplus créé par l'échange. Dans ce scénario, l'équilibre de marché aboutit à une allocation inefficace, où les voitures de bonne qualité ne sont pas échangées. Ce résultat contraste fortement avec ceux obtenus au chapitre 5 à propos de l'efficacité des marchés.

Signaler la qualité par une inspection coûteuse

L'inefficacité provient du fait que les vendeurs de bonnes voitures ne peuvent pas se distinguer des vendeurs de citrons aux yeux des acheteurs potentiels. Les vendeurs de bonnes voitures voudraient convaincre les acheteurs de la qualité de leur voiture. Malheureusement, puisque les propriétaires de citrons voudraient faire de même, le simple fait de le dire ne serait pas crédible. **Parler ne coûte pas cher** : n'importe qui peut prétendre que sa voiture est de bonne qualité. Pour que les bonnes voitures se vendent, un vendeur doit être capable d'envoyer un **signal crédible** sur la qualité de sa voiture. Par exemple, un tel signal pourrait consister à faire inspecter la voiture. Pour que ce signal soit crédible, il faut qu'il soit plus coûteux pour les propriétaires de citrons de passer l'inspection (disons 1 200 $, prix tenant compte des réparations à effectuer et de l'éventuel pot-de-vin à l'inspecteur) que pour les propriétaires de bonnes voitures (disons 100 $).

Une bonne voiture, après inspection, peut être vendue pour 2 000 $. Le profit net du vendeur est donc :

$$2\,000 - 100 - 1\,750 = 150\,\$ > 0\,\$ \text{ (s'il ne vend pas).}$$

Un citron, s'il passe l'inspection, peut aussi être vendu pour 2 000 $. Par contre, le profit net du vendeur ne sera que de :

$$2\,000 - 1\,200 - 750 = 50\,\$.$$

Alors que si le vendeur avait vendu pour 1 000 $ (sans faire inspecter sa voiture, assumant ainsi le fait que c'est un citron), son profit net aurait été de 1 000 – 750 = 250 $.

Les vendeurs de citrons choisiront donc de ne pas faire inspecter leur voiture, alors que les propriétaires de bonnes voitures le feront. Puisque différents types de vendeurs se comportent différemment, nous appelons cette situation un *équilibre séparateur*.

À l'équilibre, toutes les voitures sont vendues, et l'efficacité sur le marché est retrouvée grâce à la possibilité de signaler. Cependant, pour que les échanges puissent avoir lieu, un coût est nécessaire puisque tous les propriétaires de bonnes voitures doivent faire inspecter leur voiture au prix de 100 $. Il en coûte donc 100 000 $ (= 1 000 × 100 $) pour retrouver l'efficacité des échanges.

Autres exemples de marché avec sélection adverse

L'exemple précédent du marché des citrons illustre bien comment l'asymétrie d'information peut conduire à une défaillance du marché. Il met aussi en lumière le concept de sélection adverse, phénomène présent sur de nombreux marchés. Ce phénomène se produit lorsque des produits de différente qualité sont vendus au même prix et que les consommateurs ne possèdent pas suffisamment d'information pour déterminer la valeur réelle du bien. Nous discuterons maintenant de certains marchés bien connus qui sont touchés par la sélection adverse.

Le marché de l'assurance

Pourquoi est-il aussi difficile pour une personne de plus de soixante-cinq ans d'obtenir une assurance santé? Si le risque de tomber malade est plus élevé pour les personnes âgées, pourquoi le prix de l'assurance ne s'ajuste-t-il pas simplement à ce risque? La raison est l'asymétrie d'information. Les clients connaissent mieux leur propre état de santé que les compagnies d'assurances. Il y a donc un problème de sélection adverse. Puisque les individus à haut risque ont un plus grand besoin d'assurance, le bassin de consommateurs sera composé majoritairement de mauvais risques. Cela conduit à une hausse du prix qui pousse certains individus à se retirer du marché parce qu'ils trouvent le prix désormais trop élevé. Ce processus peut se poursuivre jusqu'à ce que l'assurance devienne hors de prix et, dans certains cas, jusqu'à ce que les compagnies d'assurances arrêtent complètement de vendre des polices d'assurance.

L'utilisation de signaux n'est généralement pas la solution adoptée pour contrer ce type de défaillance de marché. Cette situation est propice à une intervention gouvernementale. En forçant la totalité de la population à prendre une assurance, les faibles risques subventionnent l'assurance des mauvais risques, mais au moins l'accès à l'assurance est sauvegardé.

Le marché du crédit

Lorsque nous utilisons une carte de crédit ou contractons un prêt à la banque, le prêteur n'est jamais totalement certain que nous allons rembourser le montant emprunté. Une banque ne peut pas facilement distinguer les clients qui sont des mauvais risques de ceux qui sont des bons risques. Comme dans les autres cas, cela peut conduire à une hausse des taux d'intérêt à un niveau qui ferait fuir les bons emprunteurs. La sélection adverse peut donc conduire à une disparition du marché du crédit. Cela explique pourquoi obtenir un crédit n'est pas facile dans de nombreux pays. D'ailleurs, dans de nombreux pays en développement, il est très difficile d'obtenir un prêt.

La solution à ce problème de sélection adverse passe par les agences de crédit, qui transmettent aux banques l'information sur l'historique de crédit des clients potentiels. Un bon historique de crédit est analogue à une inspection pour une voiture d'occasion. Il est moins coûteux pour un bon risque de crédit de maintenir sa réputation, tout comme il était moins coûteux pour un propriétaire de bonne voiture de passer l'inspection.

La qualité des produits

D'autres exemples de marchés où la sélection adverse est présente sont les marchés de biens dont la qualité varie et pour lesquels elle n'est pas facilement observable. Les consommateurs ne savent pas si les producteurs mettent tous les efforts nécessaires pour produire un produit de bonne qualité. Ils ne sont donc pas prêts à payer un prix élevé pour un produit de qualité incertaine. Évidemment, cela crée de la sélection adverse et certains producteurs ne produiront pas de biens de bonne qualité si le prix de marché est trop faible. Ce phénomène se produit par exemple dans le secteur agroalimentaire, où il est difficile pour le consommateur de juger de la qualité de la viande, de légumes ou d'un vin avant l'achat. Le problème se présente pour plusieurs professionnels du secteur des services comme les plombiers, les avocats, les médecins, etc. Il est difficile pour les consommateurs de déterminer la fiabilité et la compétence d'un fournisseur de services.

La solution à ce problème se présente donc souvent sous la forme d'une certification, ou d'une marque, suffisamment crédible auprès des consommateurs pour véhiculer la qualité du bien vendu.

Les consommateurs vont donc se tourner vers des produits agricoles qui proviennent de producteurs qui se conforment à des normes de qualité. Pour les professions de service, les ordres professionnels sont un moyen de certifier la qualité. La réputation joue aussi un rôle important pour résoudre les problèmes d'asymétrie d'information.

LES SOLUTIONS AU PROBLÈME DE SÉLECTION ADVERSE

Comme nous l'avons vu, il existe plusieurs solutions possibles aux défaillances de marché causées par la sélection adverse et l'asymétrie d'information. La solution choisie dépend souvent de la situation particulière du marché, du nombre de firmes, du type de bien, etc.

La certification

Cette option est une manière directe d'éliminer l'asymétrie d'information. La certification, si elle est crédible, transmet l'information directement à l'agent non informé et fait donc disparaître toute asymétrie.

Il existe deux problèmes avec la certification : la crédibilité de l'agence qui certifie la qualité du produit et le coût de la certification. Par exemple, les agences de notation, qui certifient la santé financière des entreprises ou des pays qui empruntent de l'argent, ont été critiquées sur la qualité de leur information; leurs cotes ont donc été remises en question.

Le coût de la certification provient souvent des difficultés liées à la surveillance de la qualité, qui est complexe et donc coûteuse. Si les coûts de certification sont trop élevés, personne ne fera certifier son produit et l'asymétrie d'information demeurera.

Plusieurs mécanismes de certification sont contrôlés par le gouvernement. Par exemple, la réglementation de plusieurs professions telles que la médecine, le droit, le notariat, est contrôlée par la fonction publique afin de rassurer les consommateurs moins informés et d'assurer la qualité des professionnels. Vous savez qu'un médecin a obtenu son diplôme d'une faculté de médecine et qu'il a passé les divers examens attestant de sa compétence.

La marque et la réputation

Une autre façon de révéler de manière crédible la qualité est d'établir une réputation pour des produits de bonne qualité. La réputation provient souvent du développement d'une marque que les consommateurs reconnaissent et à laquelle ils font confiance. Vous êtes prêts à payer plus pour un produit d'une marque bien connue car vous savez que le produit sera de bonne qualité. Les firmes possédant des marques établies n'ont aucune raison de produire des biens de faible qualité puisque cela entraînerait une perte rapide de leur réputation, et ces marques perdraient tout leur attrait et leur valeur.

L'utilisation de signaux et le filtrage

Comme nous l'avons vu dans l'exemple du marché des citrons, une façon de résoudre le problème de la sélection adverse est de signaler la bonne qualité de son produit au marché en utilisant un instrument coûteux, qui ne serait pas utilisé par les détenteurs de biens de mauvaise qualité. Dans le même ordre d'idées, les firmes qui font beaucoup de publicité pour un nouveau produit envoient le signal qu'elles sont confiantes que les consommateurs qui achètent le produit l'aimeront et continueront de le consommer : si le produit était de mauvaise qualité, les consommateurs ne l'achèteraient plus après l'avoir essayé une fois et la campagne publicitaire n'en vaudrait alors pas la peine.

L'utilisation de signaux pour réduire l'asymétrie d'information est omniprésente dans la vie de tous les jours. Le niveau d'éducation peut être interprété comme un signal de la part des jeunes travailleurs envers leurs employeurs potentiels, disant qu'ils sont intelligents et compétents. Les vêtements, montres et voitures de luxe sont une façon de signaler à des inconnus qu'on a réussi. Investir un fort montant d'argent dans une entreprise naissante peut signaler à vos investisseurs que vous êtes confiant que ce projet en vaut la peine, sachant que peu de gens investissent dans un projet qu'ils croient voué à l'échec.

Le *filtrage*, aussi appelé dépistage ou méthode de tri, est similaire à l'utilisation de signaux mais est utilisée par les agents non informés dans le but de distinguer les bons types des mauvais types. Les compagnies d'assurances vont ainsi proposer différents contrats à différentes personnes de manière à séparer les bons des mauvais risques. Bien sûr, les contrats doivent être minutieusement construits afin que ce tri soit efficace. Cela devrait vous rappeler la segmentation de marché implicite analysée au chapitre 7; la logique est exactement la même.

CONCLUSION

En présence d'asymétrie d'information, les agents non informés ne peuvent que mettre un prix unique sur des produits aux caractéristiques différentes. Ce prix unique, qui représente la qualité moyenne du marché, est souvent relativement faible et fera sortir du marché les vendeurs de produits de bonne qualité. Cette sélection adverse aboutit souvent à des défaillances de marché et remet en question la notion selon laquelle les marchés sont efficaces.

Nous avons vu qu'il existe différentes façons de limiter les effets négatifs de la sélection adverse. Certaines de ces solutions émergent naturellement des actions des agents impliqués sur le marché (signaux, filtrage, etc.) mais, dans certains cas, l'intervention du gouvernement est nécessaire afin de rétablir l'efficacité du marché.

RÉSUMÉ DU CHAPITRE 11

- L'asymétrie d'information est présente dans de nombreuses situations économiques et d'affaires.
- Lorsque vous faites face à un agent mieux informé, vous devez tenir compte du fait qu'il utilisera son information à son avantage. Le simple fait qu'il veuille faire affaire avec vous révèle une partie de son information.
- Dans les marchés avec information asymétrique, l'efficacité économique n'est souvent pas atteinte et de nombreuses opportunités d'échanges avantageux sont perdues.
- Il existe plusieurs solutions aux problèmes de sélection adverse. Certaines d'entre elles peuvent venir des agents impliqués. Les autres viennent de l'intervention d'une tierce partie ou de la réglementation du gouvernement.

EXERCICES

CHAPITRE 11

1- Parmi les affirmations suivantes, laquelle est le meilleur exemple de sélection adverse?

a) Un consommateur achète un téléphone intelligent qui ne fonctionne pas comme prévu.

b) Un propriétaire de restaurant possédant une assurance incendie met le feu à son établissement.

c) Les individus averses au risque achètent toujours plus d'assurance qu'ils n'en ont besoin.

d) Seulement les producteurs de biens de haute qualité offrent des garanties.

e) Les personnes en moins bonne santé ont plus de chances d'acheter une assurance santé.

2- Une compagnie d'assurances offre aux médecins une police contre les fautes professionnelles. Les règlements de poursuites pour fautes professionnelles coûtent à la compagnie en moyenne 5 000 $ par an dans le cas d'un médecin prudent et 30 000 $ par an dans le cas d'un médecin négligent. Chaque médecin sait s'il est prudent ou négligent, mais la compagnie d'assurances sait seulement que 10 % des professionnels sont négligents. À combien doit s'élever la prime afin que la compagnie soit tout juste rentable?

a) 5 000 $

b) 7 500 $

c) 27 500 $

d) 30 000 $

e) 35 000 $

3- Afin de surmonter le problème d'anti-sélection (sélection adverse), les employeurs peuvent utiliser des techniques de ______________, notamment ______________.

a) Signalement, en surveillant la performance des employés.

b) Filtrage, en surveillant la performance des employés.

c) Filtrage, en vérifiant les références des employés.

d) Signalement, en vérifiant les références des employés.

4- Considérez le marché des voitures usagées décrit ci-dessous :

Les acheteurs sont prêts à débourser 2 000 $ pour une bonne voiture usagée, mais seulement 1 000 $ pour un citron (mauvaise voiture). Les vendeurs sont prêts à se départir de leur voiture en échange de 1 800 $ quand il s'agit d'une bonne voiture, et en échange de 900 $ lorsqu'il s'agit d'un citron.

Notez que si l'information est parfaite (tout le monde est en mesure de différencier les bonnes voitures des citrons), il y a des gains à l'échange et toutes les voitures devraient être échangées. Supposez maintenant que les acheteurs ne peuvent différencier les bonnes voitures des citrons : ils savent seulement que 25 % des voitures usagées sont des citrons.

a) Sachant que 25 % des voitures usagées sont des citrons, combien un acheteur serait-il prêt à payer pour une voiture usagée, en supposant que toutes les voitures soient à vendre?

b) Un vendeur serait-il prêt à vendre sa bonne voiture à ce prix?

c) Un vendeur serait-il prêt à se départir de son citron à ce prix?

d) À l'équilibre, combien de bonnes voitures seront vendues?

e) À l'équilibre, combien de citrons seront vendus? À quel prix?

5- **Considérons un marché avec deux types de voitures : les bonnes voitures et les citrons. Le tiers des voitures sont de bonne qualité, et les deux tiers sont des citrons. Les acheteurs croient qu'une bonne voiture vaut 10 000 $, alors qu'un citron ne vaut que 4 000 $ à leurs yeux. Les vendeurs n'accepteront pas moins de 7 000 $ pour une bonne voiture et 2 500 $ pour un citron.**

a) Si tous les agents sont parfaitement informés quant à la qualité des voitures disponibles, quel est l'équilibre de marché?

b) Supposons maintenant que la qualité des voitures est inconnue des acheteurs et des vendeurs. Quel sera l'équilibre de marché dans ce cas?

c) Que se passe-t-il si les vendeurs connaissent la qualité des voitures, mais pas les acheteurs?

d) Est-ce que votre réponse en **c)** serait différente si les vendeurs de bonnes voitures étaient prêts à accepter un prix de 6 000 $?

6- **L'éducation comme signal**

Quarante pour cent des travailleurs sont talentueux, même sans éducation. Le produit marginal de ces individus (c'est-à-dire leur productivité aux yeux des employeurs) a une valeur actuelle de 200 000 $ sur la durée de leur carrière. Ces individus peuvent acquérir un diplôme universitaire au coût de 40 000 $. Le reste de la population (60 %) est moins talentueuse et a un produit marginal d'une valeur actuelle de 120 000 $ sur la durée de la carrière. Ces individus peuvent aussi acquérir un diplôme universitaire, mais pour un montant de 90 000 $. La différence dans le coût de l'éducation reflète la différence dans le temps d'étude nécessaire pour passer les examens. Les employeurs potentiels ne peuvent pas distinguer les travailleurs talentueux des autres.

a) Dans un équilibre séparateur, quel serait le salaire des travailleurs ayant un diplôme universitaire? Celui des travailleurs sans diplôme? Expliquez.

b) Que se passe-t-il si le coût de l'éducation passe à 100 000 $ et 150 000 $ respectivement, en raison d'une hausse des frais de scolarité?

7- L'assurance-maladie

Les gens, un peu comme les voitures usagées, n'ont pas tous une excellente santé. Les assureurs n'ont qu'une information limitée sur leurs potentiels clients.

Les individus peuvent être soit en bonne santé, soit malades chroniques. Les personnes en bonne santé sont celles qui font de l'exercice, s'alimentent bien et limitent leur consommation d'alcool, de tabac et de drogue. Les malades chroniques ne font pas d'exercice, s'alimentent mal et consomment beaucoup d'alcool, de tabac ou de drogue.

Les assureurs n'ont aucun moyen de connaître le type d'un individu avant qu'il n'achète une police d'assurance. De plus, les personnes ayant une bonne santé ne réclameront que 100 $ tandis que la réclamation d'un malade chronique s'élèvera à 1 000 $. Les individus connaissent leur type et le montant de leur réclamation.

a) À quel type de problème économique l'assureur fait-il face?

b) Quelle prime l'assureur doit-il charger dans cette situation?

c) Que pourrait faire le gouvernement pour améliorer la situation?

8- Considérons deux industries. Dans l'industrie A, il est difficile de surveiller la performance individuelle des travailleurs. Il y a deux types de travailleurs : les bons travailleurs et les paresseux. Les deux types sont également représentés dans la population. En une semaine, un bon travailleur produit l'équivalent de 1 200 $ alors qu'un paresseux ne produit que l'équivalent de 400 $. Tous les travailleurs peuvent à tout moment décider d'aller travailler dans l'industrie B où la surveillance est facile et étroite. Dans cette industrie, le salaire hebdomadaire d'un bon travailleur est de 700 $, et celui d'un paresseux est de 200 $.

a) Supposons qu'une firme de l'industrie A croit qu'elle ne peut engager que des paresseux. Quel salaire maximal sera-t-elle disposée à verser à ses employés?

b) Si elle offre ce salaire, quel type de travailleurs attirera-t-elle? Expliquez votre réponse.

c) Supposons qu'une firme de l'industrie A croit que la moitié de ses travailleurs seront des paresseux et que l'autre moitié sera constituée de bons travailleurs. Considérant cette croyance, quel salaire maximal sera-t-elle disposée à verser à ses employés?

d) Si elle offre ce salaire, les croyances de la firme par rapport à sa main-d'œuvre seront-elles confirmées? Expliquez votre réponse.

12 L'aléa moral et les contrats

APERÇU DU CHAPITRE

- Introduction
- L'aléa moral et la relation principal-agent
- Comment concevoir un système d'incitations (contrat)
- Les incitations en pratique
- Conclusion
- Exercices

INTRODUCTION

L'asymétrie d'information ne se retrouve pas pas uniquement dans des situations dans lesquelles un agent économique est mieux informé qu'un autre. Le terme englobe aussi le cas où un individu agit sans que d'autres n'observent son action. Lorsque cette action cachée a des conséquences pour tous les agents, y compris ceux qui ne l'observent pas, l'*aléa moral* peut créer des distorsions économiques.

Pour illustrer ce phénomène, revenons sur l'hypothèse faite jusqu'à présent selon laquelle toute firme agit de sorte à maximiser ses profits. En effet, les propriétaires d'une entreprise (les actionnaires) embauchent habituellement un gestionnaire pour diriger la firme. Les profits de la firme dépendent des conditions économiques, mais aussi des décisions du gestionnaire en place. Le gestionnaire doit s'assurer de prendre les bonnes décisions afin de minimiser les coûts et de maximiser les profits pour la firme. L'effort qu'il met à atteindre ces objectifs représente généralement une action cachée puisque cet effort n'est pas parfaitement observable par les actionnaires. Si le gestionnaire est rémunéré à l'aide d'un salaire fixe, disons 50 000 $ par an, les résultats de la firme n'affectent pas sa rémunération. Le gestionnaire n'a donc pas d'incitation particulière à consacrer tout le temps et tous les efforts nécessaires à la bonne gestion de l'entreprise. Cette baisse de l'effort peut conduire à des profits plus faibles. Un salaire fixe, donc sans relation avec l'effort, conduit à une situation d'aléa moral.

La logique illustrée par la relation entre le dirigeant et les actionnaires se généralise à de nombreuses autres situations. Les interactions entre propriétaires terriens et fermiers, entre propriétaires de restaurants et serveurs, ou encore entre professeurs et étudiants sont des exemples parmi beaucoup d'autres. Un autre environnement dans lequel l'aléa moral est important est le marché de l'assurance. Les compagnies d'assurance sont en effet particulièrement vulnérables au problème de l'aléa moral. Lorsque vous louez une voiture et que vous prenez une assurance pour vous couvrir, l'assureur n'observe pas votre manière de conduire et ne voit pas si vous faites tous les efforts nécessaires pour éviter un accident. Cette tendance à être moins prudent lorsque les risques sont éliminés est une autre source d'aléa moral.

DÉFINITION

L'**aléa moral** est une situation dans laquelle un individu effectue une action non-observable qui lui bénéficie aux dépens d'autres individus.

L'ALÉA MORAL ET LA RELATION PRINCIPAL-AGENT

DÉFINITION

L'**agent** est la personne qui agit au nom du *principal*. Le principal n'observe pas l'action de l'agent, mais il est affecté par celle-ci.

Le problème central dans la relation principal-agent vient du fait que les deux parties impliquées ont des intérêts divergents et que le principal n'observe pas parfaitement les actions de l'agent (son niveau d'effort). Il n'observe que des mesures, parfois imparfaites, de la performance de l'agent. Cela implique que le principal ne peut pas être certain que l'agent agit au mieux de ses intérêts, particulièrement lorsque les actions utiles au principal sont coûteuses pour l'agent.

Plusieurs mécanismes peuvent être utilisés pour aligner les intérêts de l'agent à ceux du principal. Ces différentes formes *d'incitations* sont utilisées par le principal afin de résoudre, au moins partiellement, le problème d'aléa moral et augmenter ses profits.

ENCADRÉ 12.1

LA THÉORIE DE L'AGENCE (RELATION PRINCIPAL-AGENT)

Agent : personne qui effectue l'action non-observable (employé)

Principal : personne affectée par l'action (employeur)

Récompense : ce que l'agent recherche (n'est pas nécessairement seulement monétaire)

Effort : actions que l'agent n'effectuerait pas s'il n'était pas payé pour le faire (Il ne s'agit pas uniquement du nombre d'heures travaillées, mais aussi de la qualité du travail, de l'honnêteté, etc.)

Incitations : lien entre l'effort et la récompense (Le lien peut inclure des éléments qui ne se trouvent pas dans le contrat de travail.)

Exemples d'incitations : commissions, options sur actions, prime, notes aux examens, possibilités de promotion, menace de congédiement.

COMMENT CONCEVOIR UN SYSTÈME D'INCITATIONS (CONTRAT)

Un exemple simple

On considère la situation dans laquelle un principal propose un contrat à un employé dont le niveau d'effort influence les performances de l'entreprise.

L'employé peut choisir deux niveaux d'effort : faible ou élevé. Le tableau suivant indique les résultats de l'entreprise en fonction de l'effort. Ainsi, avec un effort faible, les résultats de l'entreprise sont de R = 75 000 $ avec 25 % de chances, et de R = 25 000 $ avec 75 % de chances. Avec un effort élevé, les résultats de l'entreprise sont de R = 75 000 $ avec 75 % de chances et de R = 25 000 $ avec 25 % de chances.

	25 %	75 %
Effort faible	R = 75 000 $	R = 25 000 $
Effort élevé	R = 25 000 $	R = 75 000 $

Le principal maximise les profits (espérés) de l'entreprise : R – w, où w représente le salaire de l'employé.

On calcule facilement que la recette espérée est de 62 500 $ si l'employé fournit un effort élevé, et de seulement 37 500 $ si l'employé fournit un effort faible.

L'employé est neutre au risque et maximise son utilité espérée. Ici, l'utilité espérée correspond à la rémunération espérée, à laquelle il faut soustraire le coût monétaire de l'effort.[1] Supposons que le coût de l'effort élevé soit équivalent à une perte de 5 000 $ pour l'agent, et que le coût de l'effort faible soit nul. Supposons également qu'il puisse accepter une autre offre d'emploi qu'il valorise à 20 000 $.

Considérons d'abord la situation sans asymétrie d'information, lorsque le principal peut observer l'effort de l'agent et faire dépendre la rémunération de l'effort fourni.

Le principal a alors deux options. Il peut décider d'inciter l'agent à fournir un effort élevé, auquel cas il devra compenser le coût de l'effort (5 000 $), ou pourra décider de ne pas le payer cher et de laisser l'agent fournir un effort faible. Dans les deux cas, il doit aussi proposer un salaire qui convaincra l'agent de venir travailler pour lui plutôt que d'accepter l'emploi alternatif qui rapporte 20 000 $.

Calculons les profits du principal pour les deux options :

Option 1. Compenser l'agent pour l'effort élevé :

$$\begin{aligned}\text{Profits espérés} &= 62\,500\$ - 25\,000\$ \\ &= 37\,500\$.\end{aligned}$$

Option 2. Ne pas compenser l'agent et obtenir un effort faible :

$$\begin{aligned}\text{Profits espérés} &= 37\,500\$ - 20\,000\$ \\ &= 17\,500\$.\end{aligned}$$

Nous voyons que la meilleure option pour le principal est de demander un effort élevé à l'employé contre 25 000 $ de compensation, puisque c'est ce qui apporte le plus grand profit espéré. Cela fonctionne uniquement parce que le principal peut punir l'agent qui ne fournit pas l'effort approprié en lui retirant son salaire, le cas échéant.

Lorsque l'effort n'est pas observable, le principal se trouve en situation d'asymétrie d'information. Il ne sait pas si l'agent a fourni un effort élevé ou faible. Si le salaire de 25 000 $ était maintenu, que ferait l'employé? Puisque sa récompense ne dépend pas de ses actions, il ne fournirait pas d'effort. Cela correspond au phénomène d'aléa moral. Vérifions cela.

1 Autrement dit, l'utilité espérée de l'agent coïncide avec sa valorisation espérée. Il est donc neutre au risque.

Contrat 1 – Salaire fixe

Calculons l'utilité espérée de l'agent pour les deux efforts.

$$\text{UE (effort faible)} = 25\,000\$ - 0\$ = 25\,000\$\ ;$$

$$\text{UE (effort élevé)} = 25\,000\$ - 5\,000\$ = 20\,000\$.$$

L'employé choisirait donc l'effort faible : un salaire fixe ne permet pas d'inciter l'employé à l'effort.

Que peut alors faire le principal? Il doit mettre au point un contrat qui incite l'agent à fournir un effort élevé même si ses actions ne sont pas observables. Le principal doit trouver une façon de lier effort et récompense. Pour ce faire, il utilisera les recettes générées par la firme comme un indicateur du comportement de l'agent. Sachant qu'il est plus probable que les recettes soient élevées lorsque l'employé a travaillé avec ardeur, un contrat qui attribue un meilleur salaire à l'agent quand les recettes sont élevées pourrait être une bonne incitation. Cependant, comme dans bien des cas, mieux vaut y regarder de plus près pour s'assurer que le contrat incite effectivement l'agent à fournir un effort élevé. Le contrat doit aussi être construit de manière à ne pas offrir de rémunération excessive à l'agent, ce qui nuirait à la profitabilité de la firme.

Il y a plusieurs façons de construire des contrats incitatifs. Examinons quelques exemples.

Contrat 2 – Partage des recettes

Considérons un contrat de partage des recettes qui attribue 50 % des recettes à l'employé comme rémunération. Le salaire de l'employé est donc calculé comme suit :

$$w(R) = 0{,}5 \times 25\,000\$ = 12\,500\$ \text{ si } R = 25\,000\$\ ;$$

$$w(R) = 0{,}5 \times 75\,000\$ = 37\,500\$ \text{ si } R = 75\,000\$.$$

Contrat 3 – Prime à la performance

Considérons un contrat de prime à la performance qui attribue un salaire fixe, de 17 000 $, et donne à l'agent une prime, ici de 12 000 $, si les résultats de la firme sont bons (75 000 $).

$$w(R) = 17\,000\$, \text{ si } R = 25\,000\$;$$

$$\begin{aligned} w(R) &= 17\,000\$ + 12\,000\$ \\ &= 29\,000\$, \text{ si } R = 75\,000\$. \end{aligned}$$

Afin d'analyser ces contrats et d'en évaluer la performance, le principal doit se poser les questions suivantes :

- Quel niveau d'effort sera choisi par l'employé?
- Acceptera-t-il l'offre d'emploi ou préférera-t-il l'emploi alternatif?
- Quel sera le profit espéré?
- L'utilisation d'un salaire fixe serait-elle plus intéressante?

La première question permet de vérifier si le contrat incite l'agent au bon comportement (c'est-à-dire fournir un effort élevé) : il s'agit de comparer l'utilité espérée de l'agent lorsqu'il fournit un effort élevé et lorsqu'il fournit un effort faible.

Les deux questions suivantes permettent de comparer les profits du principal lorsqu'il propose l'un ou l'autre des contrats.

Analysons d'abord le cas du partage des recettes. Si l'agent fournit un effort élevé, il obtient :

$$\begin{aligned} UE(\text{effort élevé}) &= 0{,}25 \times 12\,500\$ + 0{,}75 \times 37\,500\$ - 5\,000\$ \\ &= 26\,250\$. \end{aligned}$$

Si l'agent fournit un effort faible, il obtient :

$$\begin{aligned} UE(\text{effort faible}) &= 0{,}75 \times 12\,500\$ + 0{,}25 \times 37\,500\$ \\ &= 18\,750\$. \end{aligned}$$

Le partage des recettes incite donc l'agent à fournir un niveau d'effort élevé. Il préfère également ce contrat à son option extérieure de 20 000 $. Les profits espérés du principal sont alors de 62 500 $ – 31 250 $ = 31 250 $.

Passons maintenant au cas de la prime à la performance. Si l'agent fournit un effort élevé, il obtient :

$$\begin{aligned} \text{UE(effort élevé)} &= 0{,}25 \times 17\,000\,\$ + 0{,}75 \times 29\,000\,\$ - 5\,000\,\$ \\ &= 21\,000\,\$. \end{aligned}$$

Si l'agent fournit un effort faible, il obtient :

$$\begin{aligned} \text{UE(effort faible)} &= 0{,}75 \times 17\,000\,\$ + 0{,}25 \times 29\,000\,\$ \\ &= 20\,000\,\$. \end{aligned}$$

Tout comme dans le cas du partage des recettes, la prime à la performance incite l'agent à fournir un effort élevé. L'agent préfère aussi ce contrat à son option extérieure. Les profits espérés du principal sont alors de 62 500 $ – 26 000 $ = 36 500 $.

Nous pouvons conclure que dans ce cas-ci, les contrats 2 et 3 incitent tous deux l'agent au comportement souhaité, mais que le deuxième contrat mène à des profits espérés plus élevés pour le principal. Nous pouvons aussi remarquer que les contrats 2 et 3 conduisent à des profits espérés plus élevés qu'un contrat qui inciterait l'agent à fournir un effort faible.

La supériorité de la prime à la performance vient du fait que ce contrat paye l'agent un salaire moins élevé quand les résultats de la firme sont élevés. Pour inciter l'agent, ce qui compte est que la différence de rémunération quand le résultat est bon et quand il est mauvais compense le coût de l'effort. La prime à la performance permet d'offrir exactement la somme d'argent nécessaire à cet objectif et est donc un mécanisme d'incitation plus performant.

LES INCITATIONS EN PRATIQUE

La rémunération à la performance

Dans de nombreuses professions, la motivation intrinsèque (la passion d'un employé pour son travail) n'est pas suffisante pour que les employés se donnent à fond. Afin de tirer le meilleur de ses employés, il est souvent nécessaire de lier le salaire à leur performance. Dans une banque, les courtiers sont payés en fonction des profits qu'ils génèrent; dans le sport professionnel, les joueurs reçoivent une prime quand leur équipe a de bons résultats ou quand leurs statistiques individuelles sont remarquables (buts marqués, points obtenus, etc.); les dirigeants de grandes entreprises sont payés en fonction de la performance de la firme qu'ils dirigent.

L'assurance

Comme nous l'avons mentionné plus tôt, l'aléa moral est un problème important pour les compagnies d'assurances. Le problème majeur est qu'un individu rationnel, une fois assuré, a tendance à se comporter de façon différente et prendra généralement plus de risques que s'il n'était pas assuré. Les contrats d'assurance doivent tenir compte de cette réalité. Ainsi, la plupart des polices d'assurance automobile ont une franchise : en cas d'accident, les premiers 200 $ de frais ne sont pas remboursés, par exemple. De même, les contrats d'assurance-maladie ne couvrent pas totalement les patients, mais comportent aussi une franchise pour les remboursements.

La logique économique de la franchise veut qu'une perte minimale doive être encourue avant que la couverture s'applique. Cela réduit l'aléa moral puisque les individus doivent payer un certain montant en cas d'accident.

Les incitations implicites

Les incitations ne résident pas uniquement dans les termes explicites des contrats. La plupart d'entre elles sont souvent implicites. Par exemple, la menace de congédiement peut discipliner un employé aussi bien qu'une prime ou des options sur actions. Le sport professionnel est un domaine dans lequel les incitations implicites sont importantes. Les contrats des athlètes professionnels sont généralement assez complexes et utilisent diverses incitations pour motiver les joueurs : le nombre de matchs joués en une saison, le nombre de buts marqués, etc. Ce sont des incitations explicites. Mais les athlètes fournissent généralement un effort élevé pour décrocher le prochain contrat juteux. Cependant, les incitations liées à l'obtention d'un nouveau contrat ne sont pas décrites de manière précise, elles sont implicites. Si un sportif connaît une excellente saison, il est fort probable qu'une équipe soit prête à lui offrir un contrat très lucratif.

ENCADRÉ 12.2

LA RÉMUNÉRATION DES HAUTS DIRIGEANTS (PDG)

Les intérêts d'un PDG ne sont souvent pas alignés avec ceux des actionnaires. Le PDG peut ne pas se sentir incité à travailler fort, à choisir les bons projets ou à utiliser de manière efficace les ressources de la firme. Dans le but d'attirer les dirigeants, de les garder et de les motiver, les firmes ont récemment commencé à utiliser des systèmes de rémunération très complexes pour leurs PDG. La rémunération comprend généralement un salaire annuel, une prime annuelle (paiement additionnel si la performance excède la cible), des actions, des options (le droit d'acheter des actions dans le futur à un prix fixe) et d'autres avantages.

L'explosion de la rémunération des hauts dirigeants est devenue matière à controverse. Le niveau de rémunération a augmenté dans la plupart des pays au cours des deux dernières décennies. Plusieurs personnes critiquent le fait que les PDG américains gagnent jusqu'à 400 fois le salaire d'un travailleur moyen. Les défenseurs des rémunérations élevées mentionnent que la mondialisation a entraîné une compétition accrue pour les meilleurs candidats et que l'augmentation de la taille et de la valeur des plus grandes entreprises peut expliquer l'augmentation de la rémunération des PDG. Le débat est intense et toujours en cours, avec des gouvernements qui proposent une certaine réglementation alors que d'autres argumentent que l'autorégulation et une meilleure utilisation d'incitations complexes seraient suffisantes.

Les effets pervers des incitations

Les incitations sont des outils puissants. Toutefois, elles peuvent parfois avoir des conséquences inattendues et indésirables. Tout d'abord, les systèmes incitatifs doivent être correctement conçus, car les agents répondent aux incitations en fonction de leurs intérêts et pas nécessairement en fonction de la manière souhaitée par le principal. Les agents ont tendance à profiter de systèmes d'incitation mal construits. Par exemple, les travailleurs qui sont payés selon une rémunération à la pièce se concentreront sur la quantité, au détriment de la qualité. Les PDG qui reçoivent des options d'achat utiliseront des stratégies de court terme pour maximiser la valeur de leurs options. Certains iront même jusqu'à manipuler les comptes de leur entreprise pour stimuler le prix de l'action afin d'encaisser leur prime en exerçant leurs options avant que le prix ne redescende.

Une autre difficulté dans la conception d'un système d'incitation tient au fait que les agents doivent généralement travailler à plusieurs tâches. Ces tâches diffèrent quant à leur niveau d'importance pour le principal, mais aussi quant à leur niveau d'aléa moral. Le problème est alors le suivant : en incitant à accomplir une tâche précise, on peut parfois engendrer des conséquences (parfois inattendues) sur l'accomplissement d'autres tâches. Par exemple, si l'on récompensait les enseignants selon les bons résultats de leurs étudiants à un examen, cela pourrait avoir comme conséquence un enseignement entièrement axé sur la préparation aux examens standardisés, au détriment d'activités scolaires plus épanouissantes.

L'introduction d'incitations financières explicites peut aussi être problématique si les incitations cherchent à modifier un comportement qui est déjà motivé de manière intrinsèque. Des incitations financières ont été utilisées pour modifier le comportement en éducation (pour que les étudiants aient de meilleurs résultats), dans le domaine de la santé (pour l'adoption de modes de vie plus sains), dans la gestion d'organismes de charité (pour que le public fasse des dons plus importants), dans le secteur public (pour motiver les employés), etc. Les incitations financières peuvent avoir des conséquences perverses dues à un effet psychologique. L'incitation financière peut éliminer la motivation intrinsèque et devenir contre-productive. Par exemple, les employés du secteur public qui travaillent dur par fierté pour leur emploi peuvent perdre leur motivation si des incitations financières leur font réaliser que leur bon travail se réduit à une valeur monétaire pour l'entreprise. L'encadré 12.3 raconte l'histoire d'une garderie israélienne où l'introduction d'incitations financières s'est particulièrement mal passée.

ENCADRÉ 12.3

DES INCITATIONS FINANCIÈRES QUI TOURNENT MAL – UNE GARDERIE EN ISRAËL

Une expérience célèbre de Gneezy et Rustichini a analysé le comportement des parents dans une garderie israélienne. Les parents avaient la mauvaise habitude de venir chercher leurs enfants en retard, quelques minutes après la limite. Dans l'expérience, la garderie a commencé à infliger une amende d'environ 3$ aux parents qui viendraient chercher leurs enfants en retard. La logique sous-jacente était d'enrayer l'aléa moral. Les parents peuvent avoir une bonne raison d'être en retard, mais la plupart du temps ils n'étaient simplement pas soucieux d'être à l'heure. Une amende aurait donc dû suffire à régler le problème.

Cependant, contrairement aux attentes, l'introduction de l'amende a conduit à une augmentation du nombre de parents retardataires. C'est un exemple d'incitations financières qui tournent mal. Une interprétation possible est que les parents croyaient, avant l'introduction de l'amende, qu'être en retard à la garderie était mal et antisocial. Une fois introduite, l'amende établissait le prix du retard et supprimait toute culpabilité. Étant donné que l'amende était relativement faible, l'incitation financière était moins efficace que l'incitation non financière qui existait auparavant et qui a été détruite par l'introduction de l'amende.

Il faut donc user de prudence avec l'introduction d'incitations financières lorsque d'autres types d'incitations sont déjà présents!

Gneezy, Uri et Aldo Rustichini, « A fine is a price », Journal of Legal Studies, vol. 29 (1), 2000, 1-18.

CONCLUSION

Les incitations sont importantes. C'est un des messages de base de l'analyse économique. Un individu rationnel recherchera son intérêt et agira en conséquence. Lorsqu'une partie ne peut pas observer les actions d'une autre partie, une situation d'aléa moral émerge. Lorsque les intérêts des différentes parties ne sont pas alignés, cela peut engendrer des inefficacités. Des systèmes d'incitation bien conçus peuvent résoudre ces problèmes.

RÉSUMÉ DU CHAPITRE 12

- Lorsque le principal ne peut pas observer les actions de l'agent, l'asymétrie d'information prend la forme d'un aléa moral.
- L'aléa moral est un phénomène très répandu, que l'on retrouve dans plusieurs environnements économiques et d'affaires.
- Pour résoudre le problème d'aléa moral, il est utile de fournir des incitations à l'agent afin d'aligner ses intérêts à ceux du principal.
- Les systèmes d'incitation peuvent prendre plusieurs formes. Le but du principal est de choisir le bon système; un système qui conduit l'agent à choisir les bonnes actions, tout en étant le moins cher possible.
- Un système d'incitation peut facilement mal tourner. Les détails sont extrêmement importants, et des incitations financières mal conçues peuvent être coûteuses et avoir des effets pervers inattendus.

CHAPITRE
12

EXERCICES

1- Lorsqu'un individu adopte un comportement plus risqué parce qu'il est assuré, de quel phénomène s'agit-il?

a) D'anti sélection.

b) d'aléa moral.

c) d'information asymétrique.

d) d'un mauvais marché d'assurance.

e) de sélection adverse.

2- Donnez **deux exemples** d'incitations implicites et explicites que les firmes peuvent utiliser afin de motiver leurs employés.

3- Supposons qu'une compagnie offre des polices d'assurance pour les résultats scolaires. Pour chaque cours dans lequel votre note est inférieure à C, la firme vous paie 500 $. Avant de mettre la police d'assurance en vente, la compagnie analyse les résultats scolaires des étudiants et trouve, qu'en moyenne, 10 % des notes attribuées sont inférieures à C. Expliquez pourquoi la compagnie se trompe si elle suppose qu'elle n'aura à payer des primes qu'à 10 % de ses clients. Expliquez comment la sélection adverse et l'aléa moral peuvent affecter ce marché.

4- Pourquoi la plupart des firmes paient-elles leurs secrétaires à un taux horaire plutôt qu'à un salaire à l'acte ou en pourcentage des profits de l'entreprise?

5- Nicolas a une excellente assurance-maladie. Cependant, il ne souhaite pas risquer une crise cardiaque et surveille donc son alimentation en conséquence, en plus de faire de l'exercice régulièrement. La compagnie d'assurances fait-elle tout de même face à un problème d'aléa moral dans cette situation?

6- Vous cherchez à déterminer la meilleure façon de rémunérer un de vos employés. Vos profits hebdomadaires dépendent de son effort mais aussi d'une certaine part de chance. Si l'employé fournit un effort élevé, vos recettes sont de 2 000 $ avec une probabilité de 50 %, et de 10 000 $ sinon. Cependant, si votre employé ne fournit pas d'effort, vos recettes seront de 0 $ avec une probabilité de 50 %, et de 4 000 $ sinon.

Vous êtes neutre au risque et vous savez que votre employé est averse au risque avec la fonction d'utilité $u(x) = x^{1/2}$, où x est en dollars. Vous savez aussi que l'effort élevé entraîne une perte équivalente à vingt unités d'utilité.

a) Supposez, pour cette question, que vous pouvez observer le niveau d'effort fourni par votre employé. Vous pouvez le rémunérer en fonction de l'effort fourni et le renvoyer sans paie s'il ne fournit pas d'effort. Quel est le salaire minimal qui incitera votre employé à fournir un effort? Quel salaire maximal seriez-vous prêt à verser à votre employé?

b) Malheureusement, vous ne pouvez pas observer le niveau d'effort de votre employé puisque vous travaillez dans un autre bureau. Vous pouvez néanmoins le rémunérer en fonction de sa performance (recettes observées). Vous décidez de lui verser un salaire fixe de 900 $ (indépendant du résultat) et une prime de B $ si les recettes sont supérieures ou égales à 2 000 $. Quelle est la prime **minimum** qui fera en sorte que l'employé fournisse un effort élevé? Ce mode de rémunération est-il rentable pour vous?

c) Si votre employé est neutre au risque, avec la fonction d'utilité $u(x) = 0{,}1x$, quelle serait la prime nécessaire pour l'inciter à fournir un effort élevé? Existe-t-il une prime qui incite l'employé à fournir un effort élevé tout en étant rentable pour vous?

d) Supposons que vous ne pouvez pas payer votre employé en fonction de sa performance. Quel montant seriez-vous prêt à payer pour le surveiller et vous assurer qu'il fournisse un effort élevé?

7- Supposons que vous gérez un employé. Il peut fournir un effort faible ou élevé. Vous êtes tous deux neutres au risque et il y a de l'incertitude par rapport à la demande. Les profits de la firme dépendent de deux facteurs : les conditions économiques et l'effort de l'employé. Lorsqu'il fournit un effort élevé, votre employé encourt un coût d'utilité équivalent à une perte de 10 000 $. Vous ne pouvez pas observer son niveau d'effort.

Lorsque l'employé fournit un effort élevé, il y a 75 % de chances que les recettes soient de 50 000 $, et 25 % de chances qu'elles soient de 20 000 $. Si le niveau d'effort est faible, les recettes seront de 50 000 $ avec 25 % de chances, et de 20 000 $ sinon.

a) Supposons que vous offriez un salaire fixe de 15 000 $, quel serait le niveau d'effort fourni par votre employé? Quels seraient vos profits?

b) Supposons que vous offriez un salaire fixe de 10 000 $ et une prime de 15 000 $ lorsque les profits sont élevés. Quel serait le niveau d'effort fourni par votre employé? Quels seraient vos profits?

c) Supposons que vous offriez un salaire fixe de 10 000 $ et une prime de 25 000 $ lorsque les profits sont élevés. Quel serait le niveau d'effort fourni par votre employé? Quels seraient vos profits?

d) Lequel de ces trois contrats est le meilleur pour vous?

e) Pouvez-vous trouver un meilleur contrat?

8- **Vous êtes le propriétaire et le gestionnaire de plusieurs boutiques de chaussures au Québec : Chaussures Gino. Vous cherchez à engager un vendeur pour l'un de vos magasins. Vous recherchez les qualités suivantes :**

- avoir de bonnes aptitudes à la vente (c'est-à-dire l'habileté à convaincre les consommateurs d'acheter);
- être travailleur (c'est-à-dire rechercher activement les ventes, ne pas attendre passivement les clients).

Vous décidez d'afficher une annonce dans les journaux et vous recevez une réponse par courriel de la part d'un candidat : « Engagez-moi, je suis un excellent vendeur et je suis très travailleur. »

a) Le courriel du candidat constitue-t-il un signal crédible sur ses qualités en tant qu'employé? Expliquez pourquoi, ou pourquoi pas. À quel type de structure d'infor-mation faites-vous face?

b) Donnez **au moins trois exemples** de signaux crédibles qui vous permettraient d'avoir une meilleure information par rapport aux qualités du candidat. Pour chacune de ces qualités, expliquez en quoi le signal est crédible.

Vous décidez d'engager le candidat en tant que vendeur. Le reste de cet exercice se concentre sur le comportement de votre employé **maintenant que vous l'avez embauché**. Sachant que vous possédez plusieurs magasins, vous n'êtes pas en mesure de surveiller constamment le comportement de votre nouveau vendeur. En particulier, vous ne pouvez observer s'il recherche activement les ventes ou s'il ne fait qu'attendre passivement dans le magasin lorsque vous n'êtes pas là. Vous ne pouvez observer que le volume de vente hebdomadaire. Cependant, puisque l'aptitude de votre vendeur n'est pas le seul facteur affectant vos ventes, vous n'êtes pas en mesure déterminer exactement le niveau d'effort fourni en analysant le chiffre d'affaires.

c) Dans ces circonstances, si vous rémunérez votre employé à un taux horaire (par exemple, 12 $ l'heure), quel niveau d'effort choisira-t-il? Pourquoi? Comment appelle-t-on ce phénomène?

d) Afin de limiter l'impact du phénomène identifié en **c)**, quelle autre structure salariale pourrait être considérée? Plus précisément, comment choisiriez-vous les éléments du système de rémunération afin de contrer ce problème de manière efficace? Expliquez.

9- **Dans les pays communistes, l'adage « Ils font semblant de nous payer, nous faisons semblant de travailler » a été inventé afin de décrire la combinaison des faibles salaires et de la faible production de la part des entreprises soviétiques. Discutez en quoi l'égalité des revenus entraîne les mauvais résultats illustrés par cet adage.**

Index

L

M

N

O

P

Q

R

S

T

U

V